ITビジネスの契約実務

［第2版］

_{弁護士} 伊藤雅浩 ・ _{弁護士} 久礼美紀子 ・ _{弁護士} 高瀬亜富 【著】

ソフトウェア開発委託契約
ソフトウェアライセンス契約
システム保守委託契約
クラウドサービス利用契約
販売店契約・代理店契約
データ提供契約

商事法務

　本書の初版を上梓してから4年半が経過した。おかげさまで，多くの企業の法務部，弁護士のほか，IT企業の営業や開発部門の方々にも手に取っていただいた。他にも，書架に並べておくのではなく，デスクの上に常備して参照しているという嬉しい声もいただいた。初版のはしがきで述べたように，ITビジネスの実態と乖離した契約書がやり取りされているという問題意識が多少なりとも浸透し，実務の適正化に少しでも貢献できたとすれば望外の喜びである。

　さて，この4年半で，AI，SaaSを中心にITビジネスはさらなる拡大，発展，進化を遂げた一方で，ITビジネスに関わるルールやスタンダードの変更，整備が行われた。

　実務的に一番大きな影響が出たのは，2020年4月に施行された改正民法である。もちろん，この改正はITビジネスへの影響にとどまらないが，瑕疵担保責任から契約不適合責任への改正のほか，定型約款に関するルールの整備など，契約実務への影響は少なくない。また，2018年の著作権法改正（著作物の非享受利用に関する権利制限規定の整備など）や，同年の不正競争防止法改正（限定提供データの導入など）は，ソフトウェアやデータの保護に一定の影響を及ぼすものである。加えて，初版の段階では個人情報の保護に関する法律の2015年改正法施行前であったが，その後2020年，2021年と立て続けに改正された（2020年改正は2022年4月1日施行予定）。

　法改正に限らず，経済産業省からは2018年6月には「AI・データの利用に関する契約ガイドライン」が公表され，2019年12月には1.1版に拡充された。また，民法の改正に併せて，独立行政法人情報処理推進機構，経済産業省から2019年12月に「情報システム・モデル取引・契約書」の改訂版が公表され，さらに2020年12月にさらなる改訂が行われた。ITビジネスにおいて参照することが欠かせない「電子商取引及び情報財取引等に関する準則」も2020年8月に大きく手を加えられた改訂版がリリースされた。このように，取引の基本ルールである民法が改正されたことに伴って，各種のルール整備が相次いで行われ，企業の法務担当者も対応に追わ

れていたことと思われる。本書の改訂が，こうした法改正等にタイムリーに追随して行うことができなかったことは反省する他ない。

　しかし，こうして多くのルール整備が行われたものの，本書の改訂版では，初版の構造を維持しており，改訂箇所はそれほど多くない。本書は，各種の取引類型の本質的理解を目指して基本的なルールをコンパクトに記載したものであって，法改正による影響が結果的に限定的だったからだと考えている。もちろん，先端的な分野での取引では本書の記述では物足りないと思われるが，その際はテーマ別の専門書籍や雑誌の論考等を参照していただきたい。

　このように改訂の範囲は当初の想定よりも限定的であったことや，各著者の作業環境も変わったことから，改訂作業は私一人が行った。改めて各章の内容を具に検討し，表現や記載レベルなどの軽微な修正を行ったが，改訂版も 3 名の著者の共同著作であることには変わりない。最後に，改訂作業にあたっては，またも株式会社商事法務の木村太紀氏に迷惑をかけてしまった。お詫びとお礼を申し上げる。

2021 年 8 月

著者代表　伊藤　雅浩

●はしがき●

　契約書は，通常のビジネス文書とは異なり，ビジネスの合意の存在および
びその内容を直接証明する効果，法的な債権債務を発生させる効果を有す
る特別な文書である。良い契約書は，その背後にある事業のリスクと対処
方法が明確に記載されているからこそ，当事者の行動規範となり，紛争解
決の指針として機能する。良い契約書を作成するためには，事業を推進す
る担当者と，契約書のドラフトに関わる担当者とが密にコミュニケーショ
ンを取り，ビジネスの知識と，法律に関する知識のギャップを埋めながら，
事業目的とそこに潜むリスクを共有して進めないと実現できないのだが，
これはなかなか容易なことではない。特に，IT ビジネスに関する契約実務
においては，複雑な取引内容や技術に関する一定の理解が必要であったり，
起案から締結まで迅速性を求められたりするなどの傾向があり，迅速に「良
い契約書」を作ることが重要ながらも，著者は，現場ではこのことが十分
に認識されていないという印象を受けている。

　その結果，世の中には，とりあえず類似の過去の契約書をコピーして体
裁を整えただけの契約書や，相手方から提示されたドラフトをあまり理解
しないまま金額や納期だけを確認して締結された不十分な契約書が多く存
在する。こうした契約書は，トラブル予防やトラブル発生時の解決の指針
として役に立たなかったり，契約当事者に想定していない不利益をもたら
すことに繋がりかねない。

　本書の著者は，普段から IT ビジネスに関わる契約実務，紛争処理のプラ
クティスを行っている 3 名の弁護士である。日々，弁護士業務を行ってい
く過程で，不可解な契約書を多く目にしたり，「契約書」の重要性が理解さ
れていなかったりすることを感じており，そのことが本書執筆の動機と
なった。

　本書の主要な目的の一つは，IT ビジネスの契約類型別のサンプル条項を
掲載し，その解説を試みることにあるが，必ずしも単なる契約ひな形の逐
条解説を目指すものではない。むしろ，契約類型ごとに，ビジネスの特性
を踏まえた取引条件を契約書に落とし込むための留意点や，民法や知的財

産法を中心とする法適用関係の解説，関連する裁判例の紹介などに力点を置き，各契約類型の本質的理解のための実務的な視座を与えることを目指している。各章の第1節で，契約条項例の解説に先立ち，一定の紙幅を割いて各契約に関する説明を加えているのは，そのためである。

　本書の第1章「IT ビジネスの商流と契約」では，IT ビジネス全般の特徴を取り上げ，IT ビジネスにおける取引条件を契約書に落とし込む際の留意点を概括的に述べるとともに，本書で取り上げる契約類型の分類と紹介を行う。

　第2章以下は，契約類型ごとの契約実務における留意点と，条項例の解説を行っている。本文中に取り上げた条項例は，巻末の契約条項例のうち，実務上問題となりやすい条項を取り上げたものである。第2章では「ソフトウェア開発委託契約」を取り扱っている。請負・準委任の区別や，工程別の契約の分割の問題など，実務的に議論が成熟していない問題が多く，また，重大かつ深刻な紛争に発展しやすい取引であることから最初に取り上げている。続いて第3章では「ソフトウェアライセンス契約」を取り扱っている。この類型は，比較的議論の蓄積はあるものの，本書の執筆を通じて，あらためて理論的に未解明な問題が多く残っていることに気付かされた。第4章では「システム保守委託契約」を取り扱っている。地味であまり脚光を浴びることのない契約類型ではあるが，システム障害，セキュリティ事故等が発生した場合における債権債務関係を規律する重要な契約類型である。第5章では「クラウドサービス利用契約」を取り扱っている。ここ数年，クラウドサービスの広がりは目覚ましく，実務での利用機会も増えていると思われる。第6章では「販売店契約・代理店契約」を取り扱う。この類型に関する解説書は存在するが，管見の限り，IT ビジネス固有の問題を論じたものは見あたらない。本書では IT ビジネス固有の商材（ソフトウェア，クラウドサービス等）を取り扱う際の留意点を中心に解説する。最後の第7章では「データ提供契約」を取り扱う。IoT，ビッグデータ，AI 時代に伴ってデータそのものを提供するという取引が広がりつつある。平成27年改正個人情報保護法との関係も解説する。なお，いずれの契約類型も，特段の明示がない限りは，事業者同士，いわゆる BtoB の取引を想定したものである。

　本書は，3名の著者が構想段階から意見をぶつけ合い，原稿をレビューし合いながら作成した「共同著作」である。3名の著者に加え，特に巻末の契約条項例の作成には永里佐和子弁護士，第7章のデータ提供契約の関連では日置巴美弁護士という頼れる同僚にサポートしていただいた。最後に，本書の刊行まで筆の遅い著者らを辛抱強くご支援いただいた株式会社商事法務の木村太紀氏に厚くお礼申し上げる。

　2017年1月

著者代表　伊藤　雅浩

第1章

IT ビジネスの商流と契約

第1節 ITビジネスの特徴と契約上の留意点

　契約書のドラフティング，レビューにおいては，対象とするビジネスの背景，実情を正しく理解しなければならない。ITビジネスの契約を取り扱う者においても，取引の実情や，技術的な背景に対する一定の理解が求められる。

　実務においては，取引の特性や実情に合わせた適切な契約が締結されていないことがしばしばある。極端な例を挙げるとすれば，ソフトウェアの開発を委託する際に，「これが当社のひな型だから」という理由のもとで，物品販売（のみ）を想定した取引基本契約書と注文書のみがやり取りされていたり，クラウドサービスであって，ユーザの管理するサーバやクライアントPCには何らのソフトウェアがインストールされているわけでもないのに，CD-ROM等の媒体の販売とともに提供されるソフトウェア使用許諾契約書がそのまま使われていたりすることもある。

　取引の実態や特性に契約内容がマッチしていないことが問題であることは言うまでもない。無意味な規定が混入しているだけであれば，実害はほとんど生じないが，必要な規定がない場合には，トラブル予防に役立たないだけでなくトラブル発生時に契約書が解決のよりどころにならないという問題を招来してしまう。結果的に，「契約書は意味がない」との誤解を与えてしまいかねない。

　以下では，契約実務において念頭に置いておきたいポイントとして，本書で取り扱う各種の取引類型に共通するITビジネスの特徴，実態を紹介する。

1 次々と新しい製品・サービスが誕生していること

　インターネットがビジネスで広く利用されるようになってからはまだ十

数年しか経っていない。ここ数年だけみても，技術の進歩に伴って，ビッグデータ，クラウド，IoT，SaaS，Web2.0，SNS，フィンテック，ブロックチェーン，AI，ディープラーニング，DX（デジタル・トランスフォーメーション），NFT などの用語が IT 業界を中心に誕生し，新たな製品，サービスが生み出されてきた。また，技術の進歩に加え，オンラインモール，スマートフォンのアプリケーションストアなどのデジタルプラットフォームの存在感が大きくなるなど[1]，業界の構造も変化し続けている。これらのサービスを前提としてビジネスを行うには，プラットフォーム事業者等の提供するルール（規約）の存在の前提となっており，実務的には法律と同等以上の制約が生じていることも見逃せない。

　これに対して，契約実務が新たな技術，サービスや，業界構造の変化に適時適切に追随してきたかどうかは疑問がある。もちろん，技術やサービスの内容を法的に分析した上で，既存の契約書をそのまま再利用できることを確認しているのであれば問題はない。しかし，筆者の実感としては，必ずしもそうではなく，事業の目的や内容と契約の間にはギャップがあることも少なくない。新規製品・サービスに関する契約書のドラフティングやレビューの際には，事業サイドと法務サイドの綿密なコミュニケーションが不可欠であり，製品やサービスの実態に即した契約になるよう，想像力を発揮することが求められる。

2　取り扱われるものが無体物であること

　IT に関わる取引においては，取引の対象となるのはソフトウェアやデータなど，無体物であることが多い。こうした無体物は所有権の対象になら

---

[1]　2021 年 2 月 1 日，プラットフォーマーを規制する新法「特定デジタルプラットフォームの透明性及び公正性の向上に関する法律」が施行された。本書が取り扱う個別の契約実務への影響は限定的ではあるが，同法により，特定デジタルプラットフォーム提供者は，契約条件等の開示を求められたり，契約条件の変更を通知しなければならないことになる（5 条）。また，同法は BtoB 取引を対象とするものだが，2021 年 4 月 28 日に消費者利益を保護するためのプラットフォーム規制に関する新法「取引デジタルプラットホームを利用する消費者の利益の保護に関する法律」が成立した。

3

ず（民法 85 条，206 条），著作権法あるいは不正競争防止法などの特別法による保護がない限り，排他的な権利による法的保護が及ばない。例えば，AI における「学習済みモデル」や「学習済みパラメータ」などのように，法律上の取扱い，位置付けが不明確なものもある[2]。その上，ソフトウェアやデータは容易に複製できる一方で，消滅，滅失しやすいという性質を有する[3]。

　そのため，サービスの提供者としては，ユーザにおいて，どのような行為がなされ得るのか，それによってどのような不都合・損害が発生するのかを洗い出した上で，それを回避する手段，あるいは，制限，禁止する内容を検討しなければならない。こうした回避，制限を行うに際しては，ID／パスワードによる認証や，複製回数の制限など，物理的・技術的な手段も多く用いられている。しかし，物理的・技術的手段は不正利用技術とのいたちごっこであって完全ではない。また，サービスの提供者が，ユーザに対してどのような行為を許可し，禁止しているのかは，契約において明示することによって抑止効果が期待できるため，契約によって制限・禁止事項を定めることが重要となる。

3　製品・サービスの品質に関する公的基準が乏しいこと

　IT に関わる取引では，発生した不具合，障害が契約不適合にあたるのか，法的責任を負うべきレベルの問題なのか，といったことがしばしば問題となる[4]。例えば，建築分野であれば，建築基準法その他関連法令によって，最低限具備すべき品質が定められているため，これを具備しない場合には契約不適合であるといえるが，ソフトウェアやサービスの品質については，

---

[2]　「学習済みモデル」がどのような意味で使用されているのか，それがどのような成果物から構成されているのか，といったことについては話者によって異なっていることがあり，契約当事者間や，当事者内部での誤解も生じるところである。

[3]　ソフトウェアの不正利用，模倣品に関する裁判例は枚挙にいとまがない。また，データの消失が問題となった裁判例として，東京地判平成 21 年 5 月 20 日判タ 1308 号 260 頁，東京地判平成 13 年 9 月 28 日平成 12 年(ワ)第 18753 号などがあり，データの複製行為が問題となった裁判例として，東京地中間判平成 13 年 5 月 25 日判時 1774 号 132 頁などがある。

これを直接かつ具体的に定める法律上の基準がない。

　そのため，取引当事者間において，提供される製品，サービスの仕様，品質は，契約書，仕様書をはじめとする書面によって合意しておくことが不可欠となる。さらには，サービス提供者が提示する仕様や品質が，どのような意味を有するのか（これに違反した場合にはただちに債務不履行になるのか，あるいは，単なる努力目標にすぎないのか，等）を明らかにしておくことが求められる。

4　書面による仕様・品質の合意においては認識の齟齬が生じやすいこと

　前記 3 で挙げた問題をクリアするためには，仕様や品質を書面によって合意しておくことが重要であるが，現実には容易なことではない。なぜなら，サービスの提供を受ける者（ユーザ）は，必ずしも IT や業界慣習に明るいわけでもないことから，サービス提供者が提示する書面を正しく理解できるとは限らず，認識の齟齬が生じやすいからである[5]。目的物が無体物であることから，建築や機械のように図面等によって完成品の姿をイメージすることが容易ではないことも，認識の齟齬が生じやすい原因の一つである。

　したがって，特にソフトウェア開発委託取引のように，取引の過程で，仕様や品質について合意を形成していくことが前提とされている場合には，そのプロセス（レビューや承認の方法，変更管理等）も含めて契約上のルールを定めておくことが求められるだろう。

---

4)　発生した不具合が，「瑕疵」（2020 年に施行された改正民法における「契約不適合」に相当する）に該当するものであるかが問題となった裁判例は東京地判平成 22 年 1 月 22 日平成 18 年(ワ)第 6445 号，東京地判平成 14 年 4 月 22 日判タ 1127 号 161 頁など，多数ある。また，一定のセキュリティ対策を施していないことが重過失にあたるかどうかが問題となった事例として東京地判平成 26 年 1 月 23 日判時 2221 号 71 頁がある。

5)　この点については，ソフトウェアの仕様に関するものであるが司法研修所編『民事訴訟における事実認定——契約分野別研究（製作及び開発に関する契約）』（法曹会，2014 年）98 頁以下の分析が参考になる。

5　多層的なサービスの組み合わせが行われていること

　クラウド・コンピューティングや，モバイル端末を利用したサービス提供など，新たな技術が導入されることによって，取引の種類も多様化している。「エコシステム」という言葉にも表れているとおり，さまざまなプレイヤーのサービスが有機的，重層的に結びつくことによって全体としてのサービスが構築されており，取引関係が複雑化している。例えば，ユーザは，サーバ・ネットワーク等のコンピュータ資源を自前で持たず，クラウドサービスを利用した上で，そのサービス上で動作するソフトウェアを自ら開発したり，第三者からライセンスを受けるといったことがよく行われている。その結果，トラブルが生じた際には多数当事者の責任関係が不明確になるという事態も発生している[6]。

　したがって，複数の事業者が提供する製品，サービスを組み合わせてユーザに提供するような場合には，組み合わせによって生じる不具合の対応などの責任分界点を明らかにすることが求められる。

6　非典型契約が多く実体法上の議論が蓄積されていないこと

　ソフトウェアライセンス契約や，クラウドサービス利用契約など，本書で取り扱う契約類型の多くは，民法典に定められている典型契約のいずれにも分類し難い。したがって，契約に関する法律上のデフォルトルールが乏しく，裁判例の蓄積も少ない。また，一般的には請負契約，準委任契約のいずれかで取引されるというソフトウェア開発取引においても，「仕事の完成」「契約不適合（瑕疵）」に関する確立した解釈はなく，またその分析

---

[6]　内閣官房＝総務省「第二期政府共通プラットフォームにおけるクラウドサービス調達とその契約に係る報告書」（2020年8月）によれば，政府が共通プラットフォームを利用するにあたり，中間事業者を経由してクラウド事業者との契約を締結するとしている。こうした形態は民間の取引においてもよくみられるが，責任分界点を明らかにしておく必要がある。

も進んでいない。このように実体法上，解明されていない問題は少なくない。

　したがって，契約実務においては，民法を中心とした法律上のデフォルトルールを意識しつつも，明確ではない部分や修正したい部分を極力契約書に落とし込むことによって紛争予防を心がけることが求められる。

第2節 ITビジネスをめぐる契約の類型

ITビジネスに関わる取引類型をどのように分類するのかは，さまざまな考え方があると思われるが，契約の目的を主眼に分類していくと次のように整理できる。すなわち，下記の分類は，商品・サービスを提供する側（本

図表1-1　主な契約の類型

	対象	契約の例
① 資産を提供する	ハードウェア等の「物」	売買契約 リース契約 レンタルサーバ契約 データセンタ利用契約
	ソフトウェア（オンプレミス）	ソフトウェアライセンス契約
	ソフトウェア（新規開発）	ソフトフェア開発委託契約
	データ	データ提供契約
② サービスを提供する	役務（人的資源）の提供	コンサルティング契約 SES契約 運用・保守委託契約
	機械資源の提供	クラウドサービス利用契約 プラットフォーム利用契約 API利用契約
③ ①，②の取引を媒介する		販売代理店契約

8

書では「ベンダ」と呼ぶことがある）が，どんな経済的価値を購入者・利用者
（本書では「ユーザ」と呼ぶことがある）に提供するのかということに着目し
たものである。

　なお，本書では，特に指定がない限り，「ベンダ」も「ユーザ」も事業者
を想定しており，いわゆる B to B 取引に関わる契約を対象としている。

1　資産を提供する契約

　ベンダが何らかの資産的価値があるものを提供し，それに対してユーザ
が対価を支払う契約が図表 1-1 の①に分類される契約類型である。

(1)　ハードウェア等の「物」を提供する契約

　提供する資産が，ハードウェア，ネットワーク機器等の有体物であり，
対価を得て所有権をユーザに移転させる場合，その契約は，売買契約であ
る。また，対象となる物件を，第三者であるリース会社が購入し，リース
会社がユーザに当該物件を使用収益させ，その代金（リース料）を支払わせ
るという場合，実質的にみれば購入代金を分割払いにしていることになる
が，契約の分類としてはファイナンス・リース契約だといえる。

　また，所有権を移転することを目的とせず，特定の資産をユーザに「使
用」させることがある。IT ビジネスの分野では，ユーザが自前でサーバを
用意するのではなく，ベンダが用意したネットワーク設備，電源設備等が
備わったデータセンタに設置されたサーバをユーザが使用することが多い。
こうした契約は，レンタルサーバ契約，ホスティング契約と呼ばれる。レ
ンタルサーバ契約は，まさにその名のとおり特定のサーバを特定のユーザ
に貸与する形態も多かったが，現在では，ユーザの使用している機器が必
ずしも特定されているわけではなく，ユーザは仮想的なサーバを含め，ネッ
トワーク設備，ファイアーウォールなどのセキュリティサービスなどを統
合したコンピュータリソース全般の提供を受ける形態がむしろ主流となっ
ている。この場合，後述するクラウドサービス利用契約などのサービス提
供契約との区別は相対化されていく。

　ほかに，ユーザが自前のサーバ，ストレージ機器などをベンダが用意す

る設備内に持ち込んで，ラックに設置し，電源，ネットワーク設備の提供を受けるハウジング契約（コロケーションサービス契約）もある。

　売買契約，リース契約については，ITビジネスに限定される類型の契約でもなく，すでにこれらの契約に関する解説書が多く出版されているため，本書では扱わない。また，レンタルサーバ契約（ホスティング契約），ハウジング契約等も，サービス提供者が用意した定型約款によって取引が行われる実務慣行が定着しているため，本書では扱わない。

図表 1-2　ハードウェア等の「物」を提供する契約の基本構造（売買契約の例）

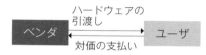

⑵　パッケージソフトウェアを提供する契約

　ITビジネスに関する代表的な契約類型が，ソフトウェアをユーザに使用させる契約であるソフトウェアライセンス契約（ソフトウェア使用許諾契約と呼ぶこともある）である。これは，ベンダの提供する既製品であるソフトウェア[7]の複製物を，ユーザの管理するサーバやPCにインストールして使用させることを目的とする契約である。かつてはCD-ROM等の媒体とともにソフトウェアを提供する方法が一般的であったが，必ずしも媒体を介して行うわけではなく，ネットワークを介してダウンロードする方法によって提供することも一般的である。

　なお，ソフトウェアの複製物を提供するのではなく，ネットワークを通じてソフトウェアの機能を提供する形態のほうが主流になりつつある。こうした形態は後述するクラウドサービスに分類されるが，ユーザがソフトウェアを使用するという意味では本質的な違いはないものの，提供される資産がユーザの管理下にはなく，法律上の取扱い，留意点も異なることから，異なる契約類型として扱うことが一般的である。

　本書では，ソフトウェアライセンス契約に関する詳細について，**第3章**

---

　7)　ユーザの個別的な要望に応じてカスタムメイドで開発されるソフトウェアと区別する意味で「パッケージソフトウェア」あるいは単に「パッケージ」と呼ばれる。

にて解説する。

図表 1-3　ソフトウェアライセンス契約の基本構造

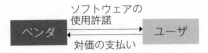

(3)　新規に開発するソフトウェアを提供する契約

　既製品のソフトウェアではユーザの事業目的を満たせない場合，ベンダが新たに開発した上でソフトウェアを提供することになる。この場合，ユーザとベンダ間で締結されるソフトウェア開発委託契約に基づいて，ベンダがソフトウェアを開発し，ユーザに提供する。

　ソフトウェア開発委託契約も，ユーザの業界・業種や対象となるソフトウェアに応じてさまざまな類型がある。例えば，企業の基幹系情報システムでは，各企業固有の業務に適合したソフトウェアを開発することが求められるため，高額，長期間にわたる契約が締結されている。ソフトウェア開発委託契約は，建築請負契約と対比されることが多いが，ソフトウェアの開発の場合には，要件，仕様を提示するのは発注者であるユーザであるなど，注文者・請負人の共同作業としての色彩が強いこと，完成間近になるまで実現する機能のイメージがつかみにくいことなど，多くの相違点があり，この契約類型に関しては，「委託したのに完成しない」「納入されたソフトウェアに不具合が多数存在する」「当初の依頼範囲が変更されて追加の作業が発生する」などのさまざまな紛争が発生している[8]。開発期間の短縮や，コスト削減のために，既製品（パッケージソフトウェア）を活用することも一般に行われているが，企業の基幹系業務にパッケージソフト

---

8)　この分野は，特殊契約類型の一つとして，近時，少しずつ研究が進んでいる。裁判官の手によるものとして，東京地方裁判所プラクティス委員会第二小委員会（畠山稔ほか）「ソフトウェア開発関係訴訟の手引」判タ 1349 号（2011 年）4 頁，田中俊次ほか「ソフトウェア開発関連訴訟の審理」判タ 1340 号（2011 年）4 頁，司法研修所編・前掲注 5）91 頁以下がある。また，システム開発に関わる紛争全般について解説したものとして，松島淳也＝伊藤雅浩『新版システム開発紛争ハンドブック——発注から運用までの実務対応』（第一法規，2018 年）がある。

ウェアをそのまま使用できることは稀で，それをベースに足りない部分や，他のシステムとの接合部分（インターフェース）を追加開発することが必要となる。当該追加開発部分は，新たなソフトウェアを開発することに他ならないので，パッケージソフトウェアを利用する場合であっても，パッケージソフトウェアに関するソフトウェアライセンス契約に加えて，ソフトウェア開発委託契約を締結することが必要である。

　また，最近では，AIを用いたシステムも広がっている。従来型のソフトウェア開発とはプロセスが異なり，固有の検討，考慮が必要となるものの，AIの開発もソフトウェア開発委託契約の一種だといえるだろう。

　また，スマートフォンアプリ・デジタルゲーム等の開発においても，パブリッシャーと呼ばれる配信・流通会社が，デベロッパーと呼ばれる開発会社に対して，開発を委託することがあるが，この場合もソフトウェア開発委託契約あるいはそれに類似する契約が締結されている。

　本書では，ソフトウェア開発委託契約について，**第2章**にて解説する。

図表1-4　ソフトウェア開発委託契約の基本構造

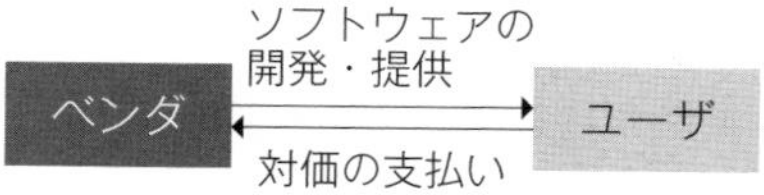

```
                 ソフトウェアの
                 開発・提供
   ┌──────┐   ──────────→   ┌──────┐
   │ベンダ │                  │ ユーザ │
   └──────┘   ←──────────   └──────┘
                 対価の支払い
```

⑷　データ提供契約

　近時, IoT, ビッグデータに関連するビジネスが盛んになりつつある。データの保有者が，自ら取得，収集したデータを分析し，付加価値を加えた上で，コンサルティング活動や，レポートの提供を行うことも行われているが，取得，収集したデータを，編集・加工し，あるいは生データのままで，第三者に提供することも行われている。こうしたデータ提供の際に締結される契約（本書では, データ提供契約と呼ぶ）は，データそのものの法的扱いが確立していないため，契約実務的には悩ましい問題を抱えている。つまり，データそれ自体は一定の条件を具備しない限りは，著作権法による保護を受けることはないため[9]，こうしたデータ提供を著作物のライセンス契約として構成できるケースは多くない。また，不正競争防止法の限定提

供データ（同法2条7項）としての保護を受けるケースも限られる。もっとも，実務上は，データに対する排他的な支配についての議論をひとまず措いて，データ提供の際に利用目的や複製，配布の制限をかけるなどの条件をまとめたデータ提供契約が作成されている。また，提供されるデータが，個人情報の保護に関する法律（個人情報保護法）の個人データ（同法2条6項。ただし令和3年改正法の施行後は16条3項）に該当する場合には，同法に定める第三者提供に関する規制に服することにも留意しなければならない。

　本書では，データ提供契約について，**第7章**にて解説する。

図表1-5　データ提供契約の基本構造

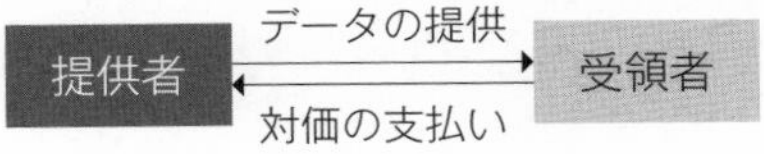

2　サービスを提供する契約

　ベンダがユーザに役務その他のサービスを提供し，それに対してユーザが対価を支払う契約が**図表1-1**の②に分類される契約類型である。

(1)　役務（人的資源）提供

　ITスキルを有するエンジニアがプロフェッショナルサービスを提供する際に締結するのが役務提供型契約であり，委託の趣旨が，ソフトウェア等の成果物の納入にあるのではなく，あくまでエンジニアが役務を提供するところにあるという点において請負契約型のソフトウェア開発委託契約と区別される。

　提供するサービス・役務の内容によって，契約の名称や内容は異なる。

---

9)　「データベースでその情報の選択又は体系的な構成によって創作性を有するもの」は著作物として保護される（著作権法12条の2）。しかし，データの網羅性を高めようとすればするほど，「情報の選択」について創作性を具備しなくなる可能性があるなどの問題がある。

専門的知識・ノウハウを提供するコンサルティング，システム開発の特定の工程（システム企画，要件定義，運用テスト等）を遂行するなど，特定の「業務」の遂行を委託することを目的とする契約は，実務上広く「業務委託契約」と呼ばれている。また，稼働中のシステムの運用・保守業務を対象とする場合には，「運用・保守委託契約」と呼ばれたりするが，これも業務委託契約の一類型である。他方で，具体的な「業務」を特定せず，どのくらいのスキルをもったエンジニアが，どれくらいの期間，あるいは何時間作業するのかといった「工数」によって委託の範囲を明示するものは，IT 業界においては「SES 契約」（システム・エンジニアリング・サービス契約）と呼ばれている[10]。

　本書では，役務提供型契約については，**第2章**において，ソフトウェア開発における準委任契約について解説するほか，**第4章**にてシステム保守委託契約を題材として解説する。

図表 1-6　役務提供型契約の基本構造

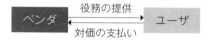

(2)　機械資源（マシン・ベース）の提供

クラウド・コンピューティングを活用した SaaS（Software as a Service）[11]

---

10)　実務において SES 契約は，労働者派遣事業の適正な運営の確保及び派遣労働者の保護等に関する法律（労働者派遣法）の規制を受けない準委任契約の一種だと考える事業者が多いが，労働者派遣契約に該当するか否かは，締結する契約書の表題や文言のみで決まるものではなく，実質的にエンジニアがユーザ企業による労務管理や指揮命令下で業務を行う場合には，労働者派遣契約とみなされ，労働者派遣法の適用を受けるものであることに留意が必要である。

11)　クラウド・コンピューティングによって提供するサービスが，会計ソフトなどのようなエンドユーザが直接使用する機能を有するソフトウェアの場合には SaaS と呼ばれるが，データベースやミドルウェアなど，アプリケーションソフトウェアを開発できる環境を提供するサービスの場合には PaaS（Platform as a Service）と呼ばれる。さらにサーバやネットワークといったソフトウェアを実行するための基本的なコンピュータ資源を提供するサービスの場合には IaaS（Infrastructure as a Service）と呼ばれる。

に代表されるように，ユーザに提供されるサービスが，人の役務によるものではなく，ソフトウェアをはじめとする機械的（マシン・ベース）なサービスによる場合に締結されるのが，サービス利用契約である。

　ユーザに提供されるものがソフトウェアである場合には，先に述べたように，ユーザが受ける便益という観点からみればソフトウェアライセンス契約と実質的に大きな違いはない。しかし，ソフトウェアライセンス契約は，ユーザの所有するサーバ等，ユーザが管理するコンピュータにソフトウェアの複製物を配置して，ソフトウェアを使用することを前提としているのに対し，クラウドやASP（Application Service Provider）[12]によるサービスの場合は，ユーザのもとにはウェブブラウザのような汎用的に使用できるソフトウェアさえあればよく，ソフトウェアの複製物が提供されることはないという点において違いがある[13]。複製物が提供されるか否かは，主として著作権の取扱いが異なるなど，契約法務において留意すべき点も異なる。

　他にも，プラットフォームを利用するプラットフォームサービス利用契約，API（アプリケーション・プログラミング・インターフェース）を利用するAPI利用契約なども人による役務の提供ではなく，コンピューティングサービスの提供であるから，サービス利用契約に分類される。

図表 1-7　機械資源（マシン・ベース）提供契約の基本構造

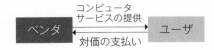

<hr>

12)　ASPとは，インターネット経由でソフトウェアを使用させるサービスをいう。SaaS，クラウドという用語が使われる以前に使用されていた用語であるが，最近では，あまり使われていない。また，契約法務的にはSaaSかASPかを区別することにあまり実益はない。

13)　クラウドやASPの場合でも，ユーザが使用する端末（PCやスマートフォン等）に一定のソフトウェアをインストールすることが求められるケースがある。この場合，ベンダが提供するシステム全体を分析的にみれば，端末にインストールするソフトウェアのライセンス契約と，インターネット経由で提供されるサービスのサービス利用契約の組み合わせによって提供されていることになる。

本書では，サービス利用契約のうち，クラウドサービスに関する契約について，**第5章**にて解説する。

3　取引の媒介（販売代理店契約）

図表 1-1 の①，②の取引を媒介する契約として販売代理店契約を取り上げる。

パッケージソフトウェアや，クラウドサービスのベンダは，営業力を有する事業者をエンドユーザとの間に介在させて，効率的に営業，販売活動を行っている。こうした際に締結される契約は（広義の）販売代理店契約などと呼ばれる。

こうした（広義の）販売代理店契約と呼ばれるものは，さらにいくつかの類型に分類することができる。介在者となる代理店は，単に顧客を紹介するのみであって，紹介された顧客とベンダとの間で契約が成立した場合に手数料（コミッション）が支払われるという形態から，介在者となる代理店が，自己の名前と計算で商品・サービスを仕入れて顧客に対して販売する形態までさまざまである[14]。さらには，一定の商品，地域等に関する独占権の有無や，代金の回収リスク負担や顧客へのサポート，クレーム対応などの分担について，さまざまな形態が考えられるところである。IT ビジネスの特徴として，サーバ等の機器の販売を別にすると，「在庫リスク」をほとんど観念できないということも契約における考慮要素となる。

本書では，ソフトウェアを販売することを念頭に置いた販売代理店契約について，**第6章**にて解説する。

図表 1-8　販売代理店契約の基本構造

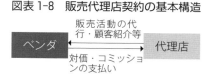

---

[14]　こうした形態を，「販売店契約」と呼んで「代理店契約」と区別することもある。

第3節 | IT ビジネスにおける取引例

　第1節では，IT ビジネスの特徴と契約上の留意点を，前節では，それぞれの契約類型についての概要を解説した。しかし，IT ビジネスの業界においては，さまざまな企業がさまざまな製品，サービスを提供するというエコシステムを形成しており，それぞれのプレイヤー，サービスごとに契約関係が形成されて一つのまとまりあるビジネスが構成される。契約実務においては，ビジネスの実態を俯瞰し，製品やサービスの内容を理解した上で，そこに含まれる契約関係（当事者，製品・サービス）を分析し，それぞれの契約に分解した上で，適切な類型の契約書をドラフティング，レビューしていくことが重要である。

　本節では，契約関係の分解・分析を目的として，IT ビジネス取引の仮想事例を挙げて，そこに含まれる契約関係を前節の分類に沿って解説する。

1 システム開発取引

　図表 1-9 は，「ユーザ」の情報システム開発取引における契約関係の一例を示したものである。長年にわたって情報システムを使用し続けていた「ユーザ」が，システムの老朽化によって法改正や事業環境の変化に対応するのが困難になったことから，「コンサルティング会社（図中は「コンサル」と表記）」の助言に従って，最新技術や最新製品を組み合わせることによって，情報システムの刷新を図っているという場面を想定している。

　ユーザは，開発業務を担当する「ベンダ」（多くはシステムインテグレータと呼ばれる IT 事業者）を選定し，当該ベンダとの間で，ソフトウェア開発委託基本契約（図表 1-9 の①）を締結する。基本契約に基づいて，工程ごとに要件定義を対象とする個別契約，設計・開発を対象とする個別契約を締結する。それぞれの個別契約の性質（請負・準委任）は，ユーザとベンダとの

図表1-9　システム開発取引の一例

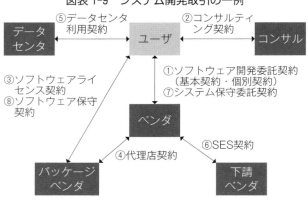

役割分担や委託の趣旨に応じて決定される。**図表1-9**では，主として担当するベンダが1社だけの例を挙げているが，複数の領域にまたがる大規模なシステムを開発する場合には，それぞれの担当領域ごとに異なるベンダとソフトウェア開発委託契約を締結することも少なくない（マルチベンダ方式と呼ばれる）。ユーザからみれば，適材適所のベンダを起用できるメリットがある一方で，各ベンダ間の責任分界があいまいになったり，調整等の負担が大きくなったりするというデメリットもある。

　また，システム開発業務は，ユーザ・ベンダの共同作業の性質を有することはすでに述べたが，開発業務の経験に乏しいユーザは，自社内の足りないスキル，ノウハウを補うために外部専門家であるコンサルティング会社等からプロジェクトマネジメントの支援を受けるということも珍しくない。この場合，ユーザはコンサルティング会社との間で役務提供型のコンサルティング契約（**図表1-9の②**）を締結する。コンサルティング契約はITビジネス固有の契約類型ではないので，本書では扱わない。

　すでに述べたとおり，情報システムの開発において，一から新たなソフトウェアを作成するということは稀である。既製品であるソフトウェアを第三者から調達し，足りない部分を新規に開発することが一般的である。既製品部分となるパッケージソフトウェアはライセンス契約（**図表1-9の③**）に基づいて導入されることになる。ライセンス契約とともに，その後の制度改正対応や不具合対応のために保守契約（**図表1-9の⑧**）が締結され

ることが一般的である。ライセンス契約や保守契約自体は，パッケージベンダとユーザとの間で直接締結されることが多いが，その場合でも，その導入窓口は**図表1-9**の「ベンダ」が行うことで，ユーザに対してワンストップサービスを提供していることも珍しくない[15]。その背景として，ベンダとパッケージベンダとの間で代理店契約[16]（**図表1-9**の④）が締結されている。1990年代に始まったいわゆるメインフレームコンピュータからオープンシステムへの移行後は，システムの導入に際して，さまざまなメーカー，ソフトウェアベンダが提供するハードウェア，ソフトウェアやサービスを組み合わせるようになったため，ユーザは，多種の製品，サービスそれぞれについて，直接または間接に契約を締結することになる。

　また，こうして調達したハードウェア，ソフトウェアをユーザ自身が自社の管理する設備(サーバルーム等)内で保管するのではなく，セキュリティやBCP（事業継続計画）等の観点から，外部のデータセンタに保管する場合には，データセンタ事業者との間で，利用契約（**図表1-9**の⑤）を締結することになる。開発したソフトウェアを自社のサーバにインストールするのではなく，クラウドサービス上に保管する場合には，データセンタ利用契約の代わりに，クラウドサービス利用契約が締結されることになる。

　ソフトウェア開発業界では，下請け，孫請け……というように，複数のベンダ間で多層的に契約が結ばれていることがしばしばある。メインとなるベンダが，下請事業者であるベンダに対して，どのような範囲の業務をどのような契約形態で委託するのかは，ケースバイケースであるが，一時的に足りない人的リソースを補うためにSES契約（**図表1-9**の⑥）が締結されることも少なくない。

　システムが無事に完成し，稼働した後もユーザは自社でシステムを維持することができない場合には，ベンダに対し，運用・保守業務を委託しなければならない（**図表1-9**の⑦）。運用・保守業務は，必ずしも開発に従事し

---

15)　システムインテグレータと呼ばれる所以は，さまざまなハードウェア，ソフトウェアを組み合わせて「統合」し，1つのシステムを提案することができるところにある。なお，ベンダ（システムインテグレータ）が，ユーザとの間のライセンス契約や保守委託契約の主体になることもある。この点は，**第6章**にて詳述する。

16)　名称は，パートナー契約，アライアンス契約などさまざまである。

たベンダに委託しなければならないことはなく，第三者ベンダに引き継がれることもある。

　以上のように，システム開発取引では，ユーザがベンダに対してソフトウェアの開発を委託する契約①が主たる取引であるが，さまざまな当事者との間で多数の契約関係が形成されることになる。そのため，契約①において，トラブルが生じ，システムが完成しなかった場合には，ユーザが他の事業者に対して支払った金銭（例えば，パッケージベンダに支払ったパッケージソフトのライセンス料等）が損害賠償の範囲に含まれるのかどうかが争われることも少なくない[17]。したがって，契約①のドラフティング，レビューの際には，関連する取引も把握した上で，リスクの見積をすることが必要となるだろう。

2　自社製品・サービスの販売事業

　図表 1-10 は，「ベンダ」が新たなソフトウェアを開発して不特定多数のユーザに提供する際に必要な契約関係の一例である。

図表 1-10　販売用ソフトウェア開発および提供に関する取引の一例

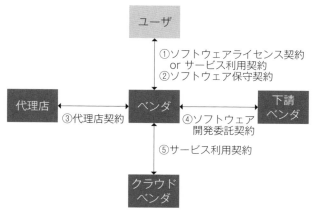

---

17)　東京高判平成 25 年 9 月 26 日金商 1428 号 16 頁［スルガ銀行・日本 IBM 事件］など。

　ベンダは，ユーザに対して提供する財が複製物の提供を伴うソフトウェアである場合には，ソフトウェアライセンス契約を締結することになる（**図表 1-10 の①**）。また，ソフトウェアが，クラウドの形態で提供される場合には，サービス利用契約を締結することになろう。

　ユーザにソフトウェアの複製物を提供する場合には，当該ソフトウェアの不具合を修補したり，バージョンアップ後のソフトウェアを提供したりするために，別途ソフトウェア保守契約（**図表 1-10 の②**）を締結することが多いが，クラウドの形態で提供する場合には，ベンダがソフトウェアを一極集中で管理していることから，不具合の修補やバージョンアップについてユーザと個別的な契約関係に基づくことなくベンダの意思のもとに実施することが可能であるから，別途保守契約を締結することは少ないと思われる[18]。

　開発したソフトウェアやサービスの販売網には代理店を活用することになろう（**図表 1-10 の③**）。また，自社のエンジニアでソフトウェアのすべてを開発できない場合には，外部のベンダの協力を仰ぐことになるが，その場合には，別途ソフトウェア開発委託契約等を締結することになる（**図表 1-10 の④**）。

　また，ユーザに提供されるサービスやソフトウェアが，一定のサービスを利用することが前提となっている場合がある（例えば，ベンダが提供するSaaS を利用するにあたっては，当該 SaaS の基礎として，アマゾン，グーグル等が提供するクラウドサービスプラットフォームの利用が前提となるなど）。その場合，当該クラウドサービスの利用に関する契約関係も生じる。**図表 1-10**では，ユーザがソフトウェアを利用するためにはクラウドベンダの提供するクラウドサービスの利用が前提となっていることを想定したものであるが，この場合，ユーザが当該クラウドサービスに関する契約を直接契約することもあるが，ベンダがクラウドベンダとの契約を締結し（**図表 1-10 の⑤**），ユーザは間接的にクラウドサービスを利用することも多い。このように多層的なサービス構造となっている場合には，ベンダは，クラウドベン

---

18)　「保守」の範囲には，ユーザからの問い合わせに回答したり，情報提供したりするなどのサービスも含まれる。クラウド型のサービスにおいては，そういったサービスに関する条件は，サービス利用契約の中に含まれることが多い。

ダが提供するサービスの不具合，障害によってユーザの利用に支障を来た
した場合，誰がどのような責任を負担するのか，といったことを検討する
必要がある。

第2章

ソフトウェア開発委託契約

第1節 ソフトウェア開発委託契約について

1 ソフトウェア開発委託契約とは

　本章で取り扱うソフトウェア開発委託契約は，ソフトウェアの発注者が，システムベンダに対してソフトウェア開発に関する業務を委託する際に締結する契約である。

図表2-1　ソフトウェア開発委託契約の基本構造

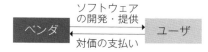

　ソフトウェア開発は，着手から完成までに長期間（数か月から数年）を要することが多い。また，ユーザの要望する内容のソフトウェアを開発する場合，ユーザとベンダが契約交渉・契約締結の段階のみならず，常にやり取りをしながら進めていく必要がある。ユーザ・ベンダ間に認識の離齬が生じないようにするために，やり取りはメールや書面を介して行われることが多く，その結果，両者間でやり取りされる文書は，契約上納品対象となる成果物にとどまることはなく，その量も非常に多くなる。
　契約書は，当事者間の権利義務関係を明確にし，紛争を防止するとともに，万一，トラブルが生じた場合に，その解決・清算のための指針として意味を有する。ソフトウェア開発委託取引の場合，特に，契約締結後も両当事者がやり取りを続けるものであるから，契約書は，両当事者がソフトウェアの完成に向けて行動するための指針としても有効に機能するものでなければならず，かつ，そのような点を意識してドラフトすることが重要である。すなわち，ソフトウェア開発委託契約は，両当事者間の権利義務関係を明確にするのみならず，開発プロセスにおける両当事者の役割や行

動に関する指針となるような内容とするよう意識しなければならない。

　ソフトウェア開発委託契約書のひな型としてよく知られているものとして，独立行政法人情報処理推進機構（IPA）が 2020 年 12 月に公表した「情報システム・モデル取引・契約書（受託開発（一部企画を含む），保守・運用）＜第二版＞」（以下「IPA モデル契約」）がある。これは 2007 年に経済産業省が公表したモデル取引・契約書から，主として 2020 年 4 月に施行された民法の改正（以下，民法の一部を改正する法律（平成 29 年法律第 44 号）による改正を単に「民法改正」と呼び，改正後の民法を「改正民法」と呼ぶ）に対応して改訂されたものである[1]。また，対象範囲をパッケージソフトウェアを使用した開発等まで拡張した「情報システム・モデル取引・契約書（パッケージ，SaaS/ASP 活用，保守・運用）＜追補版＞」も IPA モデル契約の改訂に併せて改訂されている[2]。IPA モデル契約のほか，ソフトウェア開発業界の事業者が加入する団体である一般社団法人電子情報技術産業協会（JEITA）および一般社団法人情報サービス産業協会（JISA）も，IPA モデル契約の公表に先立って，それぞれ既存のソフトウェア開発モデル契約書の民法改正対応版を 2019 年に公表した。これらのモデル契約書は，主として大手ベンダと大企業との間のシステム開発取引に広く用いられてきた。

　ソフトウェア開発は，古くからウォーターフォール型の開発手法[3]が用いられることが多く，特に大規模なソフトウェアの場合は今なお主流といえる。以下では，特にことわらない限りウォーターフォール型の開発を前提に議論をすすめる。

---

1)　第二版に先立って，2019 年 12 月時点でモデル取引・契約書の民法改正を踏まえた見直し版が公表された。第二版は 2019 年 12 月版から，さらに一部の条項等の見直しが行われたものである。なお，民法改正見直し版の解説として，伊藤雅浩「民法改正を踏まえた『情報システム・モデル取引・契約書』の見直しについて」NBL 1174 号（2020 年）47 頁がある。

2)　https://www.ipa.go.jp/ikc/reports/20201222.html

3)　ウォーターフォール型とは，開発プロジェクトを時系列に，「要件定義」「外部設計（基本設計）」「内部設計（詳細設計）」「開発（プログラミング）」「テスト」「運用」等の作業工程（フェーズ）に分割し，これらの工程を順に遂行していく開発手法である。原則として前工程が完了しないと次工程に進まないこととされており，基本的には，複数のフェーズの併走や，次工程に進んだ以降において，前工程に戻ることは想定されていない。

図表 2-2　ウォーターフォール型の開発

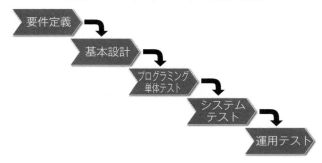

2　契約の構成

(1)　ソフトウェアの完成までを一括で請け負う構成（一括契約方式）と
　　　ソフトウェア開発を複数の工程に分けて工程ごとに個別契約を締結す
　　　る構成（多段階契約方式）

　開発するソフトウェアの規模が小さい場合などにおいては，最初から最
後までを一貫して単一の契約を締結することにより実施される例もあるが，
比較的大規模なシステムを開発するケースでは，以下に述べるような理由
から，工程を複数に分けて，各工程にかかる契約を締結する例が多い。

　そもそも開発の対象となるソフトウェアの内容は，要件定義工程[4]に
よって決められるものであるから，その前段階では，開発すべきシステム
の要件が確定しておらず，ソフトウェアの全貌が明らかになっていないた
め，ソフトウェア開発プロジェクト全体に必要な工数や期間等を正確に見
積もることができないという問題がある。このような場合に一括でシステ
ムの開発を請け負う契約を締結しようとすれば，ベンダにとっては，規模
を過小に見積もってしまうというリスクがあるし，ユーザにとっても，ベ
ンダがバッファを見込んだ高額な見積を提示する可能性があるというデメ

---

4)　どのような機能を有するソフトウェアとするのか（機能要件）を確定させるほか，
　　性能，セキュリティといった非機能要件を，ユーザとベンダの協議によって確定す
　　る工程をいう。

リットがある。この問題は，工程ごとに，前工程の結果を踏まえて次工程に関する契約を締結することにより，一定程度解決することが可能である（この方式を本書では「多段階契約方式」と呼ぶ）。例えば，ひとまず要件定義工程に関する個別契約を締結し，要件定義作業が完了し，要件が確定した段階で，次工程以降の契約を締結すれば，要件定義の結果，明らかになったシステムの要件や全体の規模等を踏まえて，次工程の基本設計工程に必要な工数や金額を見積もることができる。このようにソフトウェア開発の全体プロセスを複数の工程に分割し，工程ごとに個別契約を締結することで，適切な見積に基づいた契約を締結することが可能となる。

　プロジェクトを開始する以前にシステムの仕様や全貌が明らかでないことは，規模の大小によらないため，小規模なソフトウェアにおいても多段階契約方式を採用することが有効であるようにも思われるが，小規模なシステムにおいては，全体工数・費用も小規模であるがゆえに見積の振れ幅も小さく，複数の個別契約について交渉・締結の手続をとることがかえって時間や手間を取らせることになってしまう。そのため，比較的小規模なシステムの場合は，ベンダは契約締結前の営業活動によって得た情報に基づいて概算の規模を見積もり，ソフトウェアの完成までの工程を一括した単一の契約を締結することがむしろ効率的だといえる。

　IPA モデル契約のほか，先に紹介した各種業界団体のモデル契約においても，多段階契約方式が採用されている。

　多段階契約方式を採用する場合，各契約に共通の条件についてまとめて規定する基本契約を締結した上で，具体的な委託業務等は個別契約において定める例が多い。

(2)　多段階契約方式の場合における基本合意書の有用性

　多段階契約方式をとる場合でも，ユーザがベンダに対して要求する事項を提示して提案を求め（ユーザが提示する文書を RFP（Request for Proposal：提案依頼書）ということが多い），これに応じてベンダからユーザに対し，システム開発に要する委託料金の総額の概算や，システム全体の最終稼働時期についての見積が提示されることが一般的である。

　しかし，工程の進捗とともに開発対象・開発工数が増大し，後続する工

程でプロジェクト開始当初の見積を上回る委託金額が提示されたり，予定されていた稼働時期を延期せざるを得ないといった状況に至ることも少なくない。プロジェクト開始当初に提示された委託金額総額の見積は，あくまで概算であって，法的拘束力を有するものではないことを前提として，ベンダから提示されることが多いし，実際に，概算見積の範囲内でシステムを完成させるといったような合意がない限り，見積が法的拘束力を有するとは考え難い。したがって，工程の進捗とともにプロジェクト開始当初の見積と乖離した委託料金が提示されたとしても，そのことのみを根拠として，ベンダに責任があるとは評価し難いであろう[5]。また，通常は，システムの本番稼働時期を見据えた上でプロジェクトが開始されるものの，個別契約を順次締結する場合には，プロジェクト開始当初に締結される個別契約において当該工程の終期が定められるのみで，最終的なシステム全体の稼働時期に関する合意を明示したものが存在しないということも多い。

　他方，ユーザとしては，プロジェクト開始当初の見積を踏まえて，ソフトウェア開発プロジェクトへの投資を決定している以上，プロジェクト開始当初にベンダから提示された概算金額や，システムの稼働時期からの著しい乖離を生じることなく，システムが完成することを当然の前提と考えている。

　そこで，多段階契約方式を採用する場合でも，工程を経るごとに委託金額の総額が増大することや，稼働時期が延期されるといった不測の事態を回避したいというユーザの要望を取り入れ，あるいは，万一そういった事態に至った場合の責任の所在を明確にする意味で，プロジェクトの開始時点において基本契約および個別契約とは別途，委託金額の総額や，システムの本番稼働時期を明示した基本合意書を締結することが考えられる。もっとも，ユーザ・ベンダの双方が，不確定な情報に基づいて，のちに工数が増減する可能性を想定した上で，多段階契約方式を採用し，それを前提にプロジェクト開始当初に委託金額や完成時期を見積もっていることからすれば，プロジェクト開始当初の見積について，完全な法的拘束力を生

---

5)　後述するスルガ銀行・日本IBM事件も，ユーザの希望するシステムを実現するには，当初の見積を大きく超える追加費用が必要となることが判明したことが端緒となって生じた紛争である。

じさせることは，その前提に反する。

　以上を踏まえると，基本合意書は，プロジェクト開始当初における金額や納期について法的拘束力がない前提での合意であることを明示しつつも，金額の増加や納期の後ろ倒しが生じる場合にはどちらか一方の当事者（主として計画を立案するベンダ）に説明義務を課すといった内容とすることが考えられる。このような内容を定めた場合に，金額の増加や納期の延期という事情のみをもって，直接にベンダに損害賠償等の責任が生じる可能性は低いが，金額や納期の著しい乖離が生じた場合や合理的な説明がなされない場合には，ベンダに一定の責任が生じるといえるだろう。また，実務的にも，プロジェクトを進めていく上での両当事者の予算とスケジュールの指標として働き得るという効果も期待できる。

　例えば，下記は，全体金額について一定の合意をする場合の条項例である（個別契約を列挙する部分は省略した）。

　本件システムの開発において，ベンダ・ユーザ間で以下に掲げる個別契約を締結することが予定され，その開発費総額は，○円とする。ベンダはこれを増額する必要があると認めるときは，ユーザに対し合理的な説明をしなければならない。

　基本合意書を締結することで，ユーザとしては，全体金額や納期を明確にし，多段階契約方式における不安を一定程度払拭することができる。ベンダとしては，基本合意書を締結することが必ずしも有利にはたらくとはいえないが，プロジェクトの前提条件や開発対象の範囲を明確にするといった点に意義を見出すことができる。

　東京高判平成25年9月26日金商1428号16頁［スルガ銀行・日本IBM事件］では，工程ごとに締結された個別契約のほか，システム開発に要する総額等について定めた「基本合意書」「最終合意書」が取り交わされていた[6]。

　なお，基本合意書を基本契約書と別途の書面として締結しなければならない理由はなく，基本契約書の中に委託金額の総額やシステムの納期といった内容を盛り込むこともちろん可能である。

図表2-3　基本合意書・基本契約・個別契約の関係

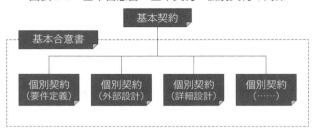

3　契約の法的性質

(1)　請負契約と準委任契約

　ソフトウェア開発取引における各個別契約は，請負契約あるいは準委任契約として締結されるのが通常である。予め決められた成果物を納品すること等，仕事の完成を目的とする場合には請負契約が締結されるのに対し，事務の処理（エンジニア等の専門的スキルの提供）を目的とする場合には準委任契約が締結されることとなる。

　なお，請負契約か準委任契約かというのは，契約の実質的な内容が，仕事の完成を内容とするものなのか，事務の委託を内容とするものなのかによって定まるものであって，契約の名称や，条項に「請負契約である」等と記載することによって定まるものではない。実質的には事務の委託を目的とする契約である場合に契約書に「請負契約」と謳ったとしても，その法的性質が請負契約とされるということはない。いずれの典型契約に分類されるかは，契約書の実質的な内容や契約締結に至る事情，作業の実態等

---

6)　裁判所は，これらの書面について，「法的義務を負わない」という文言を尊重し，当該書面に基づいてシステム全体を完成させるという法的義務を負わないことを明示した。もっとも，同裁判例では，基本合意書，最終合意書に基づくシステム完成責任は否定されたが，こうした書面が取り交わされた事情がベンダのプロジェクトマネジメント責任の内容・範囲に影響を与えたことがうかがえる。したがって，こうした書面を取り交わすことに一定の効果があることを否定するものではない。

の諸般の事情に基づいて定まる。

　また，契約を締結する際には必ずしもいずれかの典型契約に決めなければならないというものでもない。請負契約や準委任契約[7]に関する民法の諸規定の多くは任意規定であるから，契約によって上書きすることが可能であるし（民法 91 条），そもそもソフトウェア開発委託契約は，いずれの典型契約にも分類されない非典型契約であるとする議論もある[8]。

　したがって，ある個別契約について，請負契約とするか，準委任契約とするかという点は，検討・交渉における必須の論点ではない。もっとも，だからといって，両者の区別が無意味というものではない。請負契約および準委任契約は，いずれも民法上に定められている典型契約であるから，別段の合意がない限り各契約類型に関する民法上の規定（例えば，請負契約であれば民法 632 条ないし 642 条）が適用される。また，契約交渉の場面においては，「請負」「準委任」という共通タームを用いることで共通認識が形成されるから，その任意規定をどのように修正するのか，民法に記載のない事項についてどのようなルールにすべきかといったことに論点を限定することができるという点で，効率的である。

　請負契約と準委任契約の性質を比較すると，**図表 2-4** のとおりとなる。

　請負契約と準委任契約を比較する場面で，「準委任契約は完成の責任を負わない契約であって請負契約よりもベンダに有利である（あるいは請負契約はユーザに有利である）」といった評価がされることがあるが，そのような二律背反の評価は妥当ではない。

　たしかに，請負契約は仕事の完成を目的とするものであって，ベンダは重い責任を負うことになるが，準委任契約のもとでも，ベンダは事務を履行しさえすれば結果はどうあろうとかまわないということはないし，事後

---

7)　民法は典型契約として「委任契約」を定めているが，これは「法律行為」を委託することを内容とするものである（民法 643 条）。これに対し，法律行為ではない事務を委託する場合は「準委任契約」とされるが，委任の規定すべてが準用されるため（656 条），両者に特段の違いはない。

8)　芦野訓和「ソフトウェア開発契約」椿寿夫ほか編『非典型契約の総合的検討』別冊 NBL142 号（2013 年）166 頁，171 頁においては，「ソフトウェア開発委託契約をいずれかの典型契約に当てはめようとすることには問題があるし，そもそも，不可能であろう」とされている。

図表 2-4　請負契約と準委任契約の比較

	請負契約	準委任契約
委託の主題	仕事の完成（632条）	事務の処理（656条，643条）
ベンダの義務	仕事を完成させる義務	善良なる管理者の注意をもって事務処理を行う義務（善管注意義務）
ベンダの主な責任	・仕事の完成が遅れたことによる債務不履行責任 ・契約の内容に適合しない目的物を引き渡した場合における契約不適合責任	善良なる管理者の注意を払わないことによる債務不履行責任
再委託	特に定めなし	原則としてできない（644条の2第1項）
報酬支払時期	目的物の引渡しと同時（633条）	・委任事務を履行した後（648条2項） ・期間によって定めたときは期間の経過後（648条2項ただし書，624条2項） ・成果の引渡しを要するときは引渡しと同時（648条の2）
中途終了時の報酬	可分な部分について注文者が受ける利益の割合に応じて請求可能（634条）	既にした履行の割合に応じて請求可能（648条3項）
解除	債務不履行解除	債務不履行解除
任意解除（解約）	完成前は，ユーザはいつでも解除できる（ただし，損害賠償義務あり。641条）	両当事者はいつでも解除できる（ただし相手方に不利な時期に解除すると損害賠償義務あり。651条）
解除の遡及効	あり	なし（652条，620条）

（条文はすべて民法の条文）

的に責任を問われることはないというのは誤解である。準委任契約においても，受任者（ベンダ）は善管注意義務（民法 656 条，644 条）という，いわば専門家として適切に業務を遂行すべき義務を負うのであって，業務を全く遂行しなかった場合のみならず，業務の遂行方法や結果に問題があった場合にも，責任を問われ得るなど，責任は重い。実務では，請負契約はベンダに丸投げの契約だが，準委任はユーザが主体的に作業を行う契約だ，と言われることもあるが，法的には根拠のない言説である。また，準委任契約であっても，例えば，要件定義工程における要件定義書など，工程終了時に納入すべき成果物が定められ，こうした成果物の交付をもって報酬請求の条件としている例は多い。また，請負契約においても，一点の曇りもない成果物の納入が求められているわけではなく，仕事の完成について「予定していた最後の工程まで終えているか否かを基準として判断すべきであり」「単に，仕事の目的物に瑕疵があるというだけの理由で請負代金の支払を拒むことはできない」と判断する裁判例のように，一定の工程を終えることをもって完成とするものが多数あり[9]，その意味では準委任契約と請負契約の距離は近接しているということもできる[10]。結局，債務の「本旨」が何であるかが問題であり，準委任契約と請負契約の区別に腐心すべきではない。

(2)　成果報酬型の準委任契約

　民法改正により，従来型の準委任契約（「履行割合型」と呼ばれる）に加え，新たに事務の履行により得られる成果に対して報酬を支払うという類型（成果報酬型）に関する規定が追加された。この場合，成果が引渡しを要する場合には，報酬はその成果の引渡しと同時に支払わなければならない（民法 648 条の 2 第 1 項）。成果に対して報酬が支払われるのであるから，請負契約と類似していると考えられるが，成果報酬型の準委任契約は，受任者がその成果を達成する義務を負っていないという点に違いがある[11]。

---

9)　東京地判平成 14 年 4 月 22 日判タ 1127 号 161 頁のほか，同種の裁判例は多数ある。

10)　東京地判平成 22 年 9 月 21 日判タ 1349 号 136 頁では，準委任契約として締結されたコンサルティング契約に関し，請負契約の要素も含むものであった等の判断をしている。

　準委任契約において要件定義書等の成果物の定めを置いたとしても，常に，同項にいう「成果」であるとは限らない。あくまで，契約の本旨が，ユーザが主体となって行う要件定義等の作業をベンダが支援することであって，ベンダが作成するドキュメント等は，参考資料にすぎないのだとすれば，個別契約において成果物の定めを置いていたとしても，ただちに成果報酬型の準委任契約であるわけではない[12]。また，前述のように，成果報酬型の場合，民法の原則としては，ベンダは，成果の達成義務を負っていないのであるから，成果報酬型を採用すると，かえってユーザにとって不都合なこともあるだろう。

　もっとも，この点についても，履行割合型か成果報酬型かを区別すること自体が決定的に重要なのではない。準委任契約を採用した場合でも，期間の経過をもって報酬請求権が発生するのではなく，予め定められた成果物の提出および確認をもって報酬請求権が発生するといったアレンジも可能であるし，実務的にもこういった定め方をする例は少なくない。

(3)　請負契約と準委任契約のいずれを選択するべきか

　各個別契約を締結するにあたって，請負契約と準委任契約（さらには履行割合型か成果報酬型か）のいずれを選択すべきかということが契約交渉の本質とはいえないが，契約交渉の出発点を明確にし，また，契約に特段の定めがない場合における原則的な取扱いを決定付けるという観点からは，いずれを選択するかという点は，やはり明確にしておきたい。いずれを選択するかは，それぞれの契約の目的（仕事の完成か，事務の遂行か）に照らし，どのような性質の業務を遂行する工程であるか（ベンダが単独で遂行できるような性質の業務であるか，ユーザの情報提供や協力を得つつ遂行すべき性質の業務であるか），契約締結段階で完成すべき仕事や目的物が明確になってい

---

11)　民法（債権関係）部会資料 46・70 頁。中田裕康『契約法』（有斐閣，2017 年）532 頁。成果報酬型の準委任契約は，典型的には，弁護士の成功報酬や不動産仲介業者の報酬のようなものが想定されており，民法改正の過程において，システム開発取引における適用を念頭に置いた議論はみられない。

12)　IPA モデル契約のほか，JISA や JEITA のモデル契約でも，成果報酬型の準委任契約は採用されていない。

るかといった観点から検討すべきである。

　以下においては，要件定義工程と開発工程を例として，請負契約と準委任契約の選択における考え方について述べる（開発手法が契約に与える影響については後述 **4**(3)）。

　要件定義工程では，ソフトウェアで実現すべき業務を分析し，必要となるシステムの機能・要件を明確にする作業が行われる。その作業は，ベンダが，技術的知識やノウハウを活用して進める業務であって，最終的な成果は「要件定義書」という文書にまとめられることから，要件定義書という仕事の目的物を完成させるための請負契約であるという捉え方もあり得る。しかし，要件定義は，ユーザの業務や，ユーザのシステムに対するニーズを踏まえて進められるべきものであり，ユーザからの積極的な情報提供や協力なしには完遂できないものである上，その結果の適否はユーザのみが判断し得る性質の作業である。このように，要件定義は，ベンダが単独で検討して完成させることができるものではなく，ユーザとともにその完成への作業を進めていくものであって，あくまでベンダは，要件を取りまとめるための技術的知識やノウハウを提供するという事務の履行が契約の目的であることに照らし，準委任契約が選択されることが通常である。その上で，報酬の支払方法として，期間の経過や投下された工数に応じて報酬を支払うといった定め方もできるし，要件定義書の引渡しを報酬請求権の発生条件とする定め方も可能である。ただし，後者を採用する場合，開発工程のように，事前に合意した仕様を具備することをもって合格とするといった条件設定が困難であるため，作業の終了条件を明確にしづらいという問題がある。また，作成した要件定義書の内容が，ユーザの所期する目的を達成することや，それに基づいて開発されるシステムが完成することを条件とすることは現実的ではない。したがって，成果物の納入を条件としたり，成果報酬型を採用する場合でも，事前に合意したシステムのスコープについて，一定のヒアリング，文書作成，レビューといった作業を終えていれば報酬請求権が発生するといった定め方にならざるを得ないだろう。

　開発工程では，前工程である設計工程において確定された設計書，仕様書に沿ってプログラムが開発される。その作業は基本的にはベンダが単独

図表2-5　ソフトウェア開発の各工程と契約の性質

企画段階	システム化の方向性	【準委任】	⎫
	システム化計画	【準委任】	⎬「超上流」
	要件定義	【準委任】	⎭

開発段階	システム設計 （システム外部設計）	【準委任・請負】
	システム方式設計 （システム内部設計）	【請負】
	ソフトウェア設計	【請負】
	プログラミング	【請負】
	ソフトウェアテスト	【請負】
	システム結合	【請負】
	システムテスト	【準委任・請負】
	受入・導入支援	【準委任】

| 運用段階 | 運用テスト | 【準委任】 |
| | 運用 | 【準委任・請負】 |

| 保守段階 | 保守 | 【準委任・請負】 |

で実施することが可能な性質のものである。そして，契約締結段階においてその内容や範囲が明確になっている目的物（プログラム）を納入することが契約の目的とされることから，請負契約として個別契約が締結されることが通常である。

　上記で例示した以外の工程についても，それぞれの工程の性質に照らし，図表2-5のような契約が採用されることが多い[13]。

　図表2-5には，準委任，請負が併記されている箇所があるが，システム設計（システム外部設計）について，前掲IPAモデル契約では，「システム外部設計とシステムテスト業務はユーザ側の業務要件に関わる部分が多く，その点では準委任に馴染むが，従来の実務では請負で行われている場合も多い」とされている[14]。また，前掲JEITAモデル契約でも，「ソフトウェアで実現するユーザ業務の固有性が強く，そこで使用される画面，帳票等にも

---

13)　IPAモデル契約14頁より抜粋。なお，各工程の概要は，同37頁以下に説明がある。
14)　IPAモデル契約13頁。

ユーザの固有性が現れるような場合」にはユーザが作業主体となる結果，準委任契約が適しており，他方，「ユーザの固有事情に比較的左右されないような場合，長期の取引関係等からベンダにおいてユーザの固有性を把握できているような場合など」はベンダ主体となり，請負契約が適しているとされている。

　契約交渉の現場では，ユーザ・ベンダ双方が，過去の取引事例に縛られたり，「請負契約はユーザに有利である」といった思い込みに基づいた議論がなされることも多いが，両者の特徴を正確に理解し，実施しようとしている業務と両当事者の役割，経験や実力などの実情を踏まえて，実情にあった契約形態を選択すべきであって，交渉によって「獲得する」ものではない。

4　その他の注意事項

(1)　発注者の立場（自社利用のソフトウェアか，販売用のソフトウェアか）に応じた検討の必要性

　開発するソフトウェアの最終的なユーザ（エンドユーザ）が誰なのかといったことが契約の内容に影響を与えるのは当然のことである。利用形態には，発注者自身がソフトウェアのエンドユーザである場合，発注者自身がその顧客からソフトウェア開発の委託を受けておりその一部を第三者であるベンダに対して再委託する場合，といったいくつかのパターンがあるが，契約書のドラフト，交渉においては，こういった事情が考慮されなければならない。

(ア)　発注者がソフトウェアのユーザである場合（図表2-6）

　発注者自身が自社の資産となるソフトウェアの開発を委託している場合，納入されるソフトウェアを社内業務のために使用したり，そのソフトウェアを使って顧客にサービスを提供したりするとしても，基本的には，その使用形態によってソフトウェア開発委託契約の内容に差異が生じるものではない（使用形態によって，契約不適合責任の内容，期間などが変わることはあり得る）。

図表2-6　発注者がソフトウェアのユーザである場合

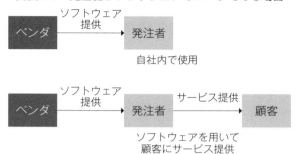

㈪　発注者が顧客から開発の委託を受けている場合（顧客がユーザである場合）（図表2-7）

　他方，発注者自身がその顧客からソフトウェア開発の委託を受けており，その一部を第三者であるベンダに対して再委託するケース（いわゆる下請）においては，元請ベンダと下請ベンダの契約の条件を定めるにあたって，顧客と元請ベンダの間の契約の履行に問題が生じないよう注意を払う必要がある。例えば，顧客と元請ベンダの間の契約では開発したプログラムの著作権をすべて顧客に移転するとされている場合に，元請ベンダと下請ベンダの間の契約においても，著作権がすべて元請ベンダに移転するようにしておく必要がある。また，契約不適合責任（品質保証）に関する条項においても，元請ベンダの立場からみれば，下請ベンダの間で合意した保証期間・保証内容等が，顧客の間で合意した保証期間・保証内容等に満たない場合には，その差分は自己（元請ベンダ）の責任となることを認識する必要がある。

図表2-7　発注者の顧客がソフトウェアのユーザである場合

(ウ)　発注者が顧客にソフトウェアを市販する予定である場合（図表 2-8）

　発注者が開発の目的物たるソフトウェアを市販する，すなわち，不特定多数の顧客（エンドユーザ）に対してパッケージソフトウェアとして販売するというケースもある。

　この場合には，発注者とベンダの契約内容を定めるにあたって，発注者が想定する顧客の利用形態が実現できるように配慮する必要がある。ただし，上記(イ)と比べ，契約内容を発注者とその顧客の契約内容と整合させる配慮の必要性はそれほど高くない。発注者と顧客の間の契約内容（ライセンス条件）は，発注者の裁量で定めることが通常であるため，発注者とベンダの間の契約条件に従い，発注者と顧客の間のライセンス条件を調整すればよいからである。

　このケースでは，多数の顧客（エンドユーザ）が関わるため，ソフトウェアに不具合や，第三者の権利侵害があった場合には，その影響が大きくなる。発注者は，ベンダとのソフトウェア開発委託契約における契約不適合責任や損害賠償等の条項について，将来，顧客から責任追及される可能性を念頭に置いて検討する必要がある。

図表 2-8　発注者がソフトウェアを市販する場合

(2)　仕様変更手続および協議不調時の手続について

　ソフトウェア開発取引で生じるトラブルの典型例として，ソフトウェアの仕様変更に関する協議がまとまらないまま頓挫するというものがある。ユーザは，ビジネス環境の変化のほか，仕様の伝達漏れなどのさまざまな理由により，ベンダに対して仕様の変更を求めたところ，想定以上に納期や金額などの影響範囲が大きいことを知らされて紛糾するというケースである。特にウォーターフォール型開発の場合には工程の後戻りを想定していないことから，仕様変更のインパクトが大きく，トラブルに発展しやすい。

　契約条件の変更について合意ができなければ，ベンダは，従来どおりの契約に定められた仕様に基づいて債務を履行すれば報酬を請求できることになるが，ユーザは，当該仕様変更が反映されたソフトウェアでなければ契約の目的を達成できないと考れば，契約を終了させるしかないことになる。

　民法上は，当該契約が請負契約である場合には，注文者は請負人に債務不履行がなくても，いつでも契約の解除をすることができるが，請負人に対して損害を賠償しなければならない（641条）。他方，準委任契約の場合には，いずれの当事者がいつでも解除することができるのが原則だが（651条1項），相手方に不利な時期に解除した場合には損害賠償責任が生じる（同条2項）。また，IPAモデル契約をはじめ，各種モデル契約では，仕様変更協議が不調だった場合における解除についての条項が定められている。

　本書が収録する条項例では，仕様変更に関する協議が調わなかった場合などにおける手続等について定めていないが，規模の大きいプロジェクトでは，仕様変更等に関して紛糾することも少なくないことから，仕様変更手続や，協議が不調だった場合の契約終了の手続等について定めることも検討しておきたい。その際の典型論点は以下のようなものが考えられる[15]。

解除権発生の条件	どのような場合に解除を可能とするか （一定の協議期間内に合意しなかった場合等）
解除権者	ユーザに限定するか，ベンダも解除権を行使可能とするか
清算方法	契約終了時点までのベンダの役務提供に対する報酬の額をどのように定めるか[16]

---

[15]　IPAモデル契約第二版では，2007年版から「変更の協議不調に伴う契約終了」の条項（38条）が改訂された。具体的には，協議不調時にユーザにのみ解除権を与えるA案と，ベンダにも一定の場合に解除権を与えるB案とが併記されている。

(3)　開発手法の違い（ウォーターフォール型とアジャイル型）

　本章では，主にウォーターフォール型でのソフトウェア開発を行うことを前提とした解説をし，条項例を示しているが，近年ではアジャイル型開発に代表される非ウォーターフォール型の開発手法が採用されることも増えている。

　アジャイル型開発とは，新しい機能を短期間で継続的にリリースしていくソフトウェア開発手法である[17]。早期のシステム稼働を目的とし，要件のすべてが明確にならなくても開発に着手し，要件の明確化や変更には開発と並行して対応する開発手法であり，不確実な社会におけるソフトウェアの有効な開発手法として期待されている。アジャイル型開発手法をとる場合，機能ごとに開発工程を繰り返すこととなるため，ウォーターフォール型と異なり，前工程の結果（設計内容，開発プログラム等）について，次工程に至ってからの変更も当然に想定されている。

　工程が進行した後においても変更が想定されていることから，業務の開始時点において，納期や仕様を確定させることは，そもそも予定されていないため，契約締結時点で目的物を明確にする必要がある請負契約を採用することは難しく，一般的に準委任契約が採用される[18]。しかし，納期や仕様の確定が難しいからといって，プロジェクト全体のプランについて，何らの定めもなく開発を開始した場合には，ユーザにとっては，工程を積み重ね，相応の費用を負担しても目指すべきものが一向に完成せず，いたずらに工数・費用が増大していくということが想定される。他方で，ベン

---

16)　請負契約の場合，本文中で述べた民法641条に基づく損害のほか，完成前に契約が解除されたときは，注文者が受ける利益の割合に応じた報酬を請求できる（634条）。準委任契約の場合も同様に，委任の履行が途中で終了したときは履行の割合に応じて報酬が請求できる（648条3項）。「利益の割合」や「履行の割合」は，紛争状態になってから協議によって算定することが困難であるため，この割合の計算方法について事前に合意しておくことが望ましい。

17)　IPA「なぜ，いまアジャイルが必要か」（2020年2月）（https://www.ipa.go.jp/files/000073019.pdf）。

18)　経済産業省「DXレポート〜ITシステム『2025年の崖』の克服とDXの本格的な展開〜」（2018年9月）（https://www.meti.go.jp/shingikai/mono_info_service/digital_transformation/pdf/20180907_03.pdf）20頁では，アジャイル開発に適した契約形態が整備されていないという課題が指摘されている。

ダとしても，完成時期や開発プロセス，全体工数のめどが示されず，開発すべき対象の優先順位が明確になっていなければ，ゴールが見えない。また，工数が増大した場合の契約見直しや精算の方法，作業結果の評価方法が明確になっていなければ，ユーザの意思決定がなされないことによって作業が完了せず，投下した工数に見合った報酬の支払いを受けられないといったケースも想定される。そこで，アジャイル型の開発を進めるにあたっては，プロジェクトの目的やゴール，想定している完成時期や，予定している全体の工数・費用，開発するべき対象の優先順位，作業結果の評価方法等について，ベンダ・ユーザの意識合わせを行っておくことは重要であり，契約締結時点で想定している条件を記載した合意書を締結しておくことが必須であろう。

　なお，前掲注18）DXレポートにおいてアジャイル型開発を想定したモデル契約を整備するという提言がなされたことを受けて，IPAは，2020年3月に，「アジャイル開発版『情報システム・モデル取引・契約書』」を公表した[19]。本書では，アジャイル型開発に特化した契約条項については取り扱わないが，当該モデル契約は，アジャイル型開発の特徴をよく理解した上で，ユーザ・ベンダが緊密に協働しながら開発を進めることを目指して作成された意欲的な内容になっており，契約条項のほか，契約前チェックリストなど，実務的に参考になる内容が多い。

⑷　SES契約の注意点

　近年，ソフトウェア開発業務においてSES契約が締結される事例が多くみられる。SESとはSystem Engineering Serviceの略であり，ベンダがユーザに対し，一定の期間内，一定の人数のエンジニアの役務提供を約し，ユーザはベンダに対し，役務提供時間やエンジニアの人数に応じて，委託金額を支払うことを主たる内容とする。

　このような契約形態は，慢性的なエンジニア不足や，技術の多様化といった背景のもと，ベンダ（元請ベンダ＝発注者）の社内において常に人員を確保せずとも，フレキシブルに他のシステムベンダ（下請ベンダ＝受託者）か

---

19)　https://www.ipa.go.jp/ikc/reports/20200331_1.html

ら技術の調達を受けられるという利点があるといわれている。この場合，元請ベンダが受託している業務を元請ベンダと下請ベンダが協働して遂行していくこととなるため，下請ベンダの担当業務の範囲を明確に定義することが難しく，委託する業務の範囲をシステムの特定の機能や特定の工程で画定するのではなく，提供される役務の人数や時間によってベンダが提供する役務の内容を特定することになる。

　SES契約は，仕事の完成を目的とするものではなく，事務の提供を目的とするものであることから，その法的性質は準委任契約として整理できる。

　報酬の額は，基本的には提供する工数によって決められる。実務上は下記のような条項になっていることが多い。

〈SES契約における委託金額の定め方の例〉

　基準月額を○円（消費税等別）とする。
　基準時間　下限：140時間　上限：180時間
　当月の実労働時間が基準時間の下限を下回った場合には，1時間あたり○円（消費税等別）を控除し，基準時間の上限を上回った場合には，1時間あたり○円（消費税等別）を加算する。

　なお，SES契約に限った問題ではないが，ソフトウェアの開発委託においては，偽装請負とならないよう注意しなければならない。偽装請負とは，請負契約，準委任契約，業務委託契約等の形式をとりながらも，実態的には，職業安定法で禁止されている労働者供給[20]または労働者派遣事業の適正な運営の確保及び派遣労働者の保護等に関する法律（労働者派遣法）が定める労働者派遣にあたるものをいう。供給契約に基づいて労働者を他人の指揮命令を受けて労働に従事させることは，労働者派遣法が定める厳格な要件を具備する場合にのみ，特例的に認められているものであるところ，その要件を具備せずに労働者の供給を行うことは偽装請負にあたる。

---

[20]　職業安定法4条7項においては，労働者供給とは，供給契約に基づいて労働者を他人の指揮命令を受けて労働に従事させることと定義され，労働者派遣に該当するものは除くとされている。

図表 2-9　旧労働省告示（労働者派遣事業と請負により行われる事業との区分に関する基準（昭和 61 年労働省告示 37 号））

一．労働者への指揮命令を業務委託先事業主が行う	(1)業務遂行上の指揮命令	①業務の遂行方法に関する指示その他の管理を自ら行うこと
		②業務の遂行に関する評価等に係る指示その他の管理を自ら行うこと
	(2)勤怠管理上の指揮命令	①労働時間（始業および終業時刻，休憩時間，休日，休暇等）に関する指示その他の管理を自ら行うこと
		②残業，休日出勤等に関する指示その他の管理を自ら行うこと
	(3)職場管理上の指揮命令	①服務上の規律に関する指示その他の管理を自ら行うこと
		②勤務配置等の決定および変更を自ら行うこと
二．発注者から独立して業務処理を行う	(1)業務に関する資金等の自己調達，自己支弁	
	(2)事業主としての法的責任負担	
	(3)受託業務は次のいずれかに該当し，単なる肉体的労働力の提供でないこと	①自己調達の機器，設備等を使用して業務を処理すること
		②自らの企画，専門的技術，経験に基づいて業務を処理すること

　SES 契約は，下請ベンダに対し，元請ベンダの業務の一部を再委託する場合等に多く用いられ，元請ベンダが受託している業務を元請ベンダと下請ベンダが協働して遂行することになるため，実態としては，下請ベンダのエンジニアが元請ベンダのチーム内の一員のように振る舞うことになり

がちである。そのため，下請ベンダのエンジニアに対し，元請ベンダの担当者から直接の指揮命令がなされる状態に陥りやすく，偽装請負の問題を招く危険をはらんでいる。

　偽装請負に該当するか否かは，個々の事例ごとの事情を踏まえて判断されるが，偽装請負に該当する場合は，指導，改善命令，事業廃止命令等の行政処分が行われるほか，無許可派遣事業として，受託者について，1年以下の懲役または100万円以下の罰金という罰則が定められている（労働者派遣法59条2号）。また，派遣先において，派遣労働者の派遣会社における労働条件と同一の労働条件を内容とする労働契約の申込み（直接雇用の申込み）をしたものとみなされる（同法40条の6）から，労働者がこれを承諾さえすれば派遣先との間で労働契約が成立することになる。さらに，違法な労働者供給事業ともなり得ることから，受託者と注文者の両者について，1年以下の懲役または100万円以下の罰金という罰則もある（職業安定法64条9号）。

　偽装請負との評価を回避するためには，契約の条項のみならず，実態においても，注文者と受託者との間に指揮命令関係を生じさせないことが重要である。具体的な判断基準は，旧労働省告示（労働者派遣事業と請負により行われる事業との区分に関する基準（昭和61年労働省告示37号））および厚生労働省のガイドライン（労働者派遣・請負を適正に行うためのガイド）において，整理されている。

　区分基準では，**図表2-9**のすべてを満たす場合には，適切な業務委託であって，偽装請負にはあたらないとされている[21]。

(5)　ラボ契約

　オフショア開発（海外のエンジニアに開発業務を遂行させる形態）において，ラボ契約と呼ばれる契約形態がみられることがある。

---

[21]　なお，前掲注19）のアジャイル型開発のモデル契約解説16頁以下では，アジャイル型開発におけるユーザ・ベンダ間の関係において，偽装請負となる指揮命令関係に該当しないコミュニケーション方法について実務的な検討がなされており，参考になる。また，上山浩＝田島明音「アジャイル型開発と偽装請負」NBL 1196号（2021）50頁も同様に偽装請負を否定する実務上の運用について検討されている。

図表2-10　ラボ契約

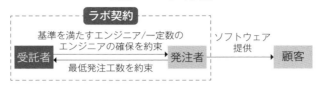

　ラボ契約とは，受託者が，一定の基準を満たす（スキルを有する）エンジニアや一定数のエンジニアについて，発注者の顧客であるユーザからの発注があった場合には，いつでも対応できるように確保しておく一方で，ユーザは，一定工数以上の発注を約するという契約形態である。ユーザの発注量が，契約で定めた一定工数を下回る場合，不足工数に相当する発注を行ったものとみなし，不足工数分の報酬に相当する金額を補てんするといったことが定められることが多い。ラボ契約自体は，そういった基本的な条件を定めた基本契約であり，具体的な開発業務は，ラボ契約に基づく個別契約を締結して，行われる。

　通常の契約形態の場合，受託者は，現に遂行中の個別契約を除き，その発注者のために人員を確保する義務を負わない。そのため，いざ業務を委託しようとしたときに，必要なスキルを有するエンジニアに参画してもらえないといったことが起こり得るし，そもそも当該受託者にて必要な人数を確保できず，業務を委託できないという事態も想定される。

　そのような事態を避けるべく，一定の基準を満たすエンジニアや一定数のエンジニアの確保を求めるのがラボ契約である。発注者としては，上記のようなリスクを避け，委託業務遂行に必要なエンジニアを確保することができるほか，同じベンダに継続して業務を委託することができることから，ノウハウの蓄積によるソフトウェア品質の向上や，プロジェクト遂行の効率化といった効果を期待することができる。他方で，受託者としても，最低発注量が保証されるというメリットがある。

　ラボ契約に基づく個別契約は，工数に応じて報酬が決定される準委任契約と親和性が高いが，請負契約の性質を有する個別契約にも対応可能である。

　また，ラボ契約は，オフショア開発において用いられることが多いが，

上記のような，ラボ契約の特徴や，ラボ契約のメリットは，国内で遂行されるソフトウェア開発においてもあてはまる。国内での開発の場合，エンジニアの単価が比較的高額であること等の理由から，ラボ契約が用いられる例が少ないものと思われるが，上記のようなメリットが特に重要なポイントとなるような状況であれば，国内開発案件において，ラボ契約を締結することも可能である。

　なお，ラボ契約では，確保するエンジニアの基準やその人数を指定することから，偽装請負の状態を招く可能性がないとはいえない。SES 契約と同様に，配慮が必要である（国内法が適用される場合）。特に，委託者が特定のエンジニアを指名する場合は，偽装請負に該当するため，エンジニアの指名は避けるべきである。

(6)　PoC 段階の契約

　最近の研究開発型ソフトウェア開発プロセスにおいて，PoC（Proof of Concept）と呼ばれるプロセスが置かれることがある。これは，AI の開発など，新しい概念やアイデアの実現可能性を検証するために，プロトタイプを試作したりするプロセスをいう。従来型のソフトウェア開発の場合は，成果物の実現可能性があまり問題とならなかったという点で異なる。

　この段階を外部のベンダに委託する場合，プロトタイプやレポート等の成果物を定めることはあっても，その仕様，性能を事前に確定することができないため，検証のための業務の実施を目的とした準委任契約の形式を用いることが多い[22]。検証という業務自体は特に真新しいものではないため，契約書ドラフティングの難度はさほど高くないとも思われる。しかし，PoC が終了した時点で，次のステップ（本格的な開発）に進みたい当事者（一般にはベンダ）と，それに躊躇する当事者（一般的には発注者）との間での契約交渉で揉めるケースが少なくない。そのため，PoC 段階の契約では，検証の結果を踏まえて，次の工程の契約を締結する条件や，その内容についても定めておくことで，契約交渉がボトルネックとなることを回避してお

---

22)　経済産業省「AI・データの利用に関する契約ガイドライン 1.1 版」（2019 年 12 月）（AI 編）78 頁（https://www.meti.go.jp/press/2019/12/20191209001/20191209001-1.pdf）。

きたい[23]。

　そのほかにも，特に機械学習を用いた AI の検証を行うケースでは，データの取扱いに関する条項，発生した知的財産権の帰属や実施・利用に関する条項などが重要であるが，必要に応じて次節の契約条項例や，前掲注 22)のガイドラインを参照されたい。

---

[23]　経済産業省・前掲注 22) では，検証の結果が良好であった場合には，両当事者が開発段階の契約締結に向けた努力義務を負うという予約条項がオプションとして定められている（91 頁）。努力義務を超えて，開発段階の契約についてみなし申込みなどの拘束力ある条件を定めることも考えられるが，実務的には例が多くない。

第2節 ソフトウェア開発委託契約の条項例と解説

　以下では，ソフトウェア開発委託契約の中から，実務上重要だと考えられる条項例を紹介し，その解説を行う。なお，ソフトウェア開発委託契約の条項例全体は，本書参考資料Ⅰに掲載している。条項例においては，ソフトウェア開発業務を委託する当事者（ユーザ）を「委託者」，受託する当事者（ベンダ）を「受託者」としている。

　開発対象となるソフトウェアにはさまざまなものがあるが，本書では，開発に数か月から1，2年程度の期間を要するような，中程度の規模のシステム（情報系システム，Webシステム，中小企業の基幹システム等）を開発するケースを想定して条項例を示す。前掲IPAモデル契約では，重要インフラ・企業基幹システムといった大規模なものを対象として扱っているため，詳細な事項を含めた多くの条項から構成される契約書になっているが，本書の条項例では，それよりは簡素化した内容になっている。なお，以下で述べる考え方は，開発対象のシステムがさらに小規模なものであっても基本的に異なるところはないが，リスクに見合った契約内容とするという観点から，契約の構成，条項や手続をさらに簡素化することもあり得るだろう。

　なお，契約書は必ずしも「大は小を兼ねる」とは限らない。IPAモデル契約のように，大規模システムを想定した多数の条項から構成される契約書を，小規模な開発案件にて用いることも不可能ではないが，例えば，設計書の承認手続や，仕様変更の手続など，契約書に定められた手続が複雑で現実に実施されないおそれがある。その結果，契約書に定められた手続が履践されていないことによって，設計書が承認されていないことになってしまったり，仕様変更か否かがあいまいになってしまったりするということが生じてしまう。重要なのは，立派な手続，ルールを定めることではなく，当該取引において現実に履行可能な手続，ルールを定めることである。

I　共通条項（請負契約・準委任契約の双方に適用される条項）

1　第 2 条（契約の趣旨・個別契約）

1　受託者は，委託者から委託されたソフトウェア開発・導入支援等にかかる業務を，本契約および個別契約に基づいて遂行する。
2　個別契約には，本件業務の目的，作業項目・範囲，準委任作業・請負作業の別，仕様，作業分担，作業期間，納入物，委託報酬および納入条件その他必要な事項を定めるものとする。
3　個別契約は，委託者と受託者が個別契約書を取り交わす場合のほか，委託者が，注文書を受託者に交付し，受託者が当該書面に対して，記名捺印して返送することによってのみ成立する。
4　個別契約において，本契約の条項と異なる記載がある場合には，個別契約の記載を優先する。

本条は，契約の趣旨や，基本契約と個別契約の関係を定めている。

2 項では，個別契約において定めるべき内容を定めている。当該個別契約の法的性質（準委任契約または請負契約）や対象とする工程によって，必要となる項目が異なることが想定される（例えば，準委任契約においては作業内容や作業期間を定めるのに対し，請負契約では成果物，仕様，検収条件を定めるなど。なお，2 項に列挙する事項がすべて定められていなかったとしても，それを理由に個別契約の成立が否定されるものではない）。

なお，改正民法では，債権に関わる重要な条文に「契約その他の債権の発生原因及び取引上の社会通念」といった文言が追加された（例えば，善管注意義務に関する 400 条，債務の不履行に関する 415 条 1 項）。債権の発生原因には，契約の目的や契約の締結に至る経緯等が考慮されることから[24]，債

---

24)　筒井健夫＝村松秀樹編著『一問一答　民法（債権関係）改正』（商事法務，2018 年）66 頁。

務不履行の有無を判断する場面において解釈の指針を与える趣旨で，個別契約に「本件業務の目的」を記載することとした。

　3 項では，個別契約の成立条件と手続を規定している。ソフトウェア開発の現場では，スケジュールを重視するあまり，書面の取り交わしを行わず，口頭の合意に基づいて作業を進めてしまうこともあり得る。書面の取り交わし前に作業を先行して進めたものの，交渉の結果，金額等の重要条件の合意に至らず，当該工程を実施しないこととなった場合に，すでに実施した作業についての報酬が請求できるかという問題が生じる。また，当初締結した個別契約の範囲には含まれない追加開発を，書面を交わさないままに進めた場合においても，同様に，追加開発分の報酬を請求できるかという問題が生じる。このような場合の報酬請求の可否の判断にあたっては，報酬請求の根拠となる個別契約が成立しているか否かが重要な要素となる[25]。そのため，個別契約が成立しているか否かの疑義を極力避けるべく，個別契約成立の手続を明確にしておく必要がある[26]。

　もっとも，本条項例のように個別契約を成立させるためには，書面の取り交わしを必要とする旨定めた場合であっても，口頭での合意に基づく個別契約が一切認められないというものではないと考えられる[27]。口頭で個別契約が成立したという主張を完全に排斥することができるものではない。

　ただ，口頭での個別契約成立の主張を完全には排斥することができないとしても，このような定めを置くことにより，当事者間において，書面にて個別契約を締結するという手続が重視されることとなるとともに，書面

---

25)　契約が成立していない場合であっても，商法 512 条（商人の報酬請求権）に基づく報酬請求や，契約締結上の過失の法理に基づく損害賠償請求等を根拠に請求ができる場合もあり得るが，契約が成立していることを前提とする請求と比べると確実性に劣ることは否めない。

26)　東京地判平成 19 年 1 月 31 日平成 15 年(ワ)第 8853 号では，基本契約において書面の取り交わしにより個別契約が成立する旨定められていたところ，書面の取り交わしがなくプロジェクトが中止に至ったため，基本契約に基づく個別契約としての請負契約の成立が否定されたが，基本契約に紐づかない準委任契約の成立が認められた。

27)　口頭での個別契約の成立により，書面の取り交わしを必要とするという基本契約の定めが変更されたと考えることもできる。また，前掲注 26) の裁判例のように，基本契約に基づく個別契約ではなく，基本契約の枠外で新規の契約が成立したと考えることもできる。

を交わしておくことにより，個別契約の成否や内容についての疑義も極力避けることができるという意味で，やはり個別契約の成立条件に関する定めは重要である。

2　第3条（適用条項）

> 1　個別契約において，「準委任作業」として記載されている業務については，本契約中の第1章（総則）のほか，第2章（準委任契約に関する条項）を適用する。
>
> 2　個別契約において，「請負作業」として記載されている業務については，本契約中の第1章（総則）のほか，第3章（請負契約に関する条項）を適用する。

本条は，個別契約の種別ごとに適用される条項を定めたものである。

本契約条項例では，締結される個別契約が請負契約，準委任契約の2種類あることを想定している。個別契約が準委任契約であるか請負契約であるかの別に応じて，その適用関係を定めている。なお，民法改正により準委任契約には，いわゆる履行割合型と成果報酬型の2つの類型があることが明記されたが（**第1節3⑵**），準委任契約を選択する場合に，いずれかの類型であることを明記することも考えられる。もっとも，両者の違いは，報酬請求権の発生条件にあることから，具体的な条項の中でその点を明記しておけば足りる。

なお，契約の法的性質は，実質的な契約の内容によって定まること，委

図表2-11　個別契約の種別ごとの適用条項

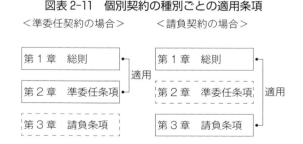

52

託業務の内容によっては，いずれに該当するか明確に区別できない場合もあり得ることは**第1節3⑴**のとおりである。本条項例では，個別契約における具体的な記載文言によって，適用される条項が区別されるようにすることで，契約の法的性質について両当事者間の見解の相違があったとしても，それぞれの個別契約にどの条項が適用されるかの対立が生じることをできるだけ回避することを意図している。

なお，準委任か請負かの区別だけではなく，ソフトウェア開発にかかる工程（要件定義，外部設計，内部設計，開発等）ごとに，適用される条項を分けて定めることも考えられる。本条項例では，実際の工程の区分や各工程で実施すべきことは事案ごとに区々であることに鑑み，そのような定めはしていないが，IPAモデル契約ではその形態がとられている。

3　第4条（業務責任者・業務従事者）

1　委託者および受託者は，それぞれ本件業務に関する責任者（以下本条において「業務責任者」という。）を選任し，本契約締結後速やかに相手方に書面により通知するものとする。業務責任者を変更する場合は，事前に書面により相手方に通知するか，または個別契約にて明示するものとする。

2　委託者および受託者の業務責任者は，本契約および個別契約に定められた委託者および受託者の義務の履行その他本件業務の遂行に必要な意思決定，指示，同意等をする権限および責任を有し，当該意思決定，指示，同意等については，業務責任者を通じて行うものとする。

3　受託者は，本件業務の遂行にかかる従業者（以下本条において「業務従事者」という。）を本件業務の遂行に十分な経験・スキルを有する者から選定する。

4　受託者は，労働基準法，労働安全衛生法，労働者災害補償保険法，職業安定法その他の関係法令に基づいて，業務従事者に対する雇用主としての一切の責任を負うものとし，業務従事者に対する本件業務遂行に関する指示，労務管理，安全衛生管理等に関する一切の指揮命令を行うものとする。

5　受託者は，業務従事者が委託者の事務所等に立ち入るにあたり，委託者の防犯，秩序維持等に関する諸規則を当該業務従事者に遵守させるものと

　する。

6　本条の定めにかかわらず，本契約または個別契約で特に定めのない限り，以下の事項については，本契約の締結権限を有する者によって行われなければならない。

　⑴　本契約または個別契約の締結，更改，変更にかかる事項

　⑵　本契約または個別契約の全部または一部の解除その他終了にかかる事項

　本条は，業務責任者および業務従事者について定めたものである。

　1項および2項は，業務責任者にかかる条項である。

　委託者が受託者の一担当者に直接業務上の指示や命令を行うことは，上記**第1節4**⑷でも述べたとおり，偽装請負として違法となる可能性がある。偽装請負か否かは業務遂行の実態により決せられるものであり，契約書の文言のみによって回避可能なものではないが，2項に定めるように，指示等の窓口を業務責任者に一本化するということを契約上明確にし，それに沿った運用を行うことにより，偽装請負と評価される可能性を回避するという意味も有する。4項も，両当事者の当然の認識・前提を示したものであるが，労働者派遣，労働者の供給にあたらないことを明確にし，偽装請負となる可能性を排除する意味がある。

4　第5条（協議会）

1　委託者および受託者は，本件業務の円滑な遂行のため，進捗状況の把握，未決定事項の解決等，必要事項を協議し，決定する目的で，月○回の頻度で，会議（以下本条において「協議会」という。）を開催するものとする。

2　受託者または委託者は，その協議により協議会の議事録作成者を選任する。議事録作成者は，協議会の議事録を作成し，双方当事者の確認を得るものとする。

3　委託者および受託者は，本条に定める協議会のほか，本件業務の遂行に必要な会議体を定義し，開催することができる。

　本条は，会議の開催や議事録に関する事項を定めるものである。

　このような条項を置く趣旨は，開発業務の遂行中における重要事項を決定するための合意形成過程を明らかにし，事後的に合意内容を明らかにできるようにするというところにある。ソフトウェア開発に際してトラブルが発生した場合においては，プロジェクトがどのように進行していたか（プロジェクト遂行過程においてどのような合意がなされていたか，プロジェクト遂行過程において両当事者が適切に役割に従った作業を遂行していたか等）を，事後的に振り返ることによって，両当事者の義務の履行の有無を判断することになるが，その際には，議事録等のドキュメントは重要な資料となる[28]。一方当事者が作成するだけでなく，両当事者が確認し，合意したものとして残しておくことは必須である。また，大規模なプロジェクトの場合，多層的な会議体が設定されることがある[29]。

　前掲東京高判平成 25 年 9 月 26 日［スルガ銀行・日本 IBM 事件］において，ステアリング・コミッティの参加者，内容，議事録確定の手続等の事情を踏まえ，ステアリング・コミッティの議事録を，その作業実態を反映するものとして取り扱うこととされ，当該議事録に基づいて作業，交渉等の経緯が認定されたことは注目すべきであろう。

　もっとも，このような条項を置いた場合には，実際にこの条項に沿った運用をすることがより一層重要である。例えば，協議会がほとんど開催されなかったり，協議会の議事録が作成されていなかったりするような場合には，システムの仕様や，課題解決方針等についての合意を立証することは難しくなるだろう。

　実務上，議事録を作成するのはベンダの役割となっていることが多い（IPA モデル契約 12 条 6 項でも，ベンダの役割となっている）。しかし，ソフト

---

28)　東京地方裁判所プラクティス委員会第二小委員会（畠山稔ほか）「ソフトウェア開発関係訴訟の手引」判タ 1349 号（2011 年）4 頁，11 頁では，「打合せ議事録やメール等は，仕様変更がされた経緯，開発工程の遅延原因を探る証拠としても重要である」等とされている。

29)　例えば，大規模開発プロジェクトが頓挫した事案である東京高判令和 3 年 4 月 21 日平成 31 年(ネ)第 1616 号では，「プロジェクト全体会議」「チーム進捗会議」「ステアリングコミッティーミーティング」などの異なる階層・頻度の会議が開催されていたことが認定されている。

ウェア開発作業が，両当事者の協働を前提としている以上，ベンダが作成しなければならないというものではなく，発注者であるユーザが理解した討議・合意内容をドラフトし，ベンダがそれを確認するというプロセスを通じてユーザの参画意識を高めることも考えられるだろう。そのため，本条項例2項では，議事録作成者を協議によって定めるとした。

5　第6条（プロジェクトマネジメント等の責任）

1　委託者および受託者は，本件業務の円滑かつ適切な遂行のためには，受託者の有するソフトウェア開発に関する技術および知識の提供と委託者によるシステム仕様書の早期かつ明確な確定が重要であり，委託者および受託者の双方による共同作業および各自の分担作業が必要とされることを認識し，委託者および受託者の双方による共同作業および各自の分担作業を誠実に実施するとともに，相手方の分担作業の実施に対して誠意をもって協力するものとする。

2　委託者が，本件ソフトウェアの開発等を全体のシステムの一部として受託者に分割発注しており，本件ソフトウェアと連携する他のソフトウェアを第三者が開発している場合，当該他のソフトウェアと本件ソフトウェアの機能の整合性，開発スケジュールの調整ならびに当該第三者と受託者の開発進捗管理および調整等の事項については，委託者がその責任を負うものとする。

3　委託者が，前項の調整等を円滑に遂行するために，本件業務に関する範囲で受託者の協力を要請する場合，必要となる条件を個別契約で定めるものとし，受託者は個別契約に従い，委託者の調整等に必要な協力を行うものとする。

本条は，プロジェクトマネジメント等に関する委託者・受託者の義務について定めたものである。

(1)　ベンダのプロジェクトマネジメント義務

ソフトウェア開発は，委託者であるユーザと受託者であるベンダの協働

作業によって進めていくべきものであり，ベンダがプロジェクトマネジメント義務を負うのに対し，ユーザが協力義務を負うことは，複数の裁判例を通じて広く認識されつつある（東京地判平成 16 年 3 月 10 日判タ 1211 号 129 頁，前掲東京高判平成 25 年 9 月 26 日［スルガ銀行・日本 IBM 事件］等[30]）。仮に，途中でソフトウェア開発業務が頓挫してしまった場合，その責任がベンダにあるとされた場合には，ベンダは報酬請求ができず，ユーザに対して損害賠償責任を負う可能性があるのに対し，ユーザに責任があるとされる場合には，ベンダに対し，報酬相当額などの損害賠償義務が生じる可能性がある。そのため，これらの義務履行の有無は，裁判上，裁判外を問わず，紛争の帰趨を決する重要な論点となることが多い。

　ただし，両当事者が負う義務の具体的内容は，個々のプロジェクトの状況により異なるものであり，定式化されたものは存在しない。条項例の 1 項では，プロジェクトマネジメントに関する基本的理解を確認的に定めたものである。1 項を受けて，具体的な義務内容や共同作業・分担作業の詳細を個別契約において定めることも考えられる。

　前述の各種裁判例で認定された義務内容をもとに，具体的な条項に落とし込むとすれば，以下のような条項も考えられる。

> 　受託者は，納入期限までに本件ソフトウェアを完成することができるよう，本契約および個別契約ならびに○○提案書において提示した開発手順や開発手法，作業工程等に従って開発作業を進めるとともに，常に進捗状況を管理し，開発作業を阻害する要因の発見に努め，これに適切に対処するものとする。

　このようなプロジェクトマネジメント義務は，ソフトウェア開発に関する契約を締結した場合の付随義務として一般的に認められているところではあるが，契約書において明記することが必須とはいえない。しかし，現場のプロジェクトメンバーに対し，このような法的義務が生じることを意識付けるためにも，契約書に明記し，プロジェクト推進中の行動規範としても機能させるようにすることが望ましい。

---

30)　本文中に挙げたもののほか，前掲東京高判令和 3 年 4 月 21 日，札幌高判平成 29 年 8 月 31 日判時 2362 号 24 頁，東京地判平成 28 年 4 月 28 日判時 2313 号 29 頁などがある。

(2)　マルチベンダプロジェクトにおける調整の留意点

　大型のシステム開発では，作業負担やリスクの分散，得意分野への集中という観点から，複数のベンダが作業を分担して進められることが多い。これをマルチベンダプロジェクトと呼ぶことがあるが，この場合，ベンダとユーザや，複数のベンダ間での調整について，別途の配慮が必要となる。各ソフトウェアの間でデータを連携したり，一つのソフトウェアの仕様が，他のソフトウェアの仕様に影響するなどの理由により，各ソフトウェアの開発を担当するベンダ間で，整合性をとるための調整を行う必要があるからである。

　ソフトウェア間の整合性や，ベンダ間の調整については，ユーザおよび複数のベンダ間で，その責任の所在があいまいになりがちであるが，他のベンダ・他のソフトウェアの仕様や状況を知らず，また知る権利も有しないベンダが責任を負うことにするよりも，全体の状況を把握可能なユーザが責任を負うとすることが合理的である。

　以上のような配慮から，本条2項では，マルチベンダプロジェクトにおいて，ソフトウェア間の整合性や，ベンダ間の調整について，第一次的には委託者であるユーザが責任を持つことを定めている。ただし，技術的な仕様の調整などは，ユーザが行うことが困難であることが予想されるため，ユーザが調整等を行うに際して，ベンダに対して協力を求めることを前提としており，本条3項では，ベンダの協力内容は，個別契約において定めることとしている。

図表 2-12　マルチベンダプロジェクトの例

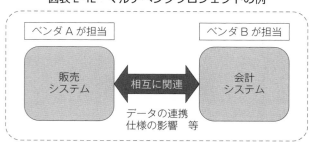

システム間の整合性やベンダ間の調整を行う必要がある

6　第 7 条 (委託報酬)

> 1　委託報酬の金額または計算方法は，個別契約にて定める。
> 2　本件業務の遂行に必要な出張に伴う交通費，宿泊費その他の費用は，すべて委託報酬に含まれるものとし，委託者と受託者の間の別途の合意がある場合を除き，受託者は，委託者に対し，委託報酬以外の費用を請求することはできないものとする。
> 3　委託者は，個別契約に定める条件に従って，委託報酬を，受託者の指定する銀行口座に振込送金の方法によって支払う。委託報酬の支払いに要する費用は委託者が負担する。

　本条は，委託報酬について定めたものである。

　委託報酬の金額や支払条件については，個別契約で定めることとしている。必ずしも固定額になるとは限らず，工数あるいは成果に応じて額が変動する場合もあり得るし，また，多段階契約を採用しない場合でも，契約にて定めたマイルストーンに応じて分割して報酬が支払われるというケースもあるだろう。

　スマホ向けのアプリ開発や，ゲームの開発において，委託報酬の支払いを，レベニューシェアの方式にする場合がある。レベニューシェア（またはプロフィットシェア）とは，開発されたアプリやゲームの売上や利益に応じ，それに一定の料率を乗じた金額を，分配する方式である。レベニューシェア方式を採用すると，実際に対価が支払われなかったり，支払時期が遅れたりすることがある。もちろん，実際に多額の収益が得られた場合には，受託者も高額の報酬が支払われるというメリットがある。しかし，アプリやゲームの開発の委託取引において，下請代金支払遅延等防止法（下請法）が適用される場合には[31]，成果物の納入から 60 日以内に対価を支払わなければならない（下請法 2 条の 2 第 1 項）。レベニューシェアの場合，アプリやゲームのリリース後にその支払金額が決定することとなるため，ベンダがアプリやゲームを納入してから 60 日以上経過した以降に支払いが行われる可能性が高く，下請法違反の問題も生じ得ることに留意し，開発委託

以外の形式をとるか，通常の対価に相当する額を 60 日以内に支払うかの
いずれかの対応が求められる。

7　第 8 条（再委託）

1　受託者は，事前の委託者の書面による承諾がある場合に限り，本件業務
　の全部または一部を第三者に再委託することができる。
2　受託者は，前項の承諾に基づいて第三者に本件業務の全部または一部を
　委託する場合であっても，委託者に帰責性がある場合を除き，自ら遂行し
　た場合と同様の責任を負うものとする。
3　第 1 項の承諾がある場合でも，再委託先がさらに第三者に再委託するこ
　とはできない。

　本条は，業務の再委託について定めたものである。

　ソフトウェア開発に際しては，委託されたベンダが業務の遂行の一部を
第三者に再委託することが多い。

　ソフトウェア開発を委託する場合，当該業務に携わる者は，委託者の事
務所に立ち入ったり，委託者の情報システムにアクセスする権限も与えら
れたりすることから，委託者の重要な秘密情報に触れる機会も多い。ひと
たび，委託者における重要な情報の流出などのセキュリティ上の事故が発
生した場合には，膨大な損害が発生する可能性がある。そのため，委託者
としては，入館者の制限や，アクセス権の制限等を行う等，セキュリティ
事故の回避のための技術的対策をとるほか，そのような事故を発生させな
いような管理体制を備えたベンダを選定することが重要である。ベンダに
業務を委託するに際しては，技術的な側面のみならず，従業員管理その他

---

31)　プログラムを含む情報成果物（委託者が業として提供している情報成果物，他社
　から作成を請け負っている情報成果物，自社で使用するために業として作成してい
　る情報成果物に限る）の作成を他者に委託する場合には，下請法が適用される可能
　性がある。
　　下請法が適用されるか否かは，委託する役務の内容や，情報成果物の種類に応じ，
　委託者・受託者それぞれの資本金の額によって定まる。詳細は，公正取引委員会の
　ウェブサイトや専門書籍等を参照されたい。

コンプライアンスの側面も考慮して，ベンダを選定するのが通常である。

　そのようなプロセスを経て信頼できるベンダを選定したにもかかわらず，受託者が自由に第三者に業務を再委託し，当該第三者が業務を遂行したのでは，ベンダ選定プロセスの意義が損なわれてしまう。特別の定めを置かない場合，請負契約の場合は，仕事の完成を目的とするものである以上，受託者が任意に再委託することができると考えられるのに対し，準委任契約においては，委託者の許諾を得なければ再委託できないということになるところ（民法644条の2第1項），本条項例では，上記の趣旨に鑑みて，契約の種別にかかわらず，委託者の事前の承諾を要することとしている。

　受託者が，委託者の秘密情報にアクセスすることがなかったり，委託者の事務所に立ち入らないような場合には，再委託の要件を緩和することも考えられよう。

8　第10条（知的財産権侵害の責任）

1　受託者は，委託者に対し，納入物が第三者の知的財産権（特許権，実用新案権，意匠権，商標権，著作権をいう。以下本条において同じ。）を侵害しないことを保証する。

2　委託者は，納入物に関し，第三者から知的財産権の侵害の申立て（警告，訴訟の提起を含む。以下同じ。）を受けたときは，速やかに受託者に対し申立ての事実および内容を通知するものとする。

3　前項の場合において，受託者は，委託者が第三者との交渉または訴訟の遂行に関し，受託者に実質的な参加の機会および決定の権限を与え，必要な援助を行ったときは，委託者が支払うべきとされた損害賠償額を負担する。ただし，以下の各号に掲げる場合は，受託者は賠償の責めを負わないものとする。

(1)　委託者が，納入物を変更し，または納入物がプログラムである場合において，受託者の指定した稼働環境以外の環境でこれを使用したことによって第三者の知的財産権の侵害が生じたとき

(2)　納入物を，受託者以外の者が提供した製品，データ，装置またはビジネス手法とともに結合，操作または使用した場合で，それらの製品，デー

タ，装置またはビジネス手法に起因して損害が生じたとき
4　受託者の責めに帰すべき事由による知的財産権の侵害を理由として納入
　物の将来に向けての使用が不可能となるおそれがある場合，受託者は，(i)
　権利侵害のない他のソフトウェア等との交換，(ii)権利侵害している部分の
　変更，(iii)継続使用のための実施または利用権の取得のいずれかの措置を講
　ずることができるものとする。

　本条は，ソフトウェア等が第三者の知的財産権を侵害している場合の責
任等について定めたものである。
　納入物が，ユーザの企業内の閉じた範囲であっても，納入物を利用する
ことによって特許権や著作権の侵害は成立し得るため，納入物について第
三者の権利侵害が生じないよう配慮しなければならない。さらには，納入
物が，市販されるソフトウェアの一部を構成したり，ユーザがそのソフト
ウェアを実行して社外にサービスを提供する場合には，権利侵害の影響は
さらに大きくなることから，より一層注意が必要である。
　本条では，受託者が，第三者の権利侵害がないことを保証した上で（1
項），仮に侵害の事実が明らかになった場合に，委託者に対して補償するた
めの条件と手続を定めている。保証の対象は知的財産権全般としているが，
偶然の一致は侵害にはならない（相対的独占権）著作権のみを対象とするこ
とも考えられる。

9　第14条（個人情報）

1　受託者は，本件業務の遂行に際して委託者より取扱いを委託された個人
　情報（個人情報の保護に関する法律に定める個人情報をいう。以下本条に
　おいて同じ。）を，適切に管理し，他に漏洩し，または公開してはならない。
2　受託者は，個人情報を本件業務の遂行目的以外の目的に使用してはなら
　ず，複製，改変が必要なときは，事前に委託者から書面による承諾を受け
　るものとする。
3　個人情報の返還等については，第11条（資料の提供・管理）を準用する。

4　本条に基づく義務は，本契約終了後も存続する。

5　その他個人情報の取扱いについては，第13条（秘密保持）が重畳的に適用されるものとする。

本条は，個人情報に関する取扱いについて定めたものである。

要件定義，設計，開発等の段階において，受託者が個人情報の取扱いを委託される場面はあまりないが，データ移行，運用テスト，保守の際には，受託者が，委託者より提供された顧客情報や従業員情報等の個人情報にアクセスすることがあり得る。

個人情報は，技術的な秘密情報等と異なり，委託者のみならず，当該個人情報にかかる本人の利益に関わるものである。そのため，委託者が，第三者への提供や，管理義務を課す期間を任意に定めることができる性質のものではない。また，公知のものであるか否かは個人情報の該当性に影響せず，公知の情報であったとしても，事業者は個人情報としてそれを適切に管理すべき義務がある。

そこで，個人情報については，秘密情報として保護することに加えて，複製・加工等の制限を加え，かつ，秘密情報の保護期間を制限しないことを意図したのが本条である。

ひとたび個人情報が漏洩してしまうと，その影響が非常に大きい。そのようなリスクを回避するためには，まず，委託者・受託者ともに個人情報の取扱いを委託することをできるだけ回避すべきだろう。テストのために取り扱わざるを得ない場合でも，匿名化して授受するといった対応をとり，できる限り生データの取扱いを避けることを検討すべきである。そのような対応に加え，この条項例のような定めを設けるほか，受託者の個人情報保護体制の確認や評価を行ったり，受託者の業務従事者に個人情報を適切に取り扱う旨の誓約書を提出させたりするといった対応をとることも考えられる。

10　第 16 条（解除）

1　委託者および受託者は，相手方が以下の各号の一に該当したときは，書面にて通知することにより，本契約または個別契約の全部または一部を解除することができる。

　(1)　重要な財産に対する差押，仮差押，仮処分，租税滞納処分，その他公権力の処分を受け，または破産手続開始，民事再生手続開始，会社更生手続開始，もしくは特別清算開始の申立てが行われたとき

　(2)　解散もしくは事業の全部を譲渡し，またはその決議がなされたとき

　(3)　自ら振り出しもしくは引き受けた手形または小切手が不渡りとなる等支払停止状態に至ったとき

　(4)　監督官庁から営業停止，または営業免許もしくは営業登録の取消しの処分を受けたとき

2　委託者および受託者は，相手方が本契約または個別契約のいずれかの条項に違反し，または相手方の責めに帰すべき事由によって本契約または個別契約を継続し難い重大な事由が発生し（以下「違反等」という。），当該違反等について，書面による催告をしたにもかかわらず，14 日以内にこれを是正しないときは，本契約または個別契約の全部または一部を解除することができる。

3　前各項による解除が行われたときは，解除を行った当事者は，相手方当事者に対し，損害賠償を請求することができる。また，解除された当事者は，当然に期限の利益を喪失し，相手方に対して負担する債務をただちに弁済しなければならない。

本条は，契約の解除について定めたものである。

(1)　契約解除事由

1 項は，相手方の信用状態の悪化等が生じた場合の解除に関する条項，2 項は，契約違反に基づく解除に関する条項である。民法改正によって，解除の要件が，催告による解除（541 条）と，催告によらない解除（542 条）に整理されたが，本条項例に基づく解除は，これらの法定解除権を制約する

ものではない。したがって，社会通念上，債務が履行不能となり，契約の目的が達成できないという場合には，本条に基づくことなく，542 条に基づく解除が可能である。もっともソフトウェア開発における履行不能の判断は容易ではなく，履行不能の成否が争われる事件は少なくない[32]。また，債務不履行がある場合でも，「社会通念に照らして軽微であるとき」は解除できないが（541 条ただし書），例えば，プロジェクトマネジメントに関する義務の違反があった場合に「軽微」といえるのかどうかは悩ましい。こうした問題を踏まえて，解除に至るプロセスや，解除事由を本条項例よりもさらに詳細に定めておくということも考えられる（**第 1 節 4(2)** も参照）[33]。

　なお，民法改正前は，瑕疵担保責任に基づく契約の解除について固有の規定があったが（改正前民法 635 条），改正によって債務不履行一般に関する規定が適用されることとなった（564 条による準用）。ただし，本条項例では，契約不適合責任に関する期間制限は他の債務不履行とは異なる扱いをすることから，契約不適合責任に関する条項（請負条項・30 条）に解除の規定も置いている。

(2)　解除における報酬請求権

　民法改正によって，請負契約では「請負人が既にした仕事の結果のうち可分な部分の給付によって注文者が利益を受けるとき」には，たとえ請負人の責めに帰すべき事由によって解除された場合であっても，その利益の割合に応じて報酬を請求できることとされた（634 条）[34]。準委任契約についても，委任が履行の中途で終了した場合等であっても，受任者はすでにした履行の割合に応じて報酬を請求できることとされた（648 条 3 項）。

　契約が解除された場合において，報酬請求権の規定に基づいて，それま

---

32)　前掲東京高判令和 3 年 4 月 21 日ほか。

33)　開発プロジェクトが中断した場合を想定した解除条項ドラフトの試みとして，伊藤雅浩「システム開発契約における紛争解決条項の検討」ビジネス法務 2019 年 8 月号 57 頁）がある。

34)　なお，改正前民法においても既履行部分の解除を認めず，割合的報酬の請求ができるとした裁判例（建築請負に関して最判昭和 56 年 2 月 17 日判時 996 号 61 頁，ソフトウェア開発について，東京地判平成 25 年 7 月 19 日平成 23 年(ワ)第 22334 号があることから，当該条項は，それを明文化したにすぎないものと考えられる。

でに受託者が履行した成果を引き渡し，委託者がこれに対する対価を支払うことによって清算することが考えられる。例えば，以下の条項例のように，解除時点での納入物（完成・未完成）の引渡しとその出来高に対応した対価の支払いについて定めることが考えられる。

　前各項に基づく解除が行われた場合，受託者がすでに作成した納入物（完成の有無を問わない。）の引渡しおよび当該納入物にかかる著作権（著作権法第27条および第28条に定める権利を含む。）の譲渡とひきかえに，委託者は受託者に対し，その作業分に該当する費用を支払うものとする。

　ただし，上記の条項例では，法文の「利益の割合」や「履行の割合」を「作業分に該当する費用」に置き換えただけにすぎない。契約を解除する段階では，両者が冷静に交渉をすることが困難であることを考慮すると，「作業分に該当する費用」の部分について，より具体的に，次のようにその算定基準を定めることも考えられる。

・作業期間に応じて業務委託料を按分する
・実施済みの作業工数に応じて算定する（例：○円×○人月）
・複数のマイルストーンを設定し，どの部分まで完成しているかによって定める
・予定された作業の進捗割合（納入物の完成割合）に応じて算定する

　もっとも，ソフトウェア開発の場合，設計書やプログラムの仕掛品を受領したとしても，その後続作業を別のベンダに委託して継続させることが難しい。そのため，仕掛品自体は，投下した期間や工数ほどには経済的価値を有しないことも多い[35]。そのため，単純に期間や工数に比例して報酬額を定めることには抵抗があるユーザも多いと思われる。特に，多段階契約方式によって開発を進めている場合，終了した工程については順次報酬が支払われていくことから，事実上，システム開発の進捗に応じた割合的

---

35)　ベンダから，仕掛品には経済的価値はあるから，ユーザの得た損害額は減額されるべきであるといった損益相殺の主張がなされることが少なくないが，それが受け入れられることは多くない。

に報酬が支払われているとも評価できる。

　以上の点も考慮して，本条項例では，解除時における報酬請求条項についてはオプションにとどめている。

11　第17条（損害賠償）

> 　委託者または受託者は，本契約または個別契約に関し，故意または過失により相手方に損害を与えたときには，それにより相手方が被った損害を賠償しなければならない。

　本条は，損害賠償義務について定めた条項である。

(1)　民法上の損害賠償の原則

　本条項例では，損害賠償の範囲や額の制限は特に定められていないため，法律の原則（民法416条）に従って損害賠償の範囲が決せられることになる。すなわち，通常損害および予見可能な事情に基づく特別損害の合計を賠償すべきことになる。

　ソフトウェア開発に際してトラブルが生じた際の主たる救済は金銭賠償となることが基本であるから，損害賠償条項（責任限定条項）は，委託者受託者間で常に交渉の論点となる。

　なお，責任限定条項があることによって，債権者が受けた損害を十分に回復させることができない事態を招くことになるが，前掲東京高判令和3年4月21日の原審（東京地判平成31年3月20日）や東京地判平成26年1月23日判時2221号71頁等において，ソフトウェア開発委託契約における損害賠償の上限金額を定める条項について，一定の合理性があるとされている。

(2)　賠償すべき損害の種類，金額の上限を定める条項例

　一般的に，ソフトウェア開発においては，委託者が受託者に対して損害賠償を請求する場面が多く想定されるため，受託者の立場からは，賠償す

べき損害の種類や，賠償すべき金額の上限を設けることが求められる。その場合の条項例として，以下のような条項が考えられる。

〈賠償すべき損害の種類，金額の上限を定める場合の条項例〉

委託者または受託者は，本契約または個別契約に関し，故意または過失により相手方に損害を与えたときには，それにより相手方が被った損害（直接かつ現実に被った通常の損害に限る。）を賠償しなければならない。ただし，当該損害賠償の額は，故意または重大な過失によって損害を与えた場合を除き，請求原因の如何を問わず，当該損害の原因となった個別契約に基づく委託報酬の額を上限とする。

(ア)　賠償すべき損害の種類の制限について

　賠償の範囲を制限する方法として，損害の種類を限定する方法がある。上記の条項例における本文（「ただし」より前の部分）がそれに該当する。

　上記の条項例では，実務上よくみられるように，賠償すべき損害の種類を直接かつ現実に被った通常の損害に限定することを定めている。

　もっとも，「直接」の損害は，法令上用いられている概念ではなく，直接・間接を区別する明確な基準はない。「現実」の損害についても，実際の財産の減少を伴う損害を意味し，逸失利益を含まないといった一般的な理解はあるものの，法令上用いられている概念ではなく，やはり明確な定義があるものではない。また，「通常」の損害とは，「特別」の損害に対応する概念であり，一般に，相当因果関係ある損害と考えられているが，両者の区別を明確に線引きできるものではない。

　損害の範囲を限定する趣旨からは，「直接かつ現実に被った通常の損害」という限定を加えておくことは一応有効であろうが，現実の紛争で生じる個々の損害の項目について，截然と分類できるものではないことに留意しておきたい。

　また，賠償の範囲外となる損害の種類を明確にする趣旨で，下記のような条項を追記することも考えられる。

> いかなる場合にも，特別の事情から生じた損害，逸失利益，データ・プログラムなど無体物の損害については，責任を負わない。

　もっとも，上記のような制限規定が設けられた場合，反対解釈により，その他の損害については賠償範囲に含まれるという考え方もあり得る。前掲東京高判平成 25 年 9 月 26 日［スルガ銀行・日本 IBM 事件］では，ユーザが第三者に支払って無駄になった委託報酬が賠償の範囲に含まれるか否かが争われたが，そのような費用の支出は予め想定でき，免責を求めるのであれば，その旨明記すべきであったとして，明記されていないことを理由として，当該費用については，免責されないとされた。

　㋑　賠償すべき金額の上限について
　より直接的な責任限定の方法として，損害賠償する額を制限する方法であり，前頁の条項例のただし書がそれに該当する。
　上記の条項例では，故意または重大な過失[36]があった場合を除いて，損害賠償額を「当該損害の原因となった個別契約に基づく委託報酬の額」に制限している。例えば，基本設計工程において受託者の義務違反があり，委託者に損害が発生した場合には，基本設計工程に関する個別契約に定める報酬を，損害賠償の上限とするという趣旨である。受託者にとっては，リスクを一定の範囲に限定することができ，また，委託報酬額を上限とすることは，契約の規模に見合った損害賠償責任を課すという点で合理的であるともいえる。前掲東京高判令和 3 年 4 月 21 日の原審（東京地判平成 31 年 3 月 20 日）では，「受領済みの代金相当額を限度額とする」との条項の解釈および適用が争点の一つとなったが，多数の個別契約のうち，3 つの個別契約が履行不能であったとして，その合計額を賠償額の上限だと判断された。
　他方，損害の原因となった個別契約のみならず，両当事者間で締結されたすべての個別契約に基づく委託報酬の額を，損害賠償の上限とする旨定

---

36)　重大な過失（重過失）の意義については，**第 5 章第 2 節 8** (2)。

める例もみられる。ソフトウェア開発が失敗に終わった場合，ユーザに生ずる損害は，途中までにベンダに支払った報酬のほか，他のベンダに支払った報酬，ハードウェア，ソフトウェアの調達額など，幅広く，かつ高額になりがちである。にもかかわらず，上記条項例のように賠償額を個別契約の報酬額を上限とすると，個別契約の締結単位が細かい場合等は特に，損害賠償の上限額が過小となることもあり得るため，以下のように上限を引き上げることも考えられる。

　ただし，当該損害賠償の額は，故意または重大な過失によって損害を与えた場合を除き，請求原因の如何を問わず，本契約に基づき締結された個別契約（当該損害の原因となった個別契約に限られない。）の委託報酬の合計額を上限とする。

　なお，損害賠償額を「当該損害の原因となった個別契約に基づく委託報酬の額」に制限する旨の規定があったとしても，必ずしも意図したとおりの効果が得られるとは限らない。

　すなわち，前掲東京高判平成25年9月26日［スルガ銀行・日本IBM事件］においては，請求原因を問わず，損害発生の直接原因となった各関連する個別契約の代金相当額を限度額とするという定めがあったが，故意または重過失までは認められなかったにもかかわらず，具体的な義務違反を生じさせた個別契約を特定することなく，損害賠償額を認定した。裁判実務においては，必ずしも義務違反のあった個別契約を特定してその報酬額をもって損害賠償額の上限とするといった判断を行っているわけではない。したがって，損害賠償額を「当該損害の原因となった個別契約に基づく委託報酬の額」に制限する旨の規定があったとしても，プロジェクトが中断した時点においてアクティブな個別契約の報酬額をもって，ベンダにとってのリスクの上限値となるとは限らない。

　また，東京地判平成16年4月26日平成14年(ワ)第19457号では，契約上定められていた損害賠償の上限が低廉にすぎるとして，上限を定める条項が限定的に解され，それを上回る損害賠償が認められた。

　なお，上記各条項例では，故意または重過失がある場合には，損害賠償の上限が適用されない旨を明記している。「故意または重大な過失によって損害を与えた場合を除き」といった文言がない場合にも，故意や重過失がある場合には，衡平の観点から，責任を軽減・免除する免責条項は適用されないという裁判例もある（前掲東京地判平成26年1月23日）が，一般に重過失の場合には免責条項を適用しないという解釈が確立しているわけではないため，ユーザの立場からは明記しておくことが望ましい。

12　第19条（輸出関連法令の遵守）

> 　委託者は，受託者から納入された納入物を輸出する場合には，外国為替及び外国貿易法その他輸出関連法令を遵守し，所定の手続をとるものとする。

　本条は，輸出関連法令の遵守について定めたものである。

　ソフトウェアの内容や，その輸出先によっては，外国為替及び外国貿易法（外為法）の規制対象となって，経済産業大臣の許可が必要となる可能性がある[37]。このような条項の有無によって，外為法その他の輸出管理規制の適用の有無が異なるものではないが，委託者に対して配慮を促す意味で条項を設けている。

---

37)　プログラムの複製物を輸出する場合に限らず，クラウド形式での提供の場合でも規制対象になり得る。経済産業省貿易経済協力局「外国為替及び外国貿易法第25条第1項及び外国為替令第17条第2項の規定に基づき許可を要する技術を提供する取引又は行為について」1(3)タ，別紙1-2(2)。

Ⅱ 準委任条項（個別契約が準委任契約の場合のみに適用される条項）

1 第25条（確認）

1　受託者は，個別契約に定められた本件業務の完了後，速やかに受託者所定の形式による業務完了報告書を作成し，委託者に対し，個別契約に定められた納入物とともに交付する。

2　委託者は，前項の業務完了報告書を受領後○営業日以内に，この内容を確認し，業務完了確認書に記名捺印の上，受託者に対し，交付する。

3　前項に基づいて委託者が受託者に業務完了確認書を交付した時に本件業務が完了したものとする。

　本条は，準委任契約における業務の完了確認について定めたものである。

　準委任契約では，事務を履行した後（民法648条2項本文）または，定められた期間が経過した後（同条ただし書，624条2項）に報酬を請求することができる。また，成果に対して報酬を支払うことを約し，その成果が引渡しを要するときは，引渡しと同時に（648条の2第1項）報酬を支払うこととされている。本条の趣旨は，事務の履行を終えた後に支払う類型の準委任契約であることを前提に，いかなる場合に委任事務を履行したといえるかを明確にするところにある。本条項例では，業務完了報告書の提出・確認および業務完了確認書の交付によって，委託業務が完了するとしている。他方，準委任契約の場合でも，納入物を定義し，その引渡しをもって委任事務の履行の完了とする方法もあろう（なお，納入物の引渡しをもって事務の履行の完了とする場合でも，それが必ずしも648条の2で定める成果報酬型に該当するものではないことについては**第1節3**(2)のとおりである）。

　受託者としては，委託者が業務完了報告書の確認や業務完了確認書の交付を怠る場合に備えて，以下のような条項とし，業務完了報告書提出から

一定期間の経過により業務完了とすることも考えられる。

3′　前項に基づいて委託者が受託者に業務完了確認書を交付した時，または，受託者が委託者に業務完了報告書を交付して委託者の異議なく○営業日が経過した時に本件業務が完了したものとする。

　なお，委託業務完了のための手続をすべて履践している場合においても，委託者が受託者に対し，業務遂行の内容や結果に関する責任を一切問えないというものではない。業務完了のための手続が完了していたとしても，もし，受託者における委託業務の内容や結果に重大な問題がある場合には，契約書に明文の規定がなくとも受託者の善管注意義務違反等を根拠に損害賠償を請求し得る。

2　第 27 条（納入物等の著作権）

1　納入物に関する著作権（著作権法第 27 条および第 28 条の権利を含む。以下同じ。）は，本件業務の完了時に受託者から委託者に移転する。なお，かかる著作権移転の対価は，委託報酬に含まれるものとする。ただし，受託者または第三者が本契約締結前に独自に有していた著作物または汎用的に利用可能な著作物の著作権は，受託者または当該第三者に留保されるものとする。
2　受託者は，委託者に対し，納入物の使用に必要な限度で，前項ただし書の著作物（第三者に帰属するものを除く。）の利用を許諾する。かかる利用許諾の対価は，委託報酬に含まれるものとする。
3　受託者は，委託者に対し，納入物に関する著作者人格権を行使しない。納入物の作成者が，受託者以外の法人または個人の場合は，受託者は委託者に対し，当該作成者による著作者人格権を行使させないことを保証する。

　本条は，準委任契約における納入物の著作権の帰属等について定めるものである。

原則として，業務の完了時に，納入物にかかる著作権は委託者に移転するとしている。

(1)　著作権の帰属によりもたらされる効果の違い

ソフトウェア開発に関する契約交渉に際して，著作権の帰属が論点となることは多い。そもそも，著作権の帰属を論点とすることに，どのような意味があるかを正確に理解しておきたい。

(ｱ)　ソフトウェアの利用形態に応じた著作権の帰属の考え方

まず，ベンダから提供を受けるソフトウェアの利用形態の違い（自己使用するのか，さらに第三者に提供するのか）から考える。

詳しくは，**第3章**で述べるが，ソフトウェアをユーザとしてそのままの状態でコンピュータ上で実行するだけであれば，著作権法21条ないし28条に列挙される支分権該当行為にあたらず，著作権の効力は及ばないため，ソフトウェアの著作権を有していなければソフトウェアが使えない，ということにはならない[38]。

ただし，ソフトウェアを開発したベンダ以外のベンダに委託して，ソフトウェアの機能追加その他のアップデートをする可能性がある場合には，著作物の利用許諾や，著作権の譲渡を受けておく必要がある[39]。

また，ベンダから提供を受けたソフトウェアを複製してパッケージ販売したり，IoT機器に組み込んで販売する場合においては，著作物であるソフトウェアの複製や譲渡といった行為が生ずるため，ベンダから著作権の

---

[38]　ソフトウェアをユーザとして使用する場合においても，その複製物の所有者であれば，当該プログラムを自ら実行するために必要な限度で「複製」したり，自己のハードウェアやOSと適合させるために「翻案」することは，著作権法の権利制限規定により，著作権者の許諾なしに行うことが可能である（複製につき著作権法47条の3第1項，翻案につき同法47条の6第1項2号）。なお，平成30年著作権法改正により，従来は「プログラムの利用」とされていた箇所が「プログラムの実行」へと改正されている（著作権法47条の3第1項等）。これは，「プログラムの著作物を電子計算機において動作させることにより演算や画像描写などを行うことを指す語を『実行』に統一するため」との説明がなされているが（文化庁「著作権法の一部を改正する法律（平成30年改正）について（解説）」64頁），実行行為が支分権該当行為に含まれるという趣旨ではないものと考えられる。

譲渡を受けておくか，少なくとも，想定している利用方法が可能となるよう，利用許諾を得ておく必要がある。

(イ)　ベンダにおける再利用可能性を考慮した著作権の帰属の考え方

次に，ソフトウェア開発委託契約に基づいて開発したソフトウェアをベンダにおいて再利用可能とするかという観点もポイントとなる。

開発したソフトウェアの著作権をユーザに譲渡した場合，ベンダは，ユーザの許諾なくして複製や翻案等の行為ができなくなるため，他のユーザに対して，当該ソフトウェアや当該ソフトウェアを改変したものを提供することができない。

ベンダとしては，同じようなソフトウェアを開発するのであれば，すでに開発済みのものを再利用した方が効率的であり，かつ，低価格で提供できるが，他方，ユーザとしては，自社が対価を支払って開発してもらったソフトウェアを，他社向けに流用されたくないという思いもある。

(ウ)　著作権の共有

著作権の帰属について，妥協策として両者の共有とすることがあるが，共有とされた著作物の利用は制約があるため，安易に著作権を共有することは勧められない。

著作権を共有した場合，著作権の持分を第三者に譲渡する場合はもちろんのこと，著作物を第三者に利用許諾したり，自身が著作物を「利用」する場合にも，全著作権者の同意／合意が必要とされている（著作権法65条）。

ユーザとして，著作権を保有することの狙いは第三者に利用許諾したりソフトウェアを改変できるようにしたりすることにあるが，いずれについても，ベンダの同意を得なければできないことになる。他方，ベンダとし

---

39)　なお，この場合には，著作権の譲渡を受けておくことのほか，ソースコードが手元になければならない。納入物として，オブジェクトコード（実行モジュール）の提供を受けるのみならず，ソースコードの提供も受けられるようにしておく必要がある。著作権の譲渡を受けることが，当然にソースコードの提供を求められることを意味しない点に注意が必要である（大阪地判平成26年6月12日（平成26年(ワ)第845号）参照）。

て，著作権を保有することによって，開発したソフトウェアを再利用することができるが，これも，原則として再利用しようとするたびにユーザの同意を得なければなし得ない。

　結局，著作権を共有とした場合，いずれの当事者も思い通りに著作物を利用することができないリスクを抱えることになる。著作権の共有という条件を選択する場合には，このような制約を十分に理解しておく必要がある[40]。

(2)　条項例の考え方

　以上を踏まえ，本条項例では，業務の完了時に，著作権が委託者に移転することを原則としつつ，一定の例外を定めている。

　納入物には，受託者が一から制作したものでなく従前から保有していたものや，今後も再利用することが当然に予定される汎用的なモジュール・ルーチン・関数が含まれていることが一般的である。そのような場合には，受託者が，他の委託者に対してソフトウェア開発業務を提供する際に再利用するのは当然の前提であり，委託者もそれによる弊害は考えにくい。そのため，1項ただし書においては，著作権が移転される範囲について，一定の除外部分を定めている。IPAモデル契約では，ベンダにすべての著作権を帰属させる【A案】，汎用的な利用が可能なプログラム等の著作権をベンダに，それ以外の権利をユーザに帰属させる【B案】，汎用的な利用が可能なプログラム等の著作権をベンダに帰属させ，それ以外を共有とする【C案】が用意されているが，本条項例は【B案】に近いものである。

　なお，納入物のどの部分が汎用的なものなのか，あるいは，従前から保有していたものなのかは不明確になる可能性も高く，そのことによる将来の紛争を回避するため，除外の対象を納入時に受託者が指定することを要件として定めるとよい。

---

40)　著作権を共有にした場合には，予め一定の行為については契約書で相互に同意を与えておくという方法をとることが考えられる。

> 　ただし，受託者が本契約締結前に独自に有していた著作物または汎用的に利用可能な著作物のうち納入時に受託者が指定した著作物にかかる著作権は，受託者に留保されるものとする。

　なお，単に著作権を譲渡すると記載しただけでは，著作権法 27 条（翻訳権，翻案権等）および 28 条（二次的著作物の利用に関する原著作者の権利）に規定する権利は，権利者に留保されたものと推定されるため（同法 61 条 2 項），これらの権利も併せて譲渡されることを明記する必要がある（本条項例 1 項カッコ書）。

　また，著作者人格権（著作権法 18 条ないし 20 条）は，一身専属であって譲渡できない（同法 59 条）。著作権を譲渡したとしても，著作者が同一性保持権（同法 20 条）を行使する可能性が残る。そのため，受託者に著作者人格権を行使させないことを定め（本条項例 3 項第 1 文），受託者が著作者でない場合（職務著作が成立しない場合など）には，受託者が著作者に対して著作者人格権を行使させないことを明記している（本条項例 3 項第 2 文）。

(3)　元請契約と下請契約の整合性

　委託者が，受託者から納入された納入物をそのまま，あるいは，改変して，顧客に提供するような場合（委託者が元請ベンダ，受託者が下請ベンダである場合）においては，委託者と顧客との契約における著作権の取扱いと，本条の定めを整合させる必要がある（図表 2-13）。例えば，委託者と顧客との間では，納入物全部にかかる著作権を顧客に移転することとなっている場合には，上記のような著作権移転の例外が定められていると，当該例外部分について，委託者が顧客に著作権を移転できないという問題が生じる。

図表2-13　委託者が受託者からの納入物を顧客に提供する場合

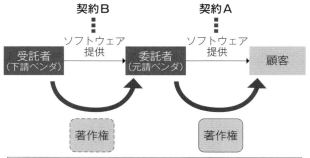

契約Aにおいて著作権を譲渡することとされている場合には，契約Bにおいても著作権の譲渡を受けておく必要がある。

　顧客との契約が先に締結されていれば，それと整合するように本条の定め方にかかる交渉を進めればよいが，本契約締結時には顧客との間の著作権の取扱いが定まっていないケースも想定される。そのようなケースにおいては，以下のような条項を含めておくことも考えられる。

4　前各項にもかかわらず，委託者と委託者の顧客との間で，納入物等の著作権の取扱いについて異なる定めがあるときは，委託者と受託者との協議により，当該定めに整合するよう，権利処理を行う。

　なお，委託者が，受託者から納入された納入物をさらに顧客に提供するような場合には，除外対象の著作物に関する著作権について，委託者がその顧客に対し再許諾する必要がある。委託者が，さらにその顧客に提供することが前提とされている場合には，顧客に対する再許諾も黙示に許諾されているといえる場合もあろう。しかし，確実を期すためには，委託者がその顧客に対し，除外対象の著作物（本契約締結前に独自に有していた著作物または汎用的に利用可能な著作物等）の利用を再許諾することができることを定めておいた方が望ましい。

(4)　著作権移転や利用許諾の対価を報酬に含める意味

　なお，1項および2項において，著作権移転の対価や利用許諾の対価が委託報酬に含まれるものと定めているのは，追加の費用が発生しないことを明らかにするとともに，独占禁止法上の優越的地位の濫用にあたると評価されることを回避するという配慮でもある。公正取引委員会が定める「役務の委託取引における優越的地位の濫用に関する独占禁止法上の指針」[41]では，情報成果物が取引の対象となる役務の委託取引において，取引上優越した地位にある委託者が，受託者に対し，当該成果物が自己との委託取引の過程で得られたことまたは自己の費用負担により作成されたことを理由として，一方的に，これらの受託者の権利を自己に譲渡（許諾を含む。以下同じ）させたり，当該成果物，技術等を役務の委託取引の趣旨に反しない範囲で他の目的のために利用すること（二次利用）を制限する場合などには，不当に不利益を受託者に与えることとなりやすく，優越的地位の濫用として問題を生じやすいとされている。このような場合に，成果物等にかかる権利の譲渡の対価を含む形で対価にかかる交渉を行っていると認められるときは，優越的地位の濫用の問題とはならないとされている（第2・7）。成果物等にかかる権利の譲渡の対価を含む形で対価にかかる交渉を行ったということを契約書上で明らかにするために，著作権移転の対価や利用許諾の対価が委託報酬に含まれることを明記している。

Ⅲ　請負条項（個別契約が請負契約の場合のみに適用される条項）

1　第29条（検収）

> 1　委託者は，納入物を受領後，納入を受けた日から個別契約に定める期間（個別契約に定めのないときは14日とする。以下「検査期間」という。）内に，検査仕様書に基づいて納入物を検査する。

41)　http://www.jftc.go.jp/dk/guideline/unyoukijun/itakutorihiki.html

2　委託者は，納入物が前項の検査に適合する場合，検査合格書に記名捺印の上，受託者に交付する。また，委託者は，前項の検査に合格しないと判断する場合，受託者に対し，検査に合格しない理由を記載した書面を交付し，修正等の履行の追完（以下，本条および次条において「追完」という。）を求めることができる。

3　受託者は，前項の不合格理由が認められるときは，委託者および受託者において協議した期間内に無償にて追完し，委託者に対し，納入するものとする。

4　再納入後の手続については，第1項以下に従う。

5　検査合格書が交付されない場合であっても，検査期間内に委託者が合理的な理由を示して異議を述べない場合は，納入物は本条所定の検査に合格したものとみなす。

6　本条所定の検査に合格したことをもって，納入物の検収完了とし，納入物の引渡しが完了したこととする。

本条は，請負契約における検収の期間や手続を定めるものである。

(1) 検収とは

検収とは，法律上の用語ではないが，一般にはユーザがベンダから納入された成果物の内容を検査することをいい，検収完了あるいは検収合格とは，委託の趣旨に従った適切な成果物が納入されたことが委託者によって確認されたことを意味する。

(2) 仕事の完成

請負契約における報酬は，仕事の目的物の引渡しと同時に支払わなければならないとされており（民法633条本文），委託された仕事を完成させて初めて，報酬を請求することができる[42]。期限までに仕事を完成させることができなければ，履行遅滞の責任を負う可能性がある。

したがって，仕事の完成は，報酬請求権の発生や債務不履行責任の有無

---

[42]　民法633条は任意規定であり，契約において別途の定めをすることも可能であるが，ソフトウェア開発を目的とする請負契約の場合，報酬請求権は検収の完了をもって発生するとする例が多い。

を決する重要な論点であり，ソフトウェア開発に関する紛争では，仕事の完成をめぐる争点がもっとも多い。

　請負契約における「仕事の完成」は，建築請負工事における裁判例の規範が，ソフトウェア開発を目的とした請負契約においても引き継がれており，「仕事が当初の請負契約で予定していた最後の工程まで終えているか否かを基準として判断すべきであり，注文者は，請負人が仕事の最後の工程まで終え目的物を引き渡したときには，単に，仕事の目的物に瑕疵があるというだけの理由で請負代金の支払を拒むことはできない」とする裁判例が多数存在する（東京地判平成14年4月22日判タ1127号161頁ほか）。判示部分の「瑕疵」は，民法改正によって条文からは姿を消したが，この基準自体は，改正後においても維持されるものと思われる[43]。

　検収の完了は，委託の趣旨に従った適切な成果物が納入されたことが委託者によって確認されたことを意味し，これにより，委託された業務の最後の工程まで実施されたことが確定した（＝仕事が完成した）といえる。

　仕事の完成（多くは報酬請求権の発生）の基準を明らかにするためには，検収・引渡しの手続を明確に定めておくことが重要である。

(3)　検収基準を明確にしておくことの重要性

　検収の合否が仕事の完成と結びついていることから，検収において重要なのは，検収基準（検査の方法および合格の基準）を明確にしておくことである。契約上も，運用上も，検収基準が明確になっていない例が多くみられるが，検収基準が定まっていなければ，合否をめぐって見解の相違が生じ，紛争を招きかねない。請負契約を締結する際には，事前に検収基準を明確にするべきであり，仮に契約締結時点において検収基準を定められないとしても，少なくとも，検収基準を決定する手続を明確にしておくべきである。

　委託者としては，適切な検収基準を定めておかなければ，納入物が引き渡されて，想定していた内容と異なっていたとしても，追完を求められないという事態が生じかねない。検収の内容，手順を定める検査仕様書（テ

---

43)　つまり，不具合があることを理由に完成が否定されるものではない。

スト仕様書，検査基準書など，名称は何でもよい）は，委託者が，自身で作成することとするか，少なくとも，委託者による承諾のプロセスを要する旨定めておくことが必要である。

　また，契約書において，検収基準やその定め方を明確にすることに加え，業務遂行上も，契約に従った手続を履践しなければならない。しかし，実務では，契約書に定められた「検査仕様書」が作成されていなかったり，具体的にどの文書が検査仕様書に該当するのかが当事者間で明確に把握されていないといった事例も散見されるといった契約実務と現場の実務との乖離がみられる。

　本条項例では，IPA モデル契約と同様に，検査仕様書に基づいて検査すると定めている（1項）。もっとも，実務では，「検査仕様書」や検査方法に対する考え方が必ずしも統一されておらず，検収の合否が争点となる紛争は少なくない。ベンダは，テスト内容やテスト手順等を記載したテスト仕様書を検査仕様書として扱い，テスト仕様書に従って実施したテストがすべて完了することをもって検査合格とするという意図を有していたとしても，それがユーザの理解と一致していないことがある。契約書に，検査手順や検収合格の基準を定めるとともに，これらの内容を当事者間で十分に認識合わせしておく必要がある。

(4)　検収の実態に応じた検収期間

　本条項例においては，検収期間を 14 日としているが，この期間も，実態と合致していない例がしばしばみられる。

　検査の実質が，受託者が実施したテスト結果を書面上で確認するのみであれば，14 日間でも十分に対応は可能であろう。他方，検査が，委託者において網羅的にソフトウェアを動作させて不具合がないか確認するということであれば，14 日間では対応が難しいだろう（基幹系情報システムの場合，機能を網羅的にテストするシステムテストなどは数か月の期間を要することが一般的である）。さらに，後述するように，検収後に発覚した不具合について受託者に対して契約不適合責任としての修補を要求することができるが，期間制限があるため，委託者ができるだけ検収期間内に潜在的な不具合をあぶりだしておく必要があるが，それに足る期間設定をしておかなければ

ならない。

　また，実務では，ソフトウェアの開発フェーズの後に予定されているシステムテストフェーズの完了をもって，開発フェーズの検収完了とする例もある。上記のとおり，14日間ではソフトウェアの全機能を動作させて不具合がないことを確認することは現実的ではない。開発フェーズの後に予定されているシステムテストで，ユーザがソフトウェアを使用してテストするのであれば，システムテストの完了をもって開発フェーズに関する契約の検収とするという考え方もあるだろう。

(5)　みなし検収

　5項は，委託者が真摯に検収手続を進めないことにより，いつまでたっても仕事が完成しないという事態を避けるため，検査合格書の交付がなくとも検収完了とみなす規定である。

　なお，納入されたシステムが本番稼働していれば，受託者としては，仕事の最後の工程まで終えていると考えられるから，前掲東京地判平成14年4月22日等の考え方に従えば，たとえ，当該システムに不具合，バグが残っていたとしても仕事の完成が認められ得る。上記条項例の「検査期間内に委託者が合理的な理由を示して異議を述べない場合」のほか，納入物をすでに本番稼働させるなどして実用に供している場合を想定し，「納入物を検収以外の目的で使用した場合」にも，検収したとみなされると定めることも考えられる。

2　第30条（契約不適合責任）

> 1　検収完了後，契約不適合（仕様書との不一致および当然有すべき品質を欠いていることをいう。以下同じ。）が発見された場合，委託者は受託者に対して，書面によって当該契約不適合の追完を求めることができる。
>
> 2　前項にかかわらず，契約不適合が軽微であって，委託者の業務に実質的影響を及ぼすものでなく，かつ納入物の追完に過分の費用または期間を要すると委託者が認めるときは，受託者は，前項所定の追完責任を負わない。

3　受託者の責めに帰すべき事由によって生じた契約不適合により，委託者が損害を被ったときは，受託者は賠償の責めを負う。

4　当該契約不適合について，委託者による追完の請求にもかかわらず相当期間内に追完がなされない場合または追完の見込みがない場合で，当該契約不適合により個別契約の目的を達することができないときは，委託者は，本契約または個別契約の全部または一部を解除することができる。

5　受託者が，本条に定める責任その他の契約不適合責任を負うのは，前条の検収完了後○か月以内に委託者から当該契約不適合を通知された場合に限るものとする。ただし，以下のいずれかに該当するときはこの限りではない。

(1)　前条の検収完了時において，受託者が当該契約不適合を知りもしくは重大な過失により知らなかった場合

(2)　前条の検査において，委託者が当該契約不適合を発見することがその性質上合理的に期待できない場合

本条は，請負契約における契約不適合責任について定めたものである。

(1)　瑕疵担保責任から契約不適合責任へ

民法改正によって「瑕疵担保責任」から「契約不適合責任」へと変更されたが，単なる名称の変更にとどまらず，債務不履行の一種として取り扱われ，請負契約の規定に固有の条項を定めるのではなく，売買契約の規定を準用する形式となった（559条）。その結果，契約不適合責任に関してソフトウェア開発取引に影響する主な事項としては，以下のものが挙げられる。

・瑕疵修補請求から履行の追完請求への変更（562条）
・報酬減額請求権の追加（563条）
・債務不履行に位置付けられた結果，損害賠償請求するには請負人の帰責事由が必要に（415条1項）
・契約解除は契約目的不達成の場合に限られていたところ，債務不履行一般の解除規定を適用し，「軽微」なときには解除が不可能に（541条ただし書）

・責任の期間制限が引渡し等から 1 年以内に請求する必要があったところ，
契約不適合を知った時から 1 年以内に（637 条 1 項）

(2)　「契約不適合」の意義

　従前，「瑕疵」とは，その物が通常有すべき品質・性能が欠けていること
を意味し，その実質的意味は「契約の内容に適合しないこと」と解釈され
ていた。改正後の「契約不適合」は具体的な意味内容を表したものであっ
て実質的な変更はないと解されている[44]。そして，ソフトウェアは，バグ
の存在を完全に排除することが困難であって，一定程度のバグが混入する
ことが不可避であることを前提に，「注文者から不具合が発生したとの指
摘を受けた後，請負人が遅滞なく補修を終えるか，注文者と協議した上で
相当な代替措置を講じたと認められるときは，システムの瑕疵には当たら
ない」という考え方が定着していた（前掲東京地判平成 14 年 4 月 22 日。ほか
同旨の裁判例は多数）。ソフトウェアの性質自体は，民法の改正前後を通じ
て変わるものではないため，この考え方は，民法の改正後も維持されるだ
ろう。

　本条項例では，上記の考え方を踏まえた上で，できるだけ契約不適合の
判断を客観的に行えるようにするため，「仕様書との不一致および当然有
すべき品質を欠いていること」と定義した。当事者が合意した内容こそが
契約内容であるという立場からは，単に「仕様書との不一致」のみを契約
不適合だとすることも考えられるだろう。

(3)　追完（不具合の修正の請求）

　改正民法では，注文者は契約不適合に対して，「履行の追完」ができるた
め（559 条，562 条），本条項例 1 項でも「追完」を求めることができるとし
ている。「追完」とは，ソフトウェアの場合，主として不具合の修正を行う
ことを意味するが，実務的には，具体的な修正方法が論点になることもあ
る（ユーザとしては，仕様書の記載と矛盾がない限度で，根本的な対処を求める

---

44)　筒井＝村松編著・前掲注 24）275 頁。

だろうし，ベンダとしてはできるだけ影響範囲が少なく，工数がかからない方法をとりたいと考えるだろう）。本条項例では，追完方法の決定プロセスについて詳細には記述していないが，民法562条1項本文では，原則として買主が追完方法を指定し，売主は買主に不相当な負担を課するものでない限り，買主が請求した方法と異なる方法で履行の追完ができると定めている。実務的には，どちらか一方が追完方法を定めるのではなく，両当事者の協議によって定めることになろう。

　また，本条項例2項では，軽微な契約不適合であって，委託者の業務に実質的影響を及ぼさず，追完に多額の費用・期間を要する場合には，受託者は追完責任を負わない旨を定めている。これは，改正前民法634条1項ただし書の規定と同様の趣旨であって，ソフトウェアの場合，一見すると簡単に修補できるような軽微なバグであっても，多大な労力がかかるような場面があり，ユーザの不都合も小さい場合には追完の責任を免除してもバランスを欠くことはないだろうとの配慮によるものである[45]。なお，本条項例2項は追完責任を排除したのみであって，受託者の損害賠償責任をも免除するものではない。

(4)　損害賠償請求

　改正民法では，契約不適合責任は債務不履行の一般的な規定を適用することになっている。そのため，契約不適合によって請負人が損害賠償責任を負う場合であっても，請負人の帰責事由が必要であり，本条項例3項ではその旨を明記している。

　また，債務不履行の一類型とされたことに伴い，契約不適合による損害賠償責任についても，損害賠償の制限規定（本条項例17条）が適用され，賠償額の上限等が設定されることになる。

---

[45]　改正前民法634条1項ただし書の「その修補に過分の費用を要するとき」は，改正後の民法では，社会通念に照らして不能であると解され，履行不能に関する一般的な規定（412条の2第1項）よって，請負人に対して修補を請求することができないことになるとともに，過大な費用相当額の損害賠償請求もできないとされる（筒井＝村松編著・前掲注24）341頁）。

(5)　解　除

改正民法では，請負契約における瑕疵担保責任に基づく解除の規定（改正前民法635条）が削除され，債務不履行一般の規定によって規律されることとなった。改正前民法635条では，目的物に瑕疵があり，それによって契約をした目的を達することができない場合に解除ができるとされていたところ，改正民法では，それに対応する規定は存在しない。しかし，催告解除に関しては，軽微な契約不適合については解除ができないところ（541条ただし書），軽微か否かは，契約目的を達成することができるか否かが最も重要な考慮要素であるとされている[46]。また，無催告解除の場合は，追完不能な場合など，契約目的を達することができない場合であるといえるから，解除の要件は民法改正の前後で実質的には変わっていないと考えられる。

ソフトウェアの場合，一定の不具合が混入することは避けられないが，一度は完成したはずのソフトウェアについて不具合があったことをもって容易に解除できてしまうと，両当事者にとっての経済的損失が大きい。そこで本条項例では，以上を踏まえつつ，契約不適合を修補することができる場合はそれを優先させ，改正前民法で使われていた表現を用いて，契約目的を達成できないほどの重大な場合に限って契約を解除できることとした（4項）。

なお，この場合も，民法の規定に基づく解除を排除する趣旨ではないため，契約不適合が存在する場合であって，541条または542条の規定に該当するときは，契約解除することが可能である。

(6)　契約不適合責任の存続期間
(ア)　民法改正による影響

民法改正によって，ソフトウェア開発取引に一番大きな影響を与えたのが期間制限に関する部分である。改正前民法で瑕疵担保責任を問うには，目的物の引渡し等から1年以内に瑕疵の修補等の請求をする必要があったところ，改正後は，注文者が契約不適合の事実を「知った時」から1年以

---

46)　筒井＝村松編著・前掲注24）236頁。

内にその旨を請負人に通知すれば足りることとなった（637条1項）。そのため，注文者は，契約不適合の事実に気づかなかったとしても，消滅時効が完成するまでに気づいて権利行使すればよいこととなった（**図表2-14参照**。消滅時効の期間は目的物の引渡しの時等から10年間（166条1項2号））。

図表2-14　権利行使期間の変更

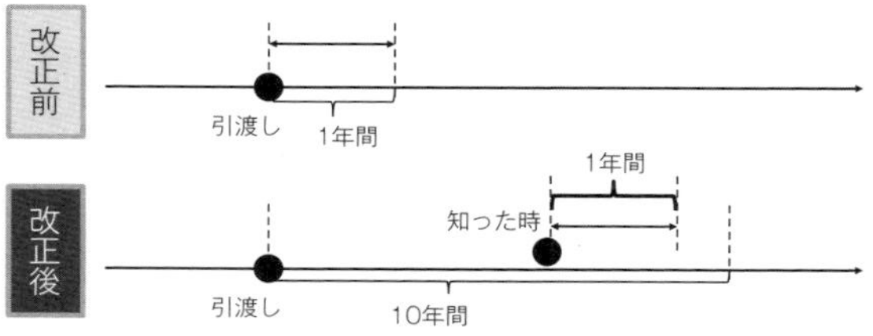

(イ)　起算点と期間の考え方

　もっとも，民法の改正前後を通じてソフトウェアの信頼性に関する社会通念が変更したといった変化があるわけではなく，実務上定着していた「検収完了時」を起算点とする考え方を修正しなければならないほどの必要性はないことから，本条項例では改正前民法の規定と同様に，検収完了時から一定期間で責任が消滅することとしている[47]。

　具体的な責任の存続期間は，両当事者にとって重要な問題であり，交渉の対象事項となることも多いが，委託者は，存続期間を検討するにあたっては，納入物引渡し後どれぐらいの期間で不具合が発見され得るかを考慮すべきである。例えば，引渡し後すぐにエンドユーザが全機能を使用し始めるのであれば，たとえ不具合があっても早期に発見される可能性が高いが，引渡し後，ソフトウェアの本番稼働開始まで期間を要する場合や，ソフトウェアに，1年に1回しか使用しない重要な機能が含まれるといった場合には，不具合の発見が遅くなる可能性がある。具体的なソフトウェアの機能，ユーザの特性を考慮して，契約不適合責任の期間を適切に定める必要がある。

　なお，起算点を一律に「検収完了後」とするかどうかも，事案に応じて

---

[47]　起算点に関しては，IPAモデル契約のほか，各種団体のモデル契約において同様の考え方がとられている。

検討する必要がある。例えば，開発工程の検収完了後，別の個別契約に基づいてシステムテストや総合テストなどが行われることがあるが，システムテストの実施が長期にわたる場合，本番稼働前に契約不適合責任の存続期間が終了してしまう可能性が生じる。「検収完了を始期として，本番稼働の開始から1年が経過する日まで」などのように，ソフトウェアの本番稼働時から起算して一定期間経過した時期を終期にするといった定め方もあり得る。

　ほかにも，ソフトウェアを稼働させたのちに当該受託者との間で保守契約を締結する予定があるか，ソフトウェアの想定される使用期間などを考慮して，両当事者の対話によって合理的な期間を定めることが望ましい。

(ｳ)　期間制限の例外を設ける場合の考え方

　さらに，受託者が当該契約不適合を故意または重大な過失によって知らなかったような場合にまで期間制限を適用することによって保護することは公平ではないため，除外している（本条項例5項1号）[48]。また，検査期間中に委託者が相当の注意を払ってテストを実施しても発見できないような不具合についても救済可能性を失わせるのは公平ではないと考えられるため，除外した（同項2号）。これは，単に委託者が多忙だったためにテストが十分に行えなかったというような場合を想定しているのではなく，例えば，(ⅰ)相当量のデータが蓄積されないと検出し得ないバグであって，かつ，そのデータ量は設計段階において想定されていたものの，テスト時に用意することが困難である場合や，(ⅱ)極めて稀にしか発生しないパターンであるが，テスト時にそのパターンを発生させることが困難である場合などが考えられる。

3　第31条（第三者ソフトウェアの利用）

　1　受託者は，本件業務遂行の過程において，システム機能の実現のために，第三者ソフトウェアを利用することができる。

48）この規定は，民法637条2項と同旨である。

第 3 章

ソフトウェアライセンス契約

第1節 | ソフトウェアライセンス契約について

1 はじめに

　ソフトウェアライセンス契約は，ソフトウェアの権利者（以下「ライセンサ」という）が，ソフトウェアの使用を望む者（以下「ユーザ」という）に対し，ソフトウェアの使用を許諾する契約である。一口にソフトウェアといっても，ユーザの基幹業務全般をカバーする ERP パッケージソフトウェアから，より個別・具体的な機能の提供を目的とするもの（例えば，米国 Microsoft 社の Word や Excel），ゲーム，機器に組み込まれたソフトウェアまで，さまざまである。本章では，ソフトウェア全般を対象に，そのライセンス契約について解説する。

　ソフトウェアライセンス契約は，ライセンサとユーザとの間の交渉を経て双方が契約書に記名捺印することにより締結されることもあれば，ライセンサにおいて取引を画一的に処理することを企図し，個別の交渉は行わずにライセンサが用意した使用許諾条件をそのまま契約内容に組み込むことが予定されたものもある。

　後者の典型例は，いわゆるクリック・オン契約やシュリンク・ラップ契約などであるが，これらの契約形態では，法的にみて果たしてライセンサが用意した使用許諾条件が契約に組み入れられているのか疑問が生じることがある。本章では，まずはこうした簡易な手続をもって行われる契約の成立について解説する。

　次に，本章では，契約書に定めがない場合にソフトウェアライセンス契約に適用される日本法のデフォルトルールを説明する。デフォルトルールを正確に理解していなければ，正しいリスク予測に基づく契約書の作成はできない。

　例えば，ソフトウェアライセンス契約では，ライセンサが対象ソフトウェ

アに関して第三者の権利非侵害を保証するのか，あるいはこのような保証を明示的に排除するのかをめぐり，ライセンサとユーザの利害が鋭く対立する。この点についてライセンサとユーザの折り合いが付かず，妥協案として，「非侵害保証に関する条項は削除しよう」ということになった場合，契約当事者間に合意がない以上，法律上のデフォルトルールが適用されることになり得る（削除に至る経緯によっては，「保証しない」という合意が成立したと解釈されることもあり得よう）。この場合に適用される法律上のデフォルトルールはどのようなものであるかを正確に理解していなければ，上記のような妥協案の当否を判断することはできない。

2　ソフトウェアライセンス契約の成立に関する問題

契約は，一方当事者が契約締結申込みの意思表示を行い，他方当事者がこれに承諾の意思表示を行うことにより成立する（民法522条1項）。

ソフトウェアライセンスでは，ライセンサとユーザとの間の交渉を経て当事者双方が契約書に記名捺印して（または電子署名を付して）締結されるような契約がある一方，ライセンサが予め定めた使用許諾条件に基づいてすべてのユーザと一律の内容で締結される契約もある。前者であれば，申込みの意思表示と承諾が合致していることおよびその内容は明確であり，契約の成立には疑問は生じ難い。しかし，後者の場合，ライセンサによる申込みおよびその内容はライセンサ所定の使用許諾条件から認定できるものの，ユーザがこれに承諾していると評価してよいのかが不明確な場合が生じる。この点に関しては，従前からシュリンク・ラップ契約[1]やクリック・オン契約[2]と呼ばれるものにおいて議論されてきたが，2020年4月に施行された改正民法[3]において「定型約款」に関する規律が導入されたこ

---

[1]　市販のパッケージソフトウェアの外箱等に，使用許諾条件と併せて，外箱の包装を開封すると当該条項に同意したものとみなされる旨を記載しておき，包装の開封と同時に契約を成立させるようなものをいう。

[2]　ソフトウェアのインストール等に際して，画面に使用許諾条件を表示した上で，ユーザに「同意する」などといったボタンをクリックさせることにより，ライセンサが予め用意した使用許諾条件によりソフトウェアの使用を許諾する契約をいう。

とから（民法548条の2から548条の4），そこを出発点に検討するのがよい。なお，ここでの議論は，**第5章**で取り上げるクラウドサービス利用規約についても妥当する。

(1)　定型約款該当性

　使用許諾条件が「定型約款」に該当する場合は，(a)定型約款を契約の内容とする旨の合意をしたこと，または(b)ライセンサが予めその定型約款を契約の内容とする旨をユーザに表示していれば，個別の内容についてユーザが認識をしていなかった場合であっても，個別の条項について合意をしたものとみなされる（民法548条の2第1項）。したがって，シュリンク・ラップ型あるいはクリック・オン型で契約締結手続を済ませる場合は，使用許諾条件が「定型約款」に該当するかどうかが重要である。

　定型約款の定義は少々複雑で，次のような構造になっている。

図表 3-1　定型約款の定義

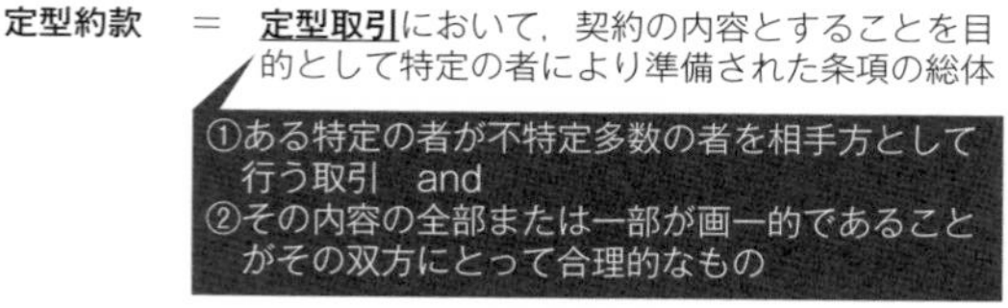

定型約款　＝　**定型取引**において，契約の内容とすることを目的として特定の者により準備された条項の総体

> ①ある特定の者が不特定多数の者を相手方として行う取引　and
> ②その内容の全部または一部が画一的であることがその双方にとって合理的なもの

　一般に，同じ内容のソフトウェアを，同一の条件にて不特定多数のユーザに対して提供する場合には，上図の①も②も該当すると考えられるため，多くのケースではソフトウェアの使用許諾条件は定型約款に該当すると考えられる[4]。この場合，アカウント数や，オプション等をつけることにより金額その他の条件が異なるとしても，ユーザごとに個別の条件を設定して

---

3)　改正民法は，原則として施行日以降に締結された契約に適用されるが，定型約款に関する規定は，施行日前に締結された定型取引に係る契約についても適用される（民法の一部を改正する法律（平成29年法律第44号）附則33条1項）。したがって，2020年4月1日以前に締結された契約にも適用される。

4)　立案担当者による解説（筒井健夫＝村松秀樹編著『一問一答　民法（債権関係）改正』（商事法務，2018年））でも，定型約款に該当する具体例として「市販のコンピュータソフトウェアのライセンス規約」が挙げられている（246頁）。

いるわけではない限り定型約款該当性が失われることはないだろう。

(2)　シュリンク・ラップ型での契約の成立

　上記のように，原則として使用許諾条件は「定型約款」に該当するため，この内容が契約条件となるようにするためには，民法 548 条の 2 第 1 項各号のいずれかの合意をすることによって使用許諾条件が契約条件を構成することになる。実務的には，同項 2 号の「定型約款を準備した者（以下「定型約款準備者」という。）があらかじめその定型約款を契約の内容とする旨を相手方に表示していたとき」の適用を意識することになろう[5]。

　これを踏まえて，シュリンク・ラップ契約の成立に関して，経済産業省「電子商取引及び情報財取引等に関する準則」（2020 年 8 月。以下「準則」という。）[6]230 頁は，次のとおり，契約が成立していると考えられるケース，成立していないと考えられるケースを挙げている。

〈ライセンス契約が成立したと思われる例〉

- ・媒体のフィルムラップやシール等にユーザーが開封前に通常認識できるような形態でライセンス契約の確認を求める旨の表示と開封するとライセンス契約が成立する旨の表示がなされているような場合

〈ライセンス契約が成立していないと思われる例〉

- ・媒体のフィルムラップやシール等にライセンス契約についての表示が全くない場合
- ・媒体のフィルムラップやシール等にライセンス契約の内容の記載場所が表示されておらず，かつライセンス契約内容が容易に見つからない場合

　したがって，ライセンサの立場からすれば，使用許諾条件すべてを包装

---

5)　使用許諾条件が定型約款に該当する場合，これを変更するための注意点については，**第 5 章第 2 節 2**（第 4 条）を参照。

6)　https://www.meti.go.jp/press/2020/08/20200828001/20200828001-1.pdf

に表示することが難しい場合でも，ライセンサが定める使用許諾条件が適用される旨は，開封前であってもユーザが容易に確認できるような状態におき，その記載箇所を明確にしておくことが必要であろう。

　もっとも，企業が書面によって契約を締結する場合，稟議・押印手続を経て書面が取り交わされるが，それとは異なり，シュリンク・ラップを外すといった事実行為によって契約締結を行う際には，行為者が適切な権限を有しているかどうかが問題となりやすい。会社において契約締結権限を有する者は原則として代表取締役（会社法349条4項）や支配人（同法11条1項）に限られるため，一従業員に対して民法548条の2第1項2号の表示をしていたことをもって，「相手方に表示していたとき」があったと評価できるかが問題となり得るが，ライセンス料がそれほど高額ではない場合や，高額であっても社内決裁を経てソフトウェアを導入し，その使用を開始したような場合であれば，会社から当該従業員に対しソフトウェアライセンス契約の締結権限が与えられていたと考えることができる（会社法14条1項）。とはいえ，ライセンサの立場からすると，このようなユーザ内部の事情は知り得ないのが通常なので，高額なソフトウェアのライセンスなど重要な契約については，シュリンク・ラップによる契約の締結は回避するのが妥当である。

　なお，日本においてシュリンク・ラップ契約の成立が争われた公表裁判例は見あたらない。

(3)　クリック・オン型での契約の成立

　近時のソフトウェア取引では，記録媒体を介した取引ではなく，インターネットを介して直接ユーザの利用環境にソフトウェアをダウンロード・インストールさせるような形態が多くなっている。そのため，実務的にはシュリンク・ラップ型よりも，クリック・オン型契約のほうが多い。

　準則230頁は，クリック・オン契約に関して，契約が成立していると考えられるケース，成立していないと考えられるケースとして，次の例を挙げている[7]。

7）　本文中に記載した箇所のほか，準則では，ウェブサイトの利用規約全般について契約への組入れについて詳細に記載されている（Ⅰ-2-1　23頁）。

〈ライセンス契約が成立したと思われる例〉

- ・画面上でライセンス契約の内容を最後までスクロールさせた後に同意ボタンをクリックした場合

〈ライセンス契約が成立していない可能性があると思われる例〉

- ・ライセンス契約への同意を求める画面構成や同意ボタンがインストールを進める上での他の画面構成や他のボタンと外形的な差がなく，かつライセンス契約への同意についての確認画面もない場合

　法文上は，定型約款の内容について「同意」することまでは要求されていないが，定型取引を行うことの合意が求められ（民法548条の2第1項柱書），定型約款を契約の内容とする合意があれば定型約款の内容についてのみなし合意が成立するから（同項1号），上記の「成立したと思われる例」のように，「同意する」ボタンをクリックする手続を経ておくべきであろう。東京地判平成26年2月18日平成24年(ワ)第27975号では，インターネットキュリティソフトに関するクリック・オン型契約について，「本件パソコンの画面上に表示されていた使用許諾契約書に同意するボタンをクリックすることで，インストールを行ったことが認められ，原告と被告との間には，各使用許諾契約書で定められたとおりの使用許諾契約が成立したことが認められる」と述べて契約の成立を認めている。

　また，ソフトウェアライセンス契約の成立が争われた事例ではないものの，クリックして同意する形態の利用規約がゲーム運営者とユーザ間の契約に組み込まれているかが争われた事案として，東京地判平成21年9月16日平成20年(ワ)第36662号では，画面上の「承諾する」ボタンのクリックをもって，本件規約がゲーム運営者とユーザとの間の契約に組み込まれることを認めた。これらの裁判例は，定型約款に関する規定が導入される前の事例ではあるが，改正後も同様のフローであれば規約が契約に組み込まれるという判断が変わることはないと思われる。

　なお，使用許諾条件の内容を確認することができるクリック・オン型の

場合，冒頭に前文を設け，契約の趣旨を丁寧に説明することが有益である。以下に例文を掲載する。

前文
　○○ソフトウェア（以下「本件ソフトウェア」といいます。）を利用しようとするユーザ（以下「ユーザ」といいます。）は，本件ソフトウェアをインストールし，使用する前に，必ずこの使用許諾契約書（以下「本使用許諾」といいます。）の各条項を注意深くお読み下さい。本使用許諾には，本件ソフトウェアを使用するための許諾条件および保証条項・免責条項等が含まれています。ユーザが，本使用許諾のすべてに同意いただける場合は，本使用許諾とともに表示される「同意する」ボタンを押してください。ユーザにおいて，同意いただけない部分がある場合は，「同意しない」ボタンを押し，本件ソフトウェアをインストール・使用しないでください。

　一従業員の行為をもって「承諾」があったものと評価できるかという問題については，シュリンク・ラップ契約について述べたのと同様である。

3　ソフトウェアライセンス契約のデフォルトルール

(1)　問題の所在
　契約書をドラフトする際には，契約に定めがない場合のデフォルトルールはどのようなものかを念頭に置いた上で，契約書の条項はデフォルトルールを適切に修正し，自社が望む権利義務を形成するものになっているのかを確認するプロセスを経なければならない。
　本来，ソフトウェアライセンス契約も同様の思考回路でドラフトされるべきだが，民法典に規定がない非典型契約であることもあってか，これまでこの点が意識されることはあまり多くなかった[8]。
　以下では，個別の条項例の検討の前提として，ソフトウェアライセンス契約におけるデフォルトルールを明らかにしていく。

(2)　ソフトウェアライセンス契約と民法の適用[9]

(ア)　売買に関する規定の準用

　売買に関する規定（民法 555 条ないし 585 条）は，性質上準用の余地がない規定を除いて有償契約全般に準用される（同法 559 条）。有償契約とは，契約当事者が互いに対価的な意義を有する出捐を負担する契約であるが，対価の支払いを伴うソフトウェアライセンス契約（以下「有償ライセンス契約」という）はこれに該当するため，民法の売買に関する規定が準用される。

　インターネットを介してソフトウェアをダウンロードする場合を考えてみると，ユーザはライセンサに対し，ソフトウェアライセンスの対価を支払うのに対し，ライセンサはユーザに対し，(i)ソフトウェアのダウンロードおよびインストール（複製。著作権法 21 条）を許諾し，当該インストール等について著作権の不行使を約するとともに，(ii)一定の制限を設けつつソフトウェアの「使用」[10]を許諾する。このようなケースで締結されるライセンス契約であれば，ライセンサは著作権の不行使義務を負担していることは明らかであり（上記(i)），有償契約であることに疑問はない。

　他方，PC にプリインストールされたソフトウェアに関するライセンス契約のように，「利用」（ここでは著作権法に定める支分権該当行為を指す）に関する許諾が存在しない場合はどうだろうか。この場合，ユーザがソフトウェアを複製したりすることはないのでライセンサの著作権不行使義務は観念できないが，ユーザに対し，ライセンサからしか入手することができない情報財であるソフトウェアを提供し，その「使用」を可能にすること自体，ライセンサの資産の提供にあたると考えられる[11][12]。

　よって，「利用」について許諾するソフトウェアライセンス契約はもちろ

---

8)　椙山敬士編著『著作権法実戦問題』（日本加除出版，2015 年）194 頁〔市川穣〕は，ソフトウェアライセンス契約の実務について，「契約全体の位置付けは意識されずに，問題となった条項について個別的な検討がなされているにすぎないように思われる」と指摘している。本章の問題意識と同趣旨と思われる。

9)　非典型契約に対する典型契約に関する規定の適用を論じる文献として，内田貴＝大村敦志編『民法の争点』（有斐閣，2007 年）236 頁〔石川博康〕等がある。

10)　著作物に関して，著作権者の許諾がなくとも自由になし得る行為を「使用」，原則として著作権者の許諾がなければなし得ない行為を「利用」ということがある。この区別については(3)参照。

ん,「利用」には該当しない使用または実行について許諾するのみのソフトウェアライセンス契約も,当事者双方が対価的な意味を持つ給付を行う「有償契約」であり,性質上可能な範囲で売買に関する規定（民法555条ないし585条）が準用される。

　売買に関する規定のうち,ソフトウェアライセンス契約との関係で最も重要なのは契約不適合に関する規定であろう。この規定を準用することにより,ユーザは,不具合の修補（562条）,代金の減額（563条）,損害賠償（564条,415条）を請求し,または解除（541条,542条）をすることが可能になる。これらの契約不適合に関する責任を追及できる期間は,ユーザがソフトウェアの契約不適合を知った時から1年である（民法566条）。

　この場合,いかなる不具合・不都合が「契約不適合（瑕疵）」の範囲に含まれるかが問題となるが,判例は古くから,売買の目的物に特殊の法律上の制限がある場合に改正前民法570条の「瑕疵」があるものとしてきた[13]ことに照らせば,ライセンスの対象となるソフトウェアが第三者の著作権を侵害するものである場合も,「目的物が品質に関して契約の内容に適合しないものであるとき」にあたるとして民法562条の準用によりライセンサの契約不適合責任を問い得るであろう[14]。なお,この場合でも契約締結時点における不適合が問題になるのであって,契約締結後に生じた新たなセキュリティ上の脅威への対応などは「契約不適合」にはならないと考え

---

11)　ソフトウェアがプリインストールされたPCの場合,ソフトウェア（の使用許諾を受けること）の対価は,直接的にはPCの販売店に支払われる。しかし,当該対価はPCメーカー等を介して最終的にはライセンサにわたる。実質的にはライセンサに対してソフトウェア使用許諾の対価を支払っているのと変わりない。

12)　大阪高判平成26年9月26日平成25年(ネ)第2494号は,知的財産権の対象とならない情報を目的物とする「ライセンスビジネス上の利益」も「法律上保護される利益」（民法709条）に該当し得る旨を説いている。ソフトウェアの使用許諾は永年にわたり続けられてきた実務慣行であり,ソフトウェアの「使用」に関する利益は,法律上保護される利益にあたり得る。「使用」のみを許諾するソフトウェアライセンス契約では,ライセンサは,民法709条に基づく損害賠償請求権の不行使を約しているとみることも可能であろう。

13)　例えば,工場用敷地として購入したが河川敷のため工場が建設できないという河川法上の制限があった場合（大判大正4年12月21日民録21輯2144頁）,居宅の敷地とする目的で購入した土地の8割が都市計画街路の道路敷地であった場合（最判昭和41年4月14日民集20巻4号649頁）等。

るべきである。

㈹　賃貸借に関する規定の類推適用の可否

　ライセンス契約は賃貸借契約とのアナロジーで語られることがあり，売買に関する 559 条のように明示的な準用規定は存在しないが，「賃貸借」の規定（民法 601 条ないし 622 条）はソフトウェアライセンス契約に類推適用されると説く見解もある[15]。賃貸借契約の規定がソフトウェアライセンス契約に類推適用されるとすれば，ソフトウェアに不具合があった場合，契約不適合責任のほか，不具合の修補義務を負うことになる（民法 606 条）。契約不適合責任が，契約締結当時における品質等に関する責任について定めているのに対し，修補義務には，原始的に存在していた不具合のほか，ユーザによる使用収益を阻害する要因が事後的に生じた場合（例えば，メジャーな OS 等がバージョンアップしたことによって動作不良を起こした場合や，契約締結後に新たに発覚したセキュリティの脅威への対応が必要となった場合）にも，それに対応する義務が含まれるとも考えられるため，ライセンサにとっては契約不適合責任よりも重い責任が生じかねない。

　また，ライセンサがソフトウェアの権利（著作権等）を譲渡した場合におけるライセンサたる地位の移転の有無についても，民法 605 条の 2 および605 条の 3 の類推適用が問題になり得る。

　民法 606 条等の賃貸借契約の規定の類推適用を考えるにあたっては，ソフトウェアライセンス契約が賃貸借契約成立の本質的要素を定める民法

---

14)　嶋末和秀「ライセンス製品が第三者の特許権を侵害する場合におけるライセンサーの責任」山上和則先生還暦記念論文集『判例ライセンス法』（発明協会，2000 年）184 頁。反対，山上和則＝藤川義人編『知財ライセンス契約の法律相談』（青林書院，改訂版，2011 年）586 頁〔山﨑順一〕。なお，東京地判平成 25 年 9 月 24 日平成 23 年㈹第 34126 号は，ライセンス契約の対象であるソフトウェアが第三者の著作権を侵害していたという事案において，ライセンサの債務不履行責任を認めている。

15)　椙山編著・前掲注 8）194 頁〔市川〕は，契約当事者の意思解釈として，ライセンサの瑕疵修補義務を認められるとする。山田憲一「コンピュータ・プログラムの瑕疵と使用許諾契約（2・完）」民商 112 巻 2 号（1995 年）86 頁は，後の返還・破棄を予定していないプログラムの交付については売買契約に，一時的なプログラムの交付は賃貸借契約に類似しているから，一応はこれらの典型契約における瑕疵担保法が考察の出発点となると説く。

601条と類似する要素を有するかを検討しなければならない[16]。同条は，賃貸借契約の成立には「当事者の一方がある物の使用及び収益を相手方にさせること」を約し，相手方は，「これに対してその賃料を支払うこと」を約することが必要であるとする。このうち「使用及び収益を相手方にさせる」とは，賃貸人が目的物を使用・収益に適する状態に置くべき積極的な債務を負担することを意味する。同債務の典型例が，民法606条の修繕義務である。

　これをソフトウェアライセンス契約についてみると，ライセンサは，ユーザの求めに応じてソフトウェアの不具合を修正する作為義務を負担する意思までは有しておらず，ユーザによるソフトウェアの利用や使用について著作権や損害賠償請求権を行使しないという「不作為」を約する意思しか有していないのが通常と思われる。すなわち，ライセンサは，ユーザがソフトウェアを使用できる状態に置く積極的な債務を負担する意思は有していない。

　以上より，ソフトウェアライセンス契約については賃貸借契約の規定を類推適用する基礎を欠くから，一般論としては，類推適用されるとはいえないだろう。とりわけ，民法606条の修繕義務をライセンサに負わせることは否定されるべきである[17]。もっとも，同条の適用を認めるべきとする見解もあるし，ソフトウェアの性質や契約締結の背景によっては類推適用されることもあり得るので，ライセンサとしては，不具合修補義務を排除したいのであれば契約でその旨を明記しておくべきであろう。同様に，目的物であるソフトウェアの権利の譲渡の可否や，譲渡する場合の契約上の地位の移転についても明記しておくべきであろう。

(3)　ソフトウェアライセンス契約と著作権法の適用[18][19]

　次に，ソフトウェアライセンス契約における著作権法の適用をみていく。ソフトウェアライセンス契約の目的物は著作物であるプログラムであるため，デフォルトルールを考える際には，著作権法の規定も考慮する必要が

---

16)　内田＝大村編・前掲注9) 238頁〔石川〕。

17)　長谷川貞之「無体財産権の管理・利用とライセンス契約」椿寿夫ほか編『非典型契約の総合的検討』別冊NBL142号（2013年）97頁，101頁も同旨。

ある。

㈦　原則として自由なソフトウェアの「実行」

　著作権法は，21 条ないし 28 条に定める支分権は，著作権者が独占できる行為[20]であるとする。これらの支分権該当行為を「利用」と呼び，著作権の効力が及ばない「使用」と区別して整理されることがある。

　もっとも，著作権法の条文上，これらの用語を明確に区別して用いていたものではなく，著作物を享受する行為全般について「利用」という表現が用いられている例もあった[21]。平成 30 年改正後の著作権法では，プログラムの著作物について，これまで「利用」としていた箇所を「実行」へと改正しているが（2 条 1 項 21 号，20 条 2 項 3 号，47 条の 3 第 1 項など）[22]，これらの文言に照らしても，少なくとも PC 等の端末でプログラムを実行することは，支分権該当行為には含まれないと整理される。もちろん，プログラムの実行時には，ハードディスク等の記憶装置に記録されたプログラムが端末内のメモリ上に一時的に蓄積されるが，メモリ上のプログラム

---

18)　著作権法は，本文で説明する著作権のほか，18 条ないし 20 条で著作者人格権を規定している。しかし，ソフトウェアライセンスでは，公表権（18 条）および氏名表示権（19 条）が問題となるような場面はあまり想定されない。意に反する改変を禁じる同一性保持権（20 条 1 項）もあるが，ソフトウェアライセンス契約の中心的な目的物であるプログラムについては，「特定の電子計算機においては実行し得ないプログラムの著作物を当該電子計算機において実行し得るようにするため，又はプログラムの著作物を電子計算機においてより効果的に実行し得るようにするために必要な改変」が許容されており（20 条 2 項 3 号），プログラムについて同一性保持権侵害が認められる場合はほぼなくなったと評されている（中山信弘『著作権法』（有斐閣，第 3 版，2020 年）633 頁）。

19)　プログラムの著作権に関する裁判例を分析する近時の文献として，松島淳也＝伊藤雅浩『新版システム開発紛争ハンドブック——発注から運用までの実務対応』（第一法規，2018 年）274 頁がある。

20)　著作権の本質は排他権であり，著作権者はその反射的効果として著作権法 21 条ないし 28 条所定の行為を独占できるにとどまる。かかる観点からは，本文中の表現はやや正確さを欠くが，ここではこれ以上は深入りしない。

21)　平成 21 年著作権法改正によって追加された 49 条 1 項 5 号など。

22)　実行とは，「プログラムの著作物を電子計算機において動作させることにより演算や画像描写などを行うこと」とされる（文化庁「著作権法の一部を改正する法律（平成 30 年改正）について（解説）」64 頁）。

それ自体は将来反復して使用される可能性がある再製物ではないため，著作権法上の「複製」（21 条）にはあたらないと解されている（東京地判平成 12 年 5 月 16 日判時 1751 号 128 頁[23]）。

　また，例えば，あるサーバにソフトウェアをインストールしておき，ネットワークを介して社内の特定少数の端末からアクセスして当該ソフトウェアを実行するような行為も，複製や公衆送信に該当しなければ著作権者の許諾を得なくとも自由になし得る。

　このように，ソフトウェアの実行自体は，著作権法によって制約されているわけではないので，契約において制限がない限り，ユーザは自由になし得る。ライセンサの立場からは，この点を念頭に，ソフトウェアライセンス契約においてユーザによるソフトウェアの「実行」に必要な制限を加えることを目指すことになる。

　ユーザがライセンサにより禁止された行為をした場合の救済方法は，著作権侵害に該当するものでない限りは，原則として契約に定められた損害賠償請求等の措置に限られる。

　㋑　原則として著作権者に無断ではなし得ない行為
　①　著作権者が独占できるソフトウェアの行為
　著作権法 21 条ないし 28 条で定める支分権該当行為は，著作権者が専有している（独占的に行える）。これらの行為のうち，ソフトウェアライセンス契約に関するものを概観していく。

　▶複製（著作権法 21 条）
　著作物の複製とは，既存の著作物に依拠し，その創作的な表現部分の同一性を維持し，これに接する者が既存の著作物の表現上の本質的な特徴を直接感得することのできるものを作成する行為をいう（知財高判平成 28 年 4 月 27 日平成 26 年㈩第 10059 号等。同旨の裁判例多数）。

---

23)　RAM へのプログラムの一時的な記録が著作権法上の「複製」にあたるとしても，現在では著作権法 47 条の 4 により著作権侵害は否定される。同条は平成 21 年改正で追加された規定であり（平成 21 年改正当時は 47 条の 8），前掲東京地判平成 12 年 5 月 16 日の時点では存在しない。

ソフトウェアについては，記録媒体にソフトウェアをコピーするような典型例のほか，次のような行為も「複製」にあたる。

・媒体に格納されたソフトウェアを PC 等の記憶装置にインストールすること

・アセンブラ，コンパイラ等の言語変換ソフトを使用してソースコードをオブジェクトコードに変換すること[24]

▶公衆送信（著作権法 23 条）

公衆送信とは，公衆によって直接受信されることを目的として無線通信または有線電気通信の送信を行うことをいう（著作権法 2 条 1 項 7 号の 2）。

インターネットを介してソフトウェアを公衆に提供すること（自動公衆送信。著作権法 2 条 1 項 9 号の 4）や，LAN で社内の多数の従業員にプログラムを送信すること，インターネットに繋がったサーバにソフトウェアを記録し，公衆に提供し得るようにすることなど（送信可能化。同項 9 号の 5 イ）がこれにあたる。

▶翻案[25]（著作権法 27 条）

翻案とは，既存の著作物に依拠し，かつ，その表現上の本質的な特徴の同一性を維持しつつ，具体的表現に修正，増減，変更等を加えて，新たに思想または感情を創作的に表現することにより，これに接する者が既存の著作物の表現上の本質的な特徴を直接感得することのできる別の著作物を創作する行為をいう（前掲知財高判平成 28 年 4 月 27 日，最判平成 13 年 6 月 28 日民集 55 巻 4 号 837 頁）。

著作権法による保護はアイデアには及ばないので，プログラムの機能が共通であっても，プログラムの記述が相違していれば翻案権侵害とはならない（東京地判平成 24 年 12 月 18 日平成 24 年(ワ)第 5771 号等多数）。

ソフトウェアについては次のような行為が「翻案」にあたり得る。

---

[24]　東京地判昭和 57 年 12 月 6 日判時 1060 号 18 頁参照。

[25]　著作権法 27 条所定の権利を総称して翻案権と呼ぶことは正確ではないとの指摘もあるが（上野達弘「著作権法における侵害要件の再構成(1)」知的財産法政策学研究 41 号（2013 年）35 頁），本章では著作権法 27 条所定の権利を総称して翻案権と呼ぶこととする。

・プログラム言語の逐語的な変換[26]

・プログラムの移植[27]

・新機能の追加[28]

・既存機能の変更[29]

▶二次的著作物の利用（著作権法 28 条）

　翻案により作成されたソフトウェアに関する上記各行為（複製，公衆送信等）も，著作権者に無断で行うことはできない。

　以上の支分権該当行為のうち，ソフトウェアライセンス契約で特に注意が必要なのは，複製および翻案であろう。例えば，ユーザの立場からすれば，著作権者の許諾を得ない限り原則としてソフトウェアのインストールはできないのであり（著作権法 21 条），インストールするサーバや端末の数に応じた許諾を得る必要がある。

　これらの行為を著作権者に無断で行うと，差止請求（著作権法 112 条 1 項）や損害賠償の対象となり得る（民法 709 条，著作権法 114 条）ほか，刑事罰の対象にもなり得る（著作権法 119 条）。

② 　例外的に著作権者の許諾を得なくとも可能な行為（権利制限）

　著作権法は，原則として著作権者の許諾を得なければなし得ない行為についても，例外的に著作権者の許諾を得なくとも自由になし得る場合を規

---

26)　中山信弘『ソフトウェアの法的保護』（有斐閣，新版，1988 年）156 頁。ただし，既存のプログラムのアルゴリズムに基づいて，別のプログラム言語で同一のアルゴリズムを再現するためのプログラムを記述する程度であれば，翻案とはならない。

27)　特定の環境から他の環境にソフトウェアを修正しつつ移行することをいう。

28)　追加された部分が創作的な表現と認められる場合に限られる。大阪地判平成 13 年 10 月 11 日平成 9 年(ワ)第 12402 号。ただし，追加機能に関するプログラムが，既存のプログラムとは独立して動作し得る場合，当該追加部分のプログラムは既存のプログラムとは独立した新たなプログラムと評価される可能性がある（大阪地判平成 12 年 12 月 26 日平成 10 年(ワ)第 10259 号。中山・前掲注 26) 157 頁も参照）。この場合でも，機能追加に伴い既存のプログラムを一部書き換え，その部分に創作性が認められるような場合には，既存のプログラムに関する翻案権侵害が成立する余地はあろう。

29)　前掲大阪地判平成 12 年 12 月 26 日。

定している（権利制限規定。著作権法30条ないし50条）。ソフトウェアライセンス契約に関して問題となる条項をみていく。

▶プログラムの著作物の複製物の所有者による複製等（著作権法47条の3）

　著作権法47条の3第1項本文は，プログラムの記録媒体を所有している者について，著作権者の許諾を得なくとも一定の複製を自由に行わせるための規定である[30]（翻案については，47条の6第1項2号）。

　本条により，バックアップのための複製，ハードディスクへのインストール，プログラムを実行する際に生じることがあるソースコードからオブジェクトコードへの変換，デバッグの際のダンプ，環境の変更に伴う移植等が許容される。この点はほぼ争いがない[31]。

　争いがあるのは，本条に基づき機能の変更・追加が認められるかである。本条は機能の変更・追加も許容すると考える見解が多いように思われるが[32]，これに反対する裁判例もみられる[33]。この点は裁判例の集積が少ないこともあり，どちらの考え方もあり得ることを前提に契約書をドラフトする必要がある。

▶電子計算機における著作物の利用に伴う複製（著作権法47条の4第1項1号）

---

30)　田村善之『著作権法概説』（有斐閣，第2版，2001年）224頁は記録媒体の所有者でなくとも，「複製物を使用する権原を取得した」者には本条の適用を認めるべきと説く。たしかに，記録媒体の所有権を有しているか否かで本条の適用を区別する合理性はないように思われるが，条文の文言に反することもあってか少数説にとどまっている。

31)　中山・前掲注18）463頁，田村・前掲注30）224頁，加戸守行『著作権法逐条講義』（著作権情報センター，6訂新版，2013年）354頁，小倉秀夫＝金井重彦編著『著作権法コンメンタール』（第一法規，改訂版，2020年）306頁〔小倉秀夫〕，半田正夫＝松田政行編『著作権法コンメンタール2』（勁草書房，第2版，2015年）507～508頁〔田中成志〕等。

32)　中山・前掲注18）463頁，田村・前掲注30）224頁，加戸・前掲注31）354頁，小倉＝金井編著・前掲注31）808頁〔森＝小倉〕，半田＝松田編・前掲注31）508頁等。

33)　前掲大阪地判平成12年12月26日。同判決は，著作権法47条の3第1項により許容される行為は，「バックアップ用複製，コンピュータを利用する過程において必然的に生ずる複製，記憶媒体の変換のための複製，自己の使用目的に合わせるための複製等に限られ」ると判示している。

　著作権法47条の4第1項1号は，コンピュータの使用や通信の際の情報処理を円滑または効率的に行うために必要と認められる限度で，著作物の利用を許容する規定である。

　本条の適用が認められる典型例は，ウェブサーバ内に格納された著作物をブラウザで視聴する場合である[34]。先に言及した，サーバにソフトウェアをインストールしておき，ネットワークを介して社内の特定少数の端末からアクセスして当該ソフトウェアを使用するような行為についても，本条の適用があり得る。

▶リバースエンジニアリングに伴う複製（著作権法30条の4）

　リバースエンジニアリングとは，一般に既存の製品の調査・解析をすることによってその構造や製造方法などの技術を探知し，その結果を利用して新しい製品を開発することを指すが，ソフトウェアの場合は，逆コンパイル等の行為によって，実行ファイルからソースコードに変換したり，その内部構造を解析したりする行為を指す。

　ほとんどのソフトウェアはオブジェクトコードの形式で提供されており，その構造を知るために行う複製行為を伴うリバースエンジニアリングについて，権利者の許諾なく行えるかどうかが明らかではないとされてきたが，平成30年著作権法改正の過程において，権利者の許諾なく行えることが明確化された。著作権法30条の4は，著作物に表現された思想または感情の享受を目的としない利用全般について著作権が及ばないとし，同条3号は，「著作物の表現についての人の知覚による認識を伴うことなく当該著作物を電子計算機による情報処理の過程における利用（略）に供する場合」を掲げているが，いわゆるリバースエンジニアリングもこれによって権利者の許諾なく行えるとされている[35]。

　なお，著作権法の権利制限規定にて著作権が及ばないとされる行為を，ソフトウェアライセンス契約において禁止することができるか（いわゆるオーバーライド問題）が議論されることがある。すなわち，著作権法で

---

34)　池村聡『著作権法コンメンタール別冊　平成21年改正解説』（勁草書房，2010年）126〜127頁（なお，当時の条文番号は47条の8だったが，平成30年改正により，現在の条文に再編された）。

35)　文化庁・前掲注22）24頁。

権利が制限されているものを契約において禁止したとしても，かかる規定は有効ではないのではないかという問題提起である。この点は，統一的かつ明確なルールがあるわけではなく，規定の性質や契約の内容に応じて個別具体的な判断に委ねざるを得ないが，ユーザに対して禁止した規定が一律に無効になるというのではなく，禁止行為を行ったユーザに対して債務不履行責任を問えるが，著作権を行使することはできないというのが基本的な考え方となろう。

(4)　小括——ソフトウェアライセンス契約のデフォルトルール

以上の検討を踏まえ，ソフトウェアライセンス契約に適用されるデフォルトルールを簡潔にまとめておく。

ソフトウェアライセンス契約は私法上の契約である以上，民法の規定が適用される。ソフトウェアライセンス契約は非典型契約であるため契約各論に関する規定の直接適用はないが，対価の支払いを伴うライセンス契約は有償契約なので，「売買」の規定（民法 555 条ないし 585 条）が準用される（民法 559 条）。「賃貸借」の規定（民法 601 条ないし 622 条）が類推適用されるかについては議論があるが，一般論としては類推適用されないと考えるべきである。そのため，ライセンサに対して契約不適合責任を問うことはできても，一般的な修繕義務を問うことは困難であろう。

また，ソフトウェアライセンス契約は，著作物（著作権法 2 条 1 項 1 号）であるプログラム等を目的物とするため，著作権法の規定が適用される。ソフトウェアライセンス契約で許諾されていない限り，原則としてユーザは著作権法 21 条ないし 28 条所定の行為を行うことはできない。もっとも，同法 30 条ないし 50 条所定の権利制限規定に該当する行為は，ソフトウェアライセンス契約で禁止されていない限り，ユーザは自由になし得る。同法 21 条ないし 28 条に規定されていない行為（典型的にはソフトウェアの「実行」）も，ソフトウェアライセンス契約で禁止されていない限り，ユーザの自由である。

以上がソフトウェアライセンス契約におけるデフォルトルールである。**第 2 節**では，ソフトウェアライセンス契約の条項がかかるデフォルトルールをどのように変更するものであるのか，あるいはデフォルトルールを確

認的に規定するものにすぎないのかに適宜言及しつつ，個別の条項例を説明していく。

第2節　ソフトウェアライセンス契約の条項例と解説

第1節で説明したソフトウェアライセンス契約におけるデフォルトルール等を踏まえて，ソフトウェアライセンス契約の条項例およびその趣旨を解説する。

1　第2条（ライセンスの許諾）

> 1　ライセンサは，ユーザに対し，ユーザが本契約を遵守する限りにおいて，本件ソフトウェアを別紙記載のライセンス数に応じた本件ソフトウェア使用端末にインストールし，使用する権利を許諾する。
> 2　前項により許諾される権利は，譲渡不可，再許諾不可の非独占的なものとする。
> 3　ユーザは，本契約は第1項により許諾された範囲を超える複製を許諾するものではなく，本件ソフトウェアを公衆送信，貸与，翻案その他第1項の態様以外で利用することを許諾するものではないことを確認する。

　本条は，ライセンサがユーザに許諾するライセンスの内容，すなわちユーザの使用権の内容を規定する条項である。

　1項は，端末の数に応じてインストール（複製）を許諾する内容である。この他，ユーザ数，サーバ数，CPU数，コア数，同時接続ユーザ数，ユーザの売上や資本金，従業員数などにより使用権の範囲を画することもある。

　端末数，ユーザ数，サーバ数，CPU数，コア数，同時接続ユーザ数等により使用権の範囲を画する場合，例えば過失により許諾された数を上回る端末にソフトウェアをインストールしてしまうなど，ユーザによる意図せぬ契約違反がなされることがある[36]。このような使用権体系を採用する場

合には，法的な抑制に加えて，ドングル[37]を使用したり，ネットワーク経由で認証やアクティベーションしたりする等，契約違反を防止・検出できるような技術的な制御を施すことも有用であろう[38]。

　他方，売上，従業員数や資本金等に応じた使用権体系の場合，上記のような技術的な制御手段を講じることは困難であり，契約違反が検出し難い。このような使用権体系を採用する場合には，ユーザによる契約違反の検出を可能にするべく，監査に関する規定を設けておくことが有益である。監査については，**6**で解説する。

　3項は，1項で許諾した態様以外の「利用」は許諾されないことを確認的に規定する条項である。もっとも，ここで「許諾外」として列挙されている「利用」のうち，「複製」および「翻案」についてはライセンサの許諾を得なくともユーザがなし得る場合がある（著作権法47条の3第1項等）。よって，これらの行為を禁止するためには，許諾すなわち「使用権」の範囲外であることを確認するのみではなく，明示的にこれらの行為を行ってはならない旨を規定しておく必要がある。この点については，6条の条項例および解説を参照されたい。

---

36)　1ライセンスで使用できる範囲について争われた事例に東京高判令和3年3月24日（平成30年(ワ)第38486号）がある。

37)　ライセンスが正規になされているかどうかをチェックする機能を有する付属装置をいう。例えば，USB接続させた小型装置（ドングル）がないとソフトウェアが動作しないように制御しておけば，ドングルは容易に複製できないため，不正利用がしにくくなる。

38)　ソフトウェアの利用にロックをかけて正規品購入者のみが入力できる符号等を入力して認証を行う方式を採用していた場合，これを回避するプログラムや符号を提供する行為は技術的制限手段の効果を妨げるものとして不正競争になる（不正競争防止法2条1項17号）。

2　第3条（使用目的）

> ユーザは，下記の使用目的（以下本条において「本目的」という。）でのみ
> 本件ソフトウェアを使用することができ，本目的以外に本件ソフトウェアを
> 使用し，または第三者をして使用させてはならない。
> 〈使用目的〉
> _____

　本条は，本件ソフトウェアの使用目的を定めるものである。**第1節**で解
説したとおり，ソフトウェアの実行は本来的には著作権による制限を受け
るものではないが，これに制限を加える規定である。

　本条のような規定がない場合，例えば，社内業務遂行のために使用され
ることを想定して会計ソフトの使用を許諾したにもかかわらず，ユーザが，
広く他の企業から会計処理の委託を受け，その業務に使用することができ
てしまう。そこまで極端な例ではなくとも，会計ソフトのライセンスを受
けたグループ内のシステム子会社が，グループ会社から委託を受けてグ
ループ会社の会計処理のために本件ソフトウェアを使用したり，グループ
会社の従業員に会計ソフトを使用させたりするなどの行為も可能となる。
このような態様でソフトウェアを使用したとしても著作権法21条ないし
28条に規定されている行為ではないため，契約で制限されていない限り
ユーザは自由になし得るためである[39]。

　このような行為を許容すると，ユーザに会計処理を委託する会社は自ら
同会計ソフトのライセンスを取得する必要がなくなるため，ライセンサは，
ソフトウェアの販売機会を喪失してしまう。このような事態を防ぐために，

---

39)　東京地判平成23年6月24日平成21年(ワ)第36169号では，グループのシステム担
　　当会社がユーザとしてソフトウェアライセンス契約を締結しており，その使用目的
　　が「社内業務目的」などとされていたところ，同システム担当会社が，グループ会社
　　の外注先（併せて10社以上）に対し，グループ会社から受託した作業実績等のデー
　　タを入力させるためにソフトウェアを使用させていたことが債務不履行になるかが
　　争われた。ただし，この点に関する裁判所の判断は示されていない。

著作権法では制限されていないプログラムの「実行」を一定の目的の範囲内に制限するのが本条である。

3　第4条（対価の支払い）

> 1　ユーザは，ライセンサに対し，第2条に基づく使用許諾の対価として，別紙所定のライセンス料を支払う。ライセンス料の支払いに要する費用はユーザの負担とする。
> 2　ライセンサは，前項に基づきユーザが支払ったライセンス料については，事由の如何を問わず，返還する責任を負わないものとする。

　本条は，ユーザが使用権の許諾に対して支払う対価を定める規定である。
　1項は対価の支払いに関する規定である。ユーザが支払うべき対価は，2条で定める使用権体系に応じて設定されることになる。
　2項は，ライセンサは受領した対価については返還義務を負わない旨を定めた規定である。専らユーザ側の事情により本件ソフトウェアの導入が中止された場合等の返金義務の発生を回避するために規定したものである。例えば，代理店による本件ソフトウェアに関する説明に誤りがあり，本件ソフトウェアの機能についてユーザに誤解が生じてしまったような場合にも本条が適用され得る。このような場合，ユーザの立場からすれば，代理店の説明に沿った機能を有しない本件ソフトウェアの導入は中止し，ライセンサに支払った対価は返還して欲しいと考えるのが通常であろうが，本項によりライセンサの返金義務は否定される。この場合にユーザがとり得る手段としては，代理店に対する説明義務違反に基づく損害賠償責任の追及などが考えられる。

4　第5条（保守）

> 本件ソフトウェアに関する問い合わせ，バージョンアップ，情報提供その

他の保守サービスについては，別途，ライセンサとユーザとの間で締結されるソフトウェア保守契約に基づいて提供されるものとする。

　本条は，ソフトウェアライセンス契約と保守契約との関係について定める規定である。ライセンサは本契約では文字どおりソフトウェアの使用を許諾するのみであり，不具合の修補，問い合わせ対応は行わない（別途契約が必要である）ことを明らかにしている。

　保守契約については**第4章**で解説しているので，参照されたい。

5　第6条（禁止行為）

　ユーザは，本件ソフトウェアに関し，本契約によって認められている場合を除き，ライセンサの事前の同意なくして以下に掲げることをすることはできないものとする。

(1)　本契約に定められた条件以外で本件ソフトウェアの全部または一部を複製すること

(2)　本件ソフトウェアの全部または一部を改変・翻案すること

(3)　本件ソフトウェアのトレース，デバッグ，逆アセンブル，デコンパイル，その他の手段により，本件ソフトウェアの構造・機能・処理方法等を解析し，または，本件ソフトウェアのソースコードを得ようとすること

(4)　本件ソフトウェアの全部または一部を，他のソフトウェアの一部に組み込み，または他のソフトウェアの全部または一部を，本件ソフトウェアの一部に組み込むこと

(5)　本件ソフトウェアの知的財産権表示を削除・改変すること

(6)　その他，本契約で明示的に許諾された範囲を超えて利用または使用すること

本条は，ユーザの禁止行為を定める条項である。

(1)　複製，改変等の禁止
1号は本契約で定められた条件以外での本件ソフトウェアの複製を禁止

している。**第1節3⑶ᄼ②**で見たとおり，著作権法のデフォルトルールでは，ユーザがプログラムの記録媒体の所有権を保有している場合，ライセンサの許諾を得なくとも，デバッグ等に伴う複製や機能変更，機能追加のためのプログラムの複製・翻案が許容され得る（著作権法47条の3，47条の6第1項2号）。また，記録媒体の所有者ではないユーザについても，解釈上，デバッグ等に伴うプログラムの複製等が許容され得る。1号は，このようにデフォルトルールのもとでは著作権法47条の3の範囲内でユーザが自由になし得る行為を制限する規定である。保守サービスや機能追加，機能変更作業については，別途の有償対応としたいライセンサにとっては必須の規定であろう。

　ところで，1号のように著作権法47条の3第1項で著作権が及ばないとされた行為を契約によって禁止する規定の有効性については議論がある。この問題は，同法47条の3第1項を当事者の意思によっては覆せない強行規定と解すべきか[40]，当事者がこれと異なる合意をなすことも可能な任意規定と解すべきか[41]により結論が分かれる。これまでのところ，この点について判断した裁判例は見あたらないが，ソフトウェアの機能追加に伴う複製行為は別途締結する保守契約のもとにおいてのみ可能とするライセンサの期待は合理的なものとして保護されるべきと考えられるから，当事者間の債権債務を定めたものとしては無効とすべきではないと考えるべきである。もっとも，ユーザがこの規定に違反した場合でも，債務不履行になると解すべきであって，著作権侵害を構成するものではないだろう。

　2号は，本ソフトウェアの改変，翻案を禁止する規定である。趣旨・留意点は1号と同様である。

---

[40]　小倉＝金井編著・前掲注31）811頁〔森＝小倉〕は，本条は強行規定であるか，仮に強行規定ではないとしても，契約当事者が実質的な交渉に基づいて明確にその適用を排除しない限り適用される半強行規定であるとする。半強行規定説によれば，ライセンサが予め一律の内容を定めてユーザに同意を求めるような場合には著作権法47条の3第1項の適用を排除する規定は無効と解されることになろう。半強行規定の意義については，四宮和夫＝能見善久『民法総則』（弘文堂，第9版，2018年）217〜218頁も参照。

[41]　同条を任意規定と解する見解として，中山・前掲注26）78頁注2等。

(2)　リバースエンジニアリングの禁止

　3 号は，ソースコードを得ようとする行為のほか，リバースエンジニアリングを禁止する規定である。リバースエンジニアリングの過程ではプログラムが複製されることもあるが，記録媒体の所有者は著作権法 30 条の 4 第 3 号により，許容される（**第 1 節 3 (3)(イ)②参照**）。本号は，(1)と同様に，著作権の及ばない行為について，明示的に禁止する規定である。

　なお，公正取引委員会のガイドラインは，他のソフトウェアが動作するための基盤となるプラットフォーム機能を持つソフトウェアのように，当該ソフトウェアとインターオペラビリティを持つソフトウェアやハードウェアを開発するためには，①当該ソフトウェアのインターフェース情報が必要であり，②ライセンサが当該インターフェース情報を提供しておらず，③ユーザにとって，リバースエンジニアリングを行うことが，当該ソフトウェア向けにソフトウェアやハードウェアを開発するために必要不可欠な手段となっているような場合に，ライセンサがユーザに対してリバースエンジニアリングを禁止することは，独占禁止法上違法と評価されるとしている[42]。プラットフォームのインターフェースに関する情報が開示されていない状況下で当該プラットフォームを利用しようとする場合に，リバースエンジニアリングが制限されていると，当該プラットフォーム運営者に対する保守業務委託や同運営者からのアプリケーションの購入が事実上義務付けられる状況が生じてしまう。公正取引委員会のガイドラインは，かかる事態を回避することを企図したものであろう。

　もっとも，プラットフォーム機能を持つソフトウェアに関しては，他者によるソフトウェアの開発・提供が当然に想定されているため，権利者は，接続のための API 提供サービス等を行うことが通常であろう。その場合，上記②または③の要件を欠くことになり，独占禁止法違反の問題は生じないと考えられる。

(3)　その他の禁止事項

　4 号は，本件ソフトウェアの全部または一部を他のソフトウェアに組み

---

[42]　公正取引委員会「ソフトウェアライセンス契約等に関する独占禁止法上の考え方」（2002 年）。一般指定 12 項の拘束条件付取引にあたるとされる。

込むことを禁じる規定である。本件ソフトウェアが他のソフトウェアに組み込まれた場合，これに起因して本件ソフトウェアの動作に予期せぬ不具合が生じることがあり得る。本契約条項例では，5条においてライセンサは別途ユーザと契約を締結して保守サービスを提供することとしているが，ライセンサが，他のソフトウェアへの組込みに起因する不具合までは予測し切れず，その修補を行うことは困難であるのが通常と思われる。そこで，4号では，本件ソフトウェアの他のソフトウェアへの組込みを禁じている。

5号は，本件ソフトウェアの知的財産権表示の削除，改変を禁じる規定である。

6号は，確認的・包括的に，本条項例で明示された範囲を超えて本件ソフトウェアを使用することはできないことを定める規定である。本条項例で明示されていない行為が許諾されたものであるか否かに疑義が生じることを回避することを意図している。

6　第7条（監査）

> 1　ライセンサは，事前に書面によりユーザに通知することを条件に，本契約に定められたユーザの義務が遵守されているかを確認するため，ライセンサまたはライセンサから委託を受けた第三者により，ユーザにおける本件ソフトウェアの使用状況等に関する監査を行うことができるものとし，ユーザはこれに協力する。
>
> 2　前項の監査にかかる費用は，監査の結果，ライセンサが，ユーザにおいて本契約に違反する事実が存在すると認めた場合を除き，ライセンサが負担する。
>
> 3　第1項の監査の結果，ライセンサが，ユーザにおいてライセンス料の支払いに関して本契約に違反する事実が存在すると認めた場合は，ユーザは，ライセンサに対し，本来ライセンサに支払うべきであったライセンス料からすでに支払済みのライセンス料を控除した金額の2倍に相当する額の損害賠償金を支払うものとする。

本条は，ライセンサによるライセンス監査について定めた規定である。

　ライセンス契約で許諾された範囲を超えたソフトウェアの使用は，ユーザが悪意をもって行う場合のみならず，ユーザ内部において，現場の使用者にライセンス条件が十分に周知されていないために発生してしまうことがある。ソフトウェアの不正使用が疑われる場合でも，本条のような規定がなければ，技術的な制限手段を講じていない限り，ライセンサがその実態を把握する方法は原則としてユーザの自己申告に限られる。ユーザにおける使用の実態を把握するためには，裁判所を通じた証拠保全を行うことも考えられるが（民事訴訟法234条），証拠保全については予め証拠調べをしておかなければその証拠を使用することが困難となる事情を疎明することが必要である（民事訴訟規則153条2項・3項）。ライセンサが当該事情を疎明するための資料を入手できることは稀であり，証拠保全手続を利用できる場合はそう多くない。

　よって，ソフトウェアライセンス契約では，ソフトウェアの不正使用が疑われる場合に備えて，ライセンサによる監査を可能にする条項を規定しておくことが有益であり，不正使用の抑制にも繋がる。

　以上の理解を踏まえて，1項では，ライセンサのユーザに対する監査権を規定している。ライセンサによる監査にはユーザの協力が不可欠であるので，ユーザの協力義務も規定している。

　2項では，監査に要する費用の負担について規定している。ライセンス監査を専門の事業者等に委託して実施する場合の費用等は，公平の観点から，ユーザに契約違反がない場合にはライセンサが，ユーザに契約違反がある場合にはユーザが負担するものとしている。

　3項では，監査により契約違反が判明した場合の損害賠償額を規定している。一種の損害賠償額の予定である（民法420条1項）。3項のように監査により契約違反が発見された場合について，現実に発生する損害賠償額よりも高額の賠償金を規定しておくことで，ユーザに対するソフトウェア不正使用の抑止力になるとともに，ソフトウェア利用状況に関するユーザ自身による調査・自己申告にインセンティブを与えることも期待できる。ライセンサからの調査・申告の依頼を拒否しても，いずれにせよライセンス監査が実施され，その結果通常よりも高額な損害賠償金を支払わなければならないのであれば，ユーザとしては，ライセンス契約違反を自覚した場

合においては，ライセンサの依頼に基づき調査・申告することによって，3項の適用を回避して早期解決を図るのが合理的だからである。

　ライセンサも，いきなり契約に基づく監査権を行使するのではなく，まずはユーザ自身で契約違反の有無を調査・申告するよう依頼し，ユーザがこれを拒否した場合に契約に基づく監査を実施することが多いように思われる。

　なお，損害賠償額の予定を定めた場合において，その金額があまりに現実の損害からかけ離れている場合には，当該請求の根拠規定が公序良俗違反として無効とされたり，損害賠償請求が権利の濫用とされたりする可能性も否定できないため，本条項例では不足分の2倍の額としている。前掲東京地判令和3年3月24日では，通常の料金の10倍の違約金を定める条項が有効であるとされたが，これは過去の違反の事実が明らかになった後に個別の交渉を経て追加されたなどの特殊な事情のもとでの事案であることに留意する必要がある。

7　第8条（知的財産権侵害の責任）

1　ライセンサは，ユーザに対し，本件ソフトウェアが第三者の知的財産権（特許権，実用新案権，意匠権，商標権，著作権をいう。以下本条において同じ。）を侵害しないことを保証する。

2　ユーザは，本件ソフトウェアに関し，第三者から知的財産権の侵害の申立て（警告，訴訟の提起を含む。以下同じ。）を受けたときは，速やかにライセンサに対し申立ての事実および内容を通知するものとする。

3　前項の場合において，ライセンサは，ユーザが第三者との交渉または訴訟の遂行に関し，ライセンサに実質的な参加の機会および決定の権限を与え，必要な援助を行ったときは，ユーザが支払うべきとされた損害賠償額を負担する。ただし，以下の各号に掲げる場合は，ライセンサは賠償の責めを負わないものとする。

⑴　ユーザが，本件ソフトウェアを変更し，またはライセンサの指定した稼働環境以外の環境でこれを使用したことによって第三者の知的財産権の侵害が生じたとき

---

　(2)　本件ソフトウェアを，ライセンサ以外の者が提供した製品，データ，
　　　装置またはビジネス手法とともに結合，操作または使用した場合で，そ
　　　れらの製品，データ，装置またはビジネス手法に起因して損害が生じた
　　　とき
　4　ライセンサの責めに帰すべき事由による知的財産権の侵害を理由として
　　本件ソフトウェアの将来に向けての使用が不可能となるおそれがある場合，
　　ライセンサは，(i)権利侵害のない他のソフトウェアとの交換，(ii)権利侵害
　　している部分の変更，(iii)継続使用のための実施または利用権の取得のいず
　　れかの措置を講ずることができるものとする。
　5　本条は，本件ソフトウェアが第三者の知的財産権を侵害した場合のライ
　　センサの責任すべてを規定するものである。

　本条は，ソフトウェアが第三者の知的財産権を侵害している場合のライ
センサの責任を定める規定である。

(1)　ライセンサが非侵害を保証する場合の条項例

　ソフトウェアの開発にあたり，既存のソフトウェアを参考にすることは
少なくなく，開発に従事したエンジニアが第三者のプログラムを流用して
いる可能性は排除し切れない。また，ソフトウェアの開発にあたっては，
ライセンサの従業員のみならず，協力会社やフリーランスのエンジニア等，
多数の当事者が関与することが少なくない。この場合，ライセンサの従業
員が開発したプログラムは職務著作の規定（著作権法 15 条 2 項）によりラ
イセンサにその著作権が帰属することがほとんどであると思われるが，協
力会社のエンジニアが開発したプログラムの著作権は，ライセンサと協力
会社の契約に明確な定めがない場合，協力会社または協力会社のエンジニ
アに帰属する。フリーランスのエンジニアが開発したプログラムの著作権
についても，ライセンサと当該エンジニアとの契約に明確な定めがない場
合，当該エンジニアに帰属する可能性が高い。ソフトウェアを使用するこ
とが第三者の特許権を侵害する場合もあり得る[43]。これらの場合等には，

---

43)　プログラムの使用も「実施」に含まれるため（特許法 2 条 3 項 1 号），ライセンサ
　　だけでなく，ユーザが第三者の特許権を侵害するということも生じ得る。

ライセンサだけでなく，ユーザもエンジニア等から知的財産権を行使されるリスクがある。

1項は，本件ソフトウェアに関する知的財産権侵害についてライセンサが保証責任を負う旨を定めている。ライセンサの責任を緩和するのであれば「知る限り」または「知り得る限り」の保証にとどめることが考えられる。また，保証の範囲を相対的独占権である著作権に限るという方法もあり得る。

2項および3項は，ライセンサが損害賠償責任を負う場合の要件を規定している。具体的には，第三者から知的財産権侵害の申立てを受けた場合にはユーザはライセンサに対し速やかに通知すること（2項），第三者との交渉または訴訟に関し，ライセンサに実質的な参加の機会および決定の権限が与えられ，ユーザによる必要な援助がなされたこと，第3項各号に該当する事由がないこと（3項）である。

4項は，第三者の知的財産権侵害の場合にライセンサが損害賠償責任以外について負う責任を規定するものである。ただし，ライセンサの義務ではなく，ライセンサの裁量により講じることができる措置として規定している。

5項は，第三者の知的財産権侵害があった場合のライセンサの責任・義務を本条所定のものに限定する規定である。契約で定められたライセンサの責任と民法上の契約不適合責任とが併存するとの解釈を排除するための規定である。

⑵　ライセンサが非侵害を保証しない場合の条項例

上記条項例と異なり，無償で提供するソフトウェアなどの場合において，第三者の知的財産権侵害の場合のライセンサの責任を完全に免除するのであれば，次のような定めとすることが考えられる。

　ライセンサは，本件ソフトウェアに関し，第三者の特許権その他の知的財産権に対する侵害がないことの保証を行うものではなく，ユーザが，本件ソフトウェアに関し第三者から知的財産権の侵害の申立て（警告，訴訟の提起を含む。以下同じ。）を受けた場合においても，何らの責任も負わないものと

> する。

　このような規定を設けていても，有償で提供するソフトウェアであって，ライセンサが第三者の権利侵害を知りながらこれを秘匿してソフトウェアライセンス契約を締結したような場合，ライセンサは契約不適合責任を免れない（民法572条）。

8　第9条（免責・非保証）

> 1　本件ソフトウェアは，本契約締結時点においてライセンサが提示した本件ソフトウェア使用端末の仕様の限りで動作するものとし，ライセンサは，本件ソフトウェアが他のハードウェアその他の動作環境で動作することを保証するものではない。
> 2　ライセンサは，本件ソフトウェアに含まれる機能が，ユーザの特定の目的に適合することを保証するものではない。

　本条は，ライセンサの保証責任の一部を排除するともに，その責任を制限する規定である。

　1項は，ライセンサが想定していない方法，環境で本件ソフトウェアを使用したことによりユーザに損害が生じたとしても，ライセンサは何ら損害賠償責任を負わない旨を規定している。

　無償で提供するソフトウェア等の場合において，さらに進んで本件ソフトウェアに存する一切の不具合等についてライセンサを免責するのであれば，1項を次のような内容にすることが考えられる。

> 　ライセンサは，本件ソフトウェアを現状有姿で提供するものとし，本件ソフトウェアに関する不具合については，第5条に定める保守サービスに関する契約が締結されていない限り，何らの責任も負わないものとする。

　上記条項は，ライセンサはソフトウェアの不具合修補責任を負わない旨の規定である。既述のとおり，ソフトウェアライセンス契約には民法の売買に関する規定が準用されるため，契約に特段の定めがない限り，ライセンサは民法 562 条以下の契約不適合責任を負う。また，一部には民法 606 条の類推適用によりライセンサの不具合修補義務を肯定する見解もある。本項は，これらライセンサの責任を排除し，不具合については別途締結する保守契約に基づき対応する旨を明確にする規定である。この種の条項の有効性には疑問が呈されることもあるが，裁判例には，クリック・オン契約において，ソフトウェアを現状のままで使用許諾したことは公序良俗に反して無効とまではいえないと説くものがある（前掲東京地判平成 26 年 2 月 18 日）。

　本項のような規定を設けたとしても，有償での提供の場合には，ライセンサが不具合の存在を知りながらこれを秘匿して契約を締結したような場合，ライセンサは契約不適合責任を免れない（民法 572 条）。

　2 項は，本件ソフトウェアがユーザが期待する特定の目的に沿うものであることは保証しない旨を定めた規定である。特定のユーザのためにソフトウェアを開発するような場合でない限り，ライセンサは，個々のユーザが本件ソフトウェアに期待する特定の目的は把握・認識し得ない。そこで，本項は，ライセンサは本件ソフトウェアがユーザの特定目的に適合することを保証するものではないことを明示している。

　本項のような規定は，米国において，契約書に明示的な記載がない場合でもライセンサはユーザの特定目的への適合性について黙示の保証責任を負うとの各州の法律[44]を踏まえ，その適用を排除することを企図して規定されるようになった条項である。日本でも特定目的への適合性が黙示に保証されていると解釈されるかは不明確だが，ライセンサの立場からすれば念のため規定しておくべきであろう。

---

[44]　Uniform Commercial Code（米国統一商法典）§2-315 およびこれに基づく各州の法律で規定されている。

9　第 11 条（エスクロウ）

> ライセンサおよびユーザは，本契約締結から○日以内に，一般財団法人ソフトウェア情報センター（以下本条において「SOFTIC」という。）を加えた三者間で，SOFTIC が定める契約条項によるソフトウェア・エスクロウ契約を締結するものとする。

本条は，ソフトウェア・エスクロウについて定める規定である。

(1)　ライセンサ倒産時のソースコード等の開示

既述のとおり，ソフトウェアライセンス契約では，通常，ユーザにはオブジェクトコードのみが提供・開示され，ソースコードが開示されることはほとんどない。ライセンサが倒産した場合，ユーザは，自らまたは他のベンダに依頼してソフトウェアのメンテナンス等を行わなければならないが，ソースコードがなければ困難である。

ソフトウェア・エスクロウは，上記のような事態に備え，ソフトウェアライセンス契約を締結するにあたって，ソースコードや一定のドキュメント等を第三者（エスクロウ・エージェント）に預託しておき，ライセンサの信用不安が生じた場合に，エスクロウ・エージェントからユーザに当該ソースコード等を開示・提供させる制度である。ユーザにとって有益な制度であるのみならず，ライセンサにとっても，平時の取引過程では営業秘密たるソースコードの開示を留保しつつ，破産等のビジネス継続が困難となった場合に限定してソースコードの開示を約することにより，自社の不利益を回避しつつ，ユーザが安心してソフトウェアを使用できる条件を整備できる点で，有益な制度といえる。

日本におけるエスクロウ・エージェントとしては，一般財団法人ソフトウェア情報センター（SOFTIC）があり，同センター所定のエスクロウ契約書が用意されている。

(2)　ソフトウェア・エスクロウとソフトウェアの使用権原

　長らく，著作権法はライセンスについて対抗要件を備えるための制度を用意していなかったことから，ライセンサが破産等した場合，ユーザは，破産管財人等から，ソフトウェアライセンス契約を解除されてしまうおそれがあると指摘されていた。また，破産等の場合に限らず，ソフトウェアに関する著作権をライセンサが譲渡してしまった場合に，その譲受人からユーザに対して，著作権を行使される（利用の停止を求められる）おそれがあった。そのため，本条に定めるようなソフトウェア・エスクロウ契約を締結し，事実上，ソースコードを改変することができる状態を確保しても，著作権法上の手当てが十分できないのではないかとの懸念もあった[45]。

　こうした事態を回避するために，一般的には，ライセンスの対象となるソフトウェアの権利の譲渡を禁止する規定を盛り込むことになるが（本条項例 19 条），譲渡禁止の合意は，あくまで債権的なものであって，譲渡そのものが無効となることは限定的である（民法 466 条 2 項参照）。

　しかし，令和 2 年著作権法改正により 63 条の 2 が追加され，利用権は「著作物の著作権を取得した者その他の第三者に対抗することができる」ことになり，いわゆる「当然対抗制度」が導入された。ここでいう「その他の第三者」とは，ライセンサの相続人，破産管財人，差押債権者等をいい，「対抗」とは，「利用継続」を意味する。

　もっとも，当然対抗制度のもとで，著作権が譲渡されれば当然に，ソフトウェアライセンス契約のライセンサとしての地位も譲受人等に移転するというものではなく[46]，契約に伴って発生するさまざまな権利義務の取扱いは，個別の解釈に委ねられると考えられる。

---

45)　この点に関しては，ソフトウェアの「実行」は支分権該当行為ではなく，また，必要最低限の複製，翻案は，多くの場合，著作権法 47 条の 3 等で救われるとも指摘されていた。

46)　特許法では平成 23 年に当然対抗制度が導入されているが（同法 99 条），その解釈においても，特許権の譲渡とともにライセンス契約のライセンサの地位が当然に移転するという考え方は支配的ではない。

10　第15条（契約終了時の措置）

> 　事由の如何を問わず本契約が終了したときは，ユーザは，速やかに本件ソフトウェアを本件ソフトウェア使用端末から消去し，その使用を中止しなければならない。

　本条は，契約終了後のユーザの義務を規定するものである。ユーザによるソフトウェアの不正使用を防ぐため，ユーザのソフトウェア使用中止義務を確認的に規定するとともに，ソフトウェアの消去義務を規定している。

　ライセンス契約が解除により終了した場合，ユーザは解除に伴う原状回復義務（民法545条1項）としてソフトウェアの使用中止義務および消去義務を負うと考えられるが，期間満了により終了した場合，ユーザはプログラムの使用を中止する義務は負うものの，プログラムの消去義務まで負うわけではないと考えられる。よって，本条項例は，特に期間満了により契約が終了した場合に意義を有する[47]。

　ところで，本条項例のようにユーザにソフトウェアの使用中止義務を課したとしても，別段の定めがない限り，同義務が履行されたか否かはユーザの申告により判断するほかない。プログラム消去証明書を提出させる方法も考えられるが，ユーザが現実にプログラムの使用を中止したか否かはやはりわからない。そこで，ライセンサとしては，契約終了後のユーザによるソフトウェア使用を確実に中止させるため，技術的な担保措置を講じることが考えられる。

　担保措置を講じることが，裁判所によらずにユーザの義務を強制的に履行させる違法な「自力救済」にあたるとの指摘もある。しかし，ライセンス契約の終了とともに使用中止・消去義務を課すことは当然のことであるし，使用中止に限らず，契約上の義務の履行を担保するために一定の技術

---

[47]　その他，そのような事態が生じる可能性はあまり高くはないと思われるが，契約が錯誤により取り消されたり，何らかの理由で不成立であった場合にも同様の問題が生じ得る。

的な措置が一般的にとられていることからすると，過剰な制限を課すもの（例えば義務違反を検出した場合に，ソフトウェアのみならず PC の使用を制限する等）でない限り問題ない。技術的な措置を講じている場合には，より丁寧に次のような条項とすることも考えられる。

　ユーザは，本契約終了後のユーザによる本件ソフトウェア使用継続禁止を担保するため，ライセンサが本件ソフトウェアについて予め必要な技術的措置を講じていることを了承し，本契約が終了した場合，同技術的措置により本件ソフトウェアの使用が継続できないことを認める。

11　第 19 条（権利義務の譲渡の禁止）

　ライセンサおよびユーザは，相手方の書面による事前の承諾がなければ，本契約上の地位を第三者に承継させ，または本契約に基づく自己の権利義務の全部もしくは一部を第三者に対して譲渡し，承継させ，または担保に供することができない。

　本条は，権利義務の譲渡を禁止・制約する条項である。一般的な契約でもよくみられる条項であり，ソフトウェアライセンス契約に固有の問題は少ないので，基本的な事項の説明は割愛する。

　ところで，著作権ライセンスの当然対抗制度が導入されたとはいえ，ライセンス契約に伴うそれぞれの債権債務の扱いは解釈に委ねられるということはすでに述べたところである。

　そこで，ライセンサ・ユーザともに不安定な地位を解消するためには，2 項として次のような規定を設けることが考えられる。

　前項の規定にかかわらず，ライセンサは，本件ソフトウェアに関する著作

権を第三者に譲渡しようとする場合には，事前に，譲渡先，ユーザ，ライセンサの三者間で，ライセンサの本契約に基づく契約当事者としての地位も併せて譲渡先に移転する旨を合意しなければならない。

　もっとも，ライセンサが上記条項に違反して事前の合意なく著作権を譲渡してしまった場合でも，譲渡そのものは有効であり，この条項の効果は十分ではないと思われるかもしれない。しかし，経済的価値のあるソフトウェアの著作権を譲渡する際には，譲受人は，デュー・デリジェンスを行って当該ソフトウェアについてライセンス契約の存否や，その条件を確認することが一般的である。その際に，当該条項の存在を確認することによって，譲り受けるか否か，その場合，三者間契約を締結するかといったことを検討することになるから，現実にはライセンス契約の地位の移転に伴う紛争は相当程度防ぐことができるものと思われる。

第 4 章

システム保守委託契約

システム保守委託契約について

1 システム保守委託契約とは

本章で取り扱うシステム保守委託契約は，情報処理システム（以下単に「システム」という）のユーザが，システムベンダ[1]に対してシステムの保守に関する業務を委託する際に締結する契約である。

図表 4-1　システム保守委託契約の基本構造

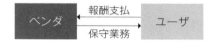

システムの保守については，システムの使用開始後に，継続的に支障なくシステムを使用することを可能とするために実施されるものといった共通理解はあるとしても，保守業務の内容は，システムの性質や，ユーザとの役割分担（ユーザ自身においてどこまでの対応ができるか等），ベンダのシステム構築過程への関わりによってさまざまである。本章は，システムを開発したベンダが，システムの不具合修補やバージョンアップ，システムの使用に際しての問い合わせ対応等の保守業務を対象とする契約を想定して解説する。

システム保守委託契約書のひな形としては，IPA モデル契約に「情報システム保守運用委託基本モデル契約書」としてサンプルが掲載されているほか，JISA モデル契約にもサンプルが掲載されている。

---

1)　**第 6 章**において解説しているような代理店契約のうち，再使用許諾型の場合には，販売代理店に対し保守業務を委託するという構成も考えられる。本章の解説はそのようなケースにも概ね妥当する。

2　システム保守委託契約の必要性・重要性

(1)　システムの不具合の修補という点から見た必要性

　システム（特にソフトウェア）は，有体物とは異なり，一見してその内容が明らかなものではなく，また，複雑な構成となっていることも多いため，納入されたシステムの検収時には発覚しなかった不具合が，使用開始以降に発覚することは多い（むしろ，不具合の一切存在しないシステムは考えにくい）。システムに不具合が生じた場合には，それにより業務に支障が生じるため，いち早くその修補を求めたい状況であることが多い。

　ユーザがシステムの不具合の修補を求めるには，請負契約に基づき提供された納入物である場合には，契約不適合責任に基づく修補等の追完請求（民法562条）を行うことになるだろうし，準委任契約やライセンス契約に基づき提供されたものである場合でも，契約不適合責任を問うことが排除されているわけではない。しかし，修補を求められる範囲は民法に基づいておのずと決まるものではなく，修補の範囲や手続について事前の合意をしておきたいところである。

　また，**第2章**の開発委託契約にて述べたように，契約不適合責任の存続期間は，民法上は契約不適合を知った時から1年以内に通知することで足りるとされていながらも（566条），実務上は引渡しや検収完了などから一定期間に限定されていることが多く，システムの使用期間に比して，修補請求できる期間が短すぎるという問題がある。この期間をすぎた場合には，不具合が発覚するごとに，新規に契約を締結して，修補を委託することが必要となる。

　システムに不具合が生じ，即時にその修補を求めたい状況であるにもかかわらず，不具合が発覚するごとに，開発委託契約やライセンス契約を示して協議を行ったり，新規の契約締結という手続をとらなければならないというのは実務に支障が生ずる。

　保守契約を締結することにより，保守契約の期間中であれば，ただちに修補の請求をすることが可能となるし，煩雑な契約締結手続をとることも回避できる。保守契約には，期間に応じた基本料金が設定される例が多く[2]，

仮に，修補すべき対象がなければ，支払った費用の一部が無駄になる可能性はあるが，修補請求に関する期間の制限がないという点，および，事前に修補にかかる費用の予測がしやすいという点も，保守契約を締結するユーザのメリットといえる。

(2)　不具合ではないシステムの改修・更新（仕様変更・アップデート）という点から見た保守契約の必要性

システムの使用開始時にはユーザの要求どおりに問題なく稼働していた部分（不具合ではなかった部分）も，システムの使用を継続していく中で，時間の経過とともに，使用環境や使用態様が変化し，システムの改修や更新が必要となることがある。

使用環境の変化の例としては，OSやハードウェア，連携して稼働するソフトウェアがアップデートされるケースが考えられる。使用態様の変化をもたらす場合としては，ユーザが業務の運用を変更するといった内部環境の変化のほか，消費税率の変更のようなソフトウェアの仕様に影響する法令改正といった外部環境の変化が考えられる。

使用環境や使用態様が変化した場合には，改修や更新を要するものの，システムの提供時点においては問題のなかった部分についての改修であるから，上記のような不具合の修補請求としてその対応を求めることはできない[3]。そこで，保守契約の対象業務に，上記のような改修や更新といった対応を含めることが考えられる。

なお，上記のような改修や更新は，ベンダの責任に基づくものではないし，ユーザの意向や環境の変化に応じてその規模はいくらでも膨らみ得る。そのため，保守契約において，あらゆる改修や更新を実施することをその内容とすることは現実的ではなく，一定の工数内で対応できる範囲の改

---

2)　業務内容によってその対価の設定の仕方も異なるが，基本料金（月額，年額等）のみにより構成されるケース，基本料金と一定の稼働に対応した追加料金により構成されるケースが一般的である。

3)　ソフトウェアライセンス契約に賃貸借に関する規定（民法601条以下）が類推適用される場合，修補義務に基づいて改修を求めることができるかもしれないが，類推適用すべきではないことについては**第3章**で述べたとおりである。

修・更新に限定したり，一定の事由（法令の改正等）に応じた改修・更新のみに限定したりするといった対応がとられるほか，改修・更新を行う場合の共通的な条件を定めるのみにとどめる[4]といった対応が考えられる。

また，パッケージソフトウェアの保守の場合，OS等の使用環境の変化や，複数のユーザに共通して適用可能な機能改善・追加に合わせて，ベンダがソフトウェアのアップデート版を提供することもある。保守契約の対象業務には，こうしたアップデート版の提供を含めることも多い。

(3)　問い合わせ対応という点から見た保守契約の必要性

システムの提供を受ける場合，マニュアル等のドキュメントも同時に提供されることが通常ではあるが，マニュアルのみではユーザが十分に対応できないことも多く，ユーザからのシステムの使用方法，設定方法等についての問い合わせについて対応するということも保守契約の内容とされることが多い。システムを提供したベンダがアフターサービスとして無償で問い合わせに対応する場合もあり得るが，問い合わせ対応をベンダの法的義務として定めるとともに，その条件を明確にすることは，ユーザ・ベンダ双方にとって有用といえる。

(4)　保守契約の重要性

一般に，システムの開発委託に関する契約は，双方当事者が慎重に検討して交渉が行われることが多いが，開発したシステムを納入した後の取扱いについて定める保守契約の場合，開発業務の終わりの多忙な時期に締結されることが多く，慎重な検討がなされないまま締結されるといった事態に陥りがちである。

しかし，システムの開発委託は，システムの本番稼働前に履行を終えるものであるのに対し，保守契約は，システムの本番稼働後における対応に関するものであり，ひとたび障害が発生した場合，業務に及ぼす影響が大きいため，責任の所在，範囲が問題となることも少なくない。

---

4)　改修・更新は，追加的なソフトウェア開発作業といえるから，運用保守契約に定める改修・更新に関するマネジメントの責任や，納入・検収等の条件は，ソフトウェア開発委託契約で述べたことと同様のことがあてはまる。

　また，保守契約は，システムの開発委託に関する契約と比べて一度に支払う金額は大きくないが，5年，10年以上続く長期継続的契約であることに鑑みると，支払総額は開発委託契約を超えることもしばしばである。

　以上より，保守契約も開発委託契約と同等またはそれ以上に重要なものであるといえるから，慎重な検討・交渉を行った上で締結されるべきである。

3　システム保守契約と開発委託契約に基づく契約不適合責任の関係

　前記のとおり，ユーザがシステムを開発したベンダに対して，不具合の修補を求める場合，保守契約に基づいて修補を求めるほか，契約不適合責任に基づいて修補を請求をすることが考えられる。そして，保守契約に基づいて修補を求める場合には，保守料金が固定であれ，変動するものであれ，有償の対応となるのに対し，契約不適合責任に基づいて修補を求める場合には，すでに支払済みの対価以外には，追加の費用を支払う必要はない。

　ユーザの立場からみれば，本来，契約不適合責任に基づいて無償で修補請求できるべきところ，保守契約を締結して保守料を支払った上で，不具合の修正を求めることになると，結局，契約不適合責任が有名無実化してしまうのではないかという危惧が生じる。そこで，開発委託契約に定められた契約不適合責任と，保守契約に定められた保守業務の履行との関係をどのように考え，どのように両者の棲み分けを図るかという点が問題となる。

　一つの整理としては，契約不適合責任に基づく請求が可能な期間においては，開発委託契約にて定める契約不適合責任に基づく修補請求を行うものとし，当該期間が満了した以降は，保守契約に基づき修補請求できるようにするという考え方があり得る（ただし，この考え方は，民法566条のように期間制限が「知った時から1年」というような不具合を検知した時を基準とするのではなく，**第2章**で述べたような「検収完了時」を基準とすることを前提としている）。その場合，契約不適合期間の満了後において，不具合の修補を

内容とする保守契約を締結するという運用が考えられる（①）。ただし，保守契約には，不具合の修補以外の業務も含まれるから（バージョンアップや，問い合わせ対応等），不具合の修補以外の業務を内容とする保守契約はシステムの使用開始時点を始期として締結し，不具合の修補を内容に含めるのは，契約不適合責任の存続期間が満了した以降とするという方法も考えられる（②）。

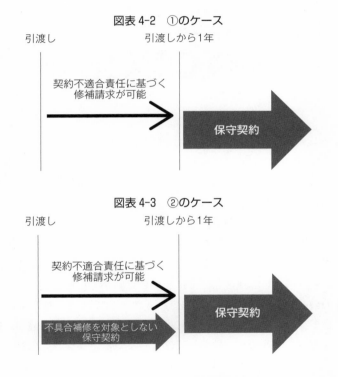

図表 4-2　①のケース

引渡し　　　　　　　　　　引渡しから1年

契約不適合責任に基づく
修補請求が可能

保守契約

図表 4-3　②のケース

引渡し　　　　　　　　　　引渡しから1年

契約不適合責任に基づく
修補請求が可能

保守契約

不具合補修を対象としない
保守契約

　別の考え方としては，ソフトウェア開発委託契約に基づく契約不適合責任を一切排除し，システムの使用開始以降は，すべての修補請求を保守契約に基づく対応として取り扱うという考え方もある。具体的には，ベンダが，システムを開発してユーザに提供するに際して，契約不適合責任に基づく修補等は，すべて保守契約に定める条件に従い，保守契約に基づくものとして実施される旨を定めることとなる。契約不適合責任に関する民法

の規定は任意規定であることから，契約不適合責任を免除する規定も有効であり[5]，このような場合，不具合の修正を求めるには保守契約を締結することが必要となる（③）。

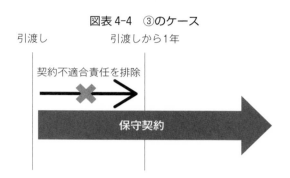

図表4-4　③のケース

引渡し　　　　　　　引渡しから1年

契約不適合責任を排除

保守契約

　もっとも，実務的には，上記のように契約不適合責任と保守契約に基づく修補請求の関係を厳密に区別せず，契約不適合責任の存続期間内であるにもかかわらず，不具合修補を内容に含む保守契約が締結されるなど，いずれに基づく請求も可能といった状況になっている例が多い。本来は契約不適合責任に基づいて修補請求が可能であるにもかかわらず，有償での修補請求を前提とする保守契約を締結すると，ユーザとしては，不要な範囲まで含めた保守契約を締結することとなってしまう可能性があるし，ベンダとしても，修補対応は保守契約に基づき対価が得られることを見込んでいたものの，契約不適合責任に基づくものとして無償で対応することとなってしまうといった問題が起こり得る。必ずしも，契約不適合責任と保守契約に基づく修補請求が併存してはならないというものではないが，両者の関係について両当事者間での対話を通じて共通の理解をした上で，契約を締結する必要がある。

---

5)　民法572条では，担保責任を負わない旨の特約があったとしても，売主が知りながら告げなかった事実等については免責されないことが定められており，担保責任を負わない旨の特約が有効であることが前提とされている。

第2節 システム保守委託契約の条項例と解説

　以下では，システムの保守業務委託に関する基本契約書の条項例および
その趣旨を解説する。

　条項例においては，システム運用保守にかかる業務を委託する当事者
（ユーザ）を「委託者」，受託する当事者（ベンダ）を「受託者」としている。

1　第2条（契約の趣旨）

1　委託者は，受託者に対し，本件システムに関し，以下の業務（以下「本件
　業務」という。）を委託し，受託者はこれを受託する。
　(1)　本件システムに関する委託者からの問い合わせ対応その他関連情報の
　　　提供
　(2)　本件システムの障害調査，不具合の修補（委託者の故意または過失に
　　　よる破損の復旧を含まない。）
　(3)　本件システムのバージョンアップ版の提供（第三者ソフトウェアを除
　　　く。）
　(4)　前各号に密接関連する業務
2　本件業務は，準委任契約に基づいて提供されるものとし，本契約の定め
　に従い，遂行されるものとする。
3　第1項のほか，別途業務委託契約を締結することによって，委託者は，
　受託者に対し，以下の追加業務を委託することができる。
　(1)　本件システムの改善，追加
　(2)　その他本件システムに関する作業
4　追加業務の委託の条件については，委託者と受託者の間で別途締結する
　業務委託契約において定めるものとする。

　本条は，保守契約に基づき，ベンダが実施すべき業務の内容を定めるものである。

　本条項例では，一般的な業務を列挙したが，保守契約は締結される目的もさまざまであるし，その業務の範囲も諸々の状況に応じて異なることから，「保守契約」という名称の契約を締結しているというだけでは，その対象業務が明らかになるものではない。そのため，保守契約においては，まず，その対象となる業務を明確に定めておくことが必要である。

　保守業務の内容を明確にするために定めるべきこととしては，①保守業務の対象となるシステムを明確に定義することと，②行うべき業務の内容・条件を定義することがある。

　本条項例では，本件システムの定義については別紙に定めるものとしているが，保守対象のシステムの定義としては，ソフトウェアのみを対象とするのか，ハードウェアも対象とするのかといった内容を明確にすることが必要である。また，ベンダ自身が提供したソフトウェア・ハードウェアの中に，第三者の提供したソフトウェアが組み込まれているケースや，ベンダが提供したシステムが，第三者の提供するシステムと連携しているケースもある。そのように複数のベンダが関与している場合には，責任の所在があいまいになりがちであるため，どの範囲まで，保守業務の対象とするかを明確にすることが重要である。

　1項1号では，問い合わせ対応を保守業務の対象としているが，ユーザの規模が大きい場合などには，問い合わせが多く寄せられることも想定される。重複した問い合わせの対応や，ユーザ社内での対応が可能な問い合わせについてまで，ベンダにその負担を課すことは，ユーザ・ベンダ双方にとって有益ではないことから，下記のように，ユーザにおける問い合わせの担当者を指定し，その担当者のみから問い合わせができることとするといった対応も考えられる。また，時間や問い合わせ方法を限定しておくことも有効である。なお，委託先担当者への直接の指揮命令が行われて偽装請負となることを避けるためにも，ベンダの連絡先は，担当者個人のアドレスではなく，グループなど，個人に直接紐づかない連絡先を設定しておくことが望ましい。

> 　委託者は，本件業務を依頼し，または提供を受けるにあたって，窓口担当者を選任し，窓口担当者の氏名および連絡先を受託者に通知するものとする。本件業務に関する委託者から受託者への通知，連絡は，窓口担当者から以下の連絡先に対して行うものとする。
>
> 　電子メール：○○○ @ ○○○.co.jp

　1項2号では，本件システムの障害調査，不具合の修補を保守業務の内容として挙げているが，ここでは，上記**第1節3**で述べたとおり，契約不適合責任に基づく不具合修補請求との調整について検討が必要である。具体的には，契約不適合責任の存続期間においては，同号の内容を削除するという方法もあり得るし，同号の内容を含めることを前提に，保守契約の始期を契約不適合責任の存続期間満了時に合わせるという方法も考えられる。

　その他，保守業務提供の条件について，ユーザの事業所等での対応（オンサイトでの対応）を行うのか否かによって，ベンダとしての負担は大きく異なり，対価にも影響するため，オンサイト対応の有無も定めることが考えられる。

　なお，保守業務の詳細について，多岐にわたる条件がある場合には，契約書本文ではなく，保守業務に関するSLA（**第5章第1節3**参照）等の仕様書を別途作成し，その中で，条件の詳細を定めることが考えられる。ただし，単に，契約とは独立した文書として，ベンダが単独で仕様書を作成したとしても，当該仕様書が法的拘束力を有するものとはならない可能性がある。仕様書に従った業務の提供を保守契約の内容とし，法的義務とするためには，2項は以下のようにしておく必要がある。

> 　本件業務は，準委任契約に基づいて提供されるものとし，本契約および保守業務仕様書の定めに従い，遂行されるものとする。

　なお，本契約締結時に，保守業務仕様書の内容が定まっていない場合もありうるが，少なくとも，保守業務仕様書をいずれの当事者が作成し，ど

のような手続をもって内容を確定するかは明確に定めておくべきである。

　3項では，本件システムの改善や追加は，別途の契約を締結することによって委託することができる業務として定めたが，一定の工数内で対応できる範囲の改修・更新や，一定の事由（法令の改正等）に応じた改修・更新について，保守契約に基づき実施すべき業務の範囲に含める（1項の内容として定める）ことも考えられる。

2　第4条（委託報酬）

> 　本件業務の委託報酬は，以下に定める基本保守料および超過保守料から構成されるものとする。
> 　　　基本保守料：月額○円（消費税等別）
> 　　　超過保守料：受託者が委託者に提供した本件業務にかかる稼働時間を
> 　　　　　　　　　1か月ごとに積算し，その時間が○時間を超過した場合
> 　　　　　　　　　に，超過1時間あたり○円（消費税等別）

　本条は，委託報酬を定めるものである。

　本条項例では，料金体系の一例を示した。基本保守料と，一定時間を超えた場合の超過保守料から構成される例である。保守業務の量が見積もりづらい場合，このような料金体系としておくことで，業務量に見合った適切な報酬とすることができる。その他，ユーザの事業所等でのオンサイトサポートについて，別途の料金を設定する例もある。

　また，チケット制のような料金体系を定めているケースもみられる。予め，ユーザが，チケットを一定数購入し，業務の提供件数や，その対応工数の大小に応じて，チケットが消費されていくといったイメージである。

　超過料金を設定したり，チケット制を導入したりせず，固定料金による委託料金を設定する場合には，保守業務の対象を明確に定義しておくことが，より重要となる。

　なお，本条項例では，不具合の修補はその業務の対象とするが，ユーザの故意または過失による破損にかかる不具合の修補については対象外とし

ている。もっとも，ユーザから障害の連絡があった場合に，ベンダが障害の原因を解明して初めて，ユーザの誤った使用方法や，ベンダの認めていない使用環境における使用に基づく不具合であったことが判明することもあり得る。そのように，障害がユーザ・ベンダのいずれの責任により発生したものであるか容易に判別できないケースもあり得ることに鑑み，対応工数に応じた費用負担を定めることも考えられる。

> 　受託者が，委託者の依頼に従って本件システムの障害調査を行った場合に，当該障害が受託者の帰責性に基づくものではないことが判明し，かつ，当該調査に過分の作業工数または費用を要した場合には，受託者は，委託者に対し，委託報酬のほか，当該調査にかかる報酬および費用を請求することができるものとする。

3　第9条（本件業務の終了）

> 1　第三者ソフトウェアが変更され，または，第三者ソフトウェアの提供またはサポートが中止される場合，受託者は，○か月前までに委託者に対して通知することにより，本契約を解約し，本件業務を終了することができるものとする。
> 2　受託者は，前項の解約によって委託者に生じた損害を賠償する責めを負わない。

　本条は，保守契約の終了事由を定めるものである。

　保守業務の対象となるソフトウェアは，必ずしも，すべてが保守ベンダにより一から開発されているものとは限らず，第三者が開発・提供するソフトウェア（第三者ソフトウェア）と連携して稼働していたり，第三者ソフトウェアを組み込んで開発されていることも多い。そして，保守対象のソフトウェアの不具合が，第三者ソフトウェアの不具合や仕様に起因して発

生することもある。

　第三者ソフトウェアの仕様やその内部構造について，保守ベンダにおいて完全に把握することは不可能であり，第三者ソフトウェアの不具合等が発覚した場合には，第三者ソフトウェアを開発したベンダに対して，第三者ソフトウェアの仕様を確認したり，場合によっては，その修補対応の実施を求める必要がある。そのため，保守契約の前提として，ユーザと第三者ソフトウェアのベンダの間でサポート契約を締結することが条件とされていることも多い。そのような場合において，第三者ソフトウェアに関するサポートが終了した場合には，ベンダとしてもユーザに十分な保守業務を提供することが困難となるため，本条項例のように，保守業務を終了する旨の定めを置くことが考えられる。

図表 4-5　第三者ソフトウェアのベンダとのサポート契約が
締結されているケース

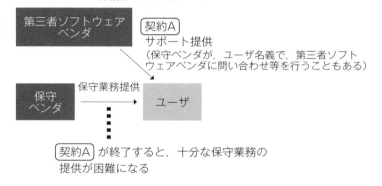

4　第16条（期間）

1　本契約の有効期間は，本契約の締結日から○年間とする。ただし，契約期間満了の○日前までにいずれの当事者からも本契約を終了させる旨の書面による意思表示がなされなかったときは，本契約は同一の条件にてさらに○年間延長されるものとし，以後も同様とする。

　2　本契約が終了した後も，第○条は有効に存続する。

　本条は，契約期間を定めるものである。

　いずれの当事者からも異議が出なかった場合に自動更新されるという定めは，ごく一般的なもので見過ごされがちな条項であるが，保守委託契約においては，このような一般的な自動更新条項でよいのか検討しておきたい。

　本条に従うと，ベンダの一方的な意思表示によって契約期間満了により，契約が終了することとなる。しかし，ユーザとしては，そもそも，技術力やその他の条件面に照らし今まで保守を委託していたベンダと同等のベンダを見つけることは難しいし，また，保守ベンダを切り替えた場合，新ベンダは，一から対象システムについて把握することが必要となるため，業務が非効率となり，その分報酬も増加する可能性があるため，その点からもベンダを切り替えることは難しい（いわゆるベンダロックインの状態）。このような状況下では，ユーザの交渉力が著しく低下し，不相当に高額な報酬を支払うことを求められる可能性すらある。

　他方，ベンダとしても，営業上，当該ユーザとの保守契約から得られる収益への依存度が高い場合において，ユーザの一方的意思表示により契約が期間満了により終了することは不都合である。

　契約期間や更新拒絶の告知期間を定めるにあたっては，ひな形や従来の慣習に従うといったことではなく，ユーザ・ベンダの置かれている状況を考慮し，契約の切り替えに際して十分な期間を確保できているかといった点を十分に吟味するべきである。

　また，この条項例は具体的に日付が書き込まれるようにはなっていないが，上記**第1節3**で述べたとおり，契約不適合責任に基づく修補請求と保守契約に基づく修補請求の棲み分けを図る観点からは，保守業務の開始日についても，契約締結日とは別に検討し，契約上に明記する必要がある。

第 5 章

クラウドサービス利用契約

第1節 ┃ クラウドサービス利用契約について

1 はじめに

　2010年ころから,「クラウド・コンピューティング」という言葉が盛んに使われるようになった。クラウド・コンピューティングの定義として確立したものはないが,例えば経済産業省「クラウドコンピューティングと日本の競争力に関する研究会報告書」(2010年8月)では,「『ネットワークを通じて,情報処理サービスを,必要に応じて提供／利用する』形の情報処理の仕組み(アーキテクチャ)」と説明されている[1]。クラウド・コンピューティングを要素としてユーザに提供されるサービスは「クラウドサービス」と呼ばれる。

　クラウドサービスにはさまざまなものがあるが,代表例としては,メールサービスのGmail,ストレージサービスのDropbox,顧客管理アプリケーションを中心としたSalesforce.comや,サーバ,ストレージといったコンピュータリソースを提供するAmazon Web Services(AWS)等が有名である。当初は,技術的な信頼感,セキュリティの問題,コストやネットワークの帯域の問題から,汎用的なもの,安価なもの,小規模なもの,重要性が低いものに利用範囲が限定されていたが,最近では,企業の基幹系システムなど,高額なもの,大規模なもの,ミッションクリティカルなものへと利

---

1)　他によく用いられる定義として,NIST(米国・国立標準技術研究所)の"Definition of Cloud Computing"(SP800-145)がある。これによれば,「クラウド・コンピューティングとは,自由に設定しうるコンピュータリソース……を,ユーザが共同利用するためにプールしておき,それに対する,ユビキタスで簡便,かつオンデマンドのネットワークアクセスを可能にするモデルであって,それらのコンピュータリソースは,最小限の管理の努力とサービス提供者とのやり取りによって迅速に割り当てられ,運用開始することを可能にするものである」とされている(訳は岡村久道編『クラウド・コンピューティングの法律』(民事法研究会,2012年)3頁より)。

用範囲が拡大してきた[2]。

　クラウドサービスのユーザのメリットとしては，サービス提供者が用意したサービスを，即日，安価に利用できることや，サーバやソフトウェアなどのコンピュータ資産を手元に保有・管理することなく，最新の技術等が組み込まれたサービスを利用できることなどが挙げられる[3]。

　クラウドサービスと呼ばれる用語が一般的になる前からも，通信回線を介して，サーバやソフトウェアを使用させたりするサービスは存在していた。例えば，ネットワークを介してアプリケーションソフトを提供するサービスは，アプリケーション・サービス・プロバイダ（ASP）などと呼ばれていた。そして，これらのサービスにおいても，障害，機能不全等によって利用者に損害が生じた場合のサービス提供者の責任や，データの保全，消失時の責任等の問題は指摘されていた。これらの問題は，クラウドサービスにおいても同様にあてはまるといえるが，クラウドサービスの特徴として，通信技術，通信網の発展により国境を越えたサービス，複数の事業者による多層的サービスが導入される，ということが挙げられ，これによって新たな問題も生じている[4]。

　本章では，ネットワークを介してコンピュータ資源を提供するサービスとして，クラウドサービスを取り上げ，その利用契約について解説する。クラウドサービスの提供者を「サービス提供者」といい，その利用者を「ユーザ」という。なお，上述したとおり，基本的な法律関係は，ネットワークを介してコンピュータ資源を利用するサービス全般において共通するため，

---

2)　各府省情報化統括責任者（CIO）連絡会議は，2018年6月7日に，政府情報システムには，クラウド・バイ・デフォルト原則（クラウドサービスの利用を第一候補とすること）として検討を行っていくことを公表した（政府情報システムにおけるクラウドサービスの利用に係る基本方針）。これを受け，政府共通プラットフォームとしてクラウドサービスが採用された。

3)　ここでいう「最新」には先端の技術のみを意味するものではなく，例えば税務，労務等の法令が改正された場合において，最新のルールに追随したサービスということを含む。利用者自身でこれらの最新ルールに対応することは容易ではなく，この点においてもクラウドサービスの利点がある。

4)　上沼紫野＝岩原将文「クラウドコンピューティングサービスの提供に関わる問題点」一般財団法人ソフトウェア情報センター編『クラウドビジネスと法』（第一法規，2012年）3頁以下参照。

以下の解説，留意点は，クラウドサービス固有のものではなく，その他の
サービスやレンタルサーバ契約等のサービスにおいても多くのポイントは
妥当すると考えられる。

2　クラウドサービス利用契約の特徴

(1)　法的性質

　クラウドサービス利用契約を，あえて民法の定める典型契約に分類する
ならば，サービス提供者に「法律行為でない事務」を委託するものである
として，準委任契約（民法656条，643条）と考えるのが妥当であろう[5]。準
委任契約における受任者の主たる義務は善管注意義務であるが（同法644
条），その内容，程度は，契約の趣旨によってさまざまである。クラウドサー
ビスは高度な技術的専門性を前提とした契約であるため，サービス提供者
は，サービスの提供およびシステムの運営，管理について，高度の注意義
務を負うという考えもある一方で，安価で画一的なサービスを幅広く提供
するという事業の性質上，注意義務の程度を高くし過ぎることは，かえっ
て事業の発展を損なわせる結果になりかねないという考え方もある。

　もっとも，多くのサービスにおいては，サービス提供者が詳細かつ網羅
的な条件を規約で定めたり，サービス内容を定義したりしているから，「善
管注意義務の程度」といった抽象的な議論が意味を持つ場面は多くないだ
ろう。

　また，サービス提供者がユーザに提供するのはソフトウェアではあるが，
純粋なクラウドサービスの場合，ユーザによって複製等の著作物の利用行
為が発生しないのが原則であることから，著作物のライセンスを伴わない。
しかし，クラウドサービスの中には，スマートフォンアプリや，デスクトッ
プアプリと呼ばれるPC側にインストールするソフトウェアの提供を伴う

---

[5]　岡村編・前掲注1）16頁〔岡村〕では，複合的性格を有しているなどを理由に，非
　典型契約であるとする。内閣官房・総務省「第二期政府共通プラットフォームにおけ
　るクラウドサービス調達とその契約に係る報告書」（2020年8月5日）では，政府IT
　調達では請負契約を前提としているものの，「民民の契約においては，（中略）準委任
　契約として締結することが多い」とする（6頁）。

ものも少なくない。その場合は，当該アプリやソフトウェアの部分に関しては，ソフトウェアライセンス契約としての性質も有することになる。

(2)　契約締結プロセス

画一的なサービスを安価に提供するという性質から，サービス提供者とユーザとの間の契約は，サービス提供者が事前に用意した定型フォームの契約条項（約款）が適用されることが多く，ユーザには実質的な交渉の機会が与えられないし，個々のユーザとの交渉によって条件が変更されることは多くない[6]。そのため，多くの場合は，こうした契約条項は定型約款（民法548条の2）に該当すると考えられる。本章では，サービス提供者が提示する契約条件を「クラウドサービス利用規約」と呼び，これが適用されることをユーザが同意することによって成立する契約を「クラウドサービス利用契約」と呼ぶ。

また，契約は，インターネット上でクリック操作を経由させることによって完結させるなど，簡易なプロセスで行われることが多い。これらのプロセスの意義と有効性や，定型約款に関する論点については，**第3章**（ソフトウェアライセンス契約）を参照されたい。

3　SLA とは

クラウドサービスは，一定の仕様に基づくサービスを提供するものであるが，その品質や性能について，ユーザとの認識に齟齬が生じることは少なくない。例えば，「不正アクセスに対して堅牢なシステム」が謳われていたとしても，不正アクセスの手口が日進月歩で変化していることを考えると，サービス提供者は，いかなる攻撃をも防ぐことを保証するという意図は有していないことが通常であろう。他方で，ユーザは，そのような謳い文句を信頼し，不正アクセスが生じればただちにサービス提供者に責任を

---

6)　クラウドサービスの中でも，特に大口のユーザ向けに個別のカスタマイズを行うものはある。そのような場合には，ユーザの要望をサービスの内容や機能に反映するだけでなく，クラウドサービス契約，SLA に反映するべく，交渉することは必須である。

問えると考えるのも無理からぬところである。こうした認識齟齬によるトラブルを防止したり，スムーズな解決を目指すために用意されるのがSLA（サービスレベルアグリーメント）[7]である。

SLAには，セキュリティ，保守，サポートデスクといったサービスのカテゴリごとに，可用性，機密性，信頼性，性能などのサービスレベル条件が定められることが多い。

図表5-1　SLAの例[8]

サービス範囲		項目	内容	サービスレベル
セキュリティサービス	ウィルス対策	機密性	（検知時間）ウィルスを検知してから通知するまでの時間	15分以内
	ファイアウォール	機密性	（検知時間）不正アクセスを検知してから通知するまでの時間	15分以内
保守サービス	ハードウェア障害対応	可用性	（故障率）ハードウェアが故障している時間の比率	0.5%以下
		確実性	（復旧時間）障害発生から障害復旧までの時間	3時間以内

7）電子情報技術産業協会ソリューションサービス事業委員会編著『民間向けITシステムのSLAガイドライン』（日経BP，第4版，2012年）10頁。同書ではITサービス全般について，SLAの標準例，項目が解説されているが，第4版からはクラウドサービスも対象に含めている。ほかに，経済産業省「SaaS向けSLAガイドライン」（2008年1月）（https://www.meti.go.jp/policy/netsecurity/secdoc/contents/downloadfils/080121saasgl.pdf）も参照。

8）電子情報技術産業協会ソリューションサービス事業委員会編著・前掲注7）184頁以下に示されたサンプルより，著者が抜粋・編集した。

ネットワーク サービス	回線通信	可用性	（回線稼働率）故障により停止している時間の比率	0.1%以下
	帯域保証 機能	性能	（帯域保証）	あり
	障害管理	確実性	（障害復旧時間）異常を検出し，復旧するまでの時間	3時間以内

　なお，SLAは**図表5-1**のように項目，内容，サービスレベル（水準）をそれぞれ定めるという形式になっていることが多いが，その水準に達しなかった場合の効果に注目したい。

　例えば，前述のAWSのS3（Simple Storage Service）では，月間の使用可能時間割合が99.0%以上99.9%未満であった場合には，利用者が支払った料金の10%が，95.0%以上99.0%未満だった場合には25%が，95.0%未満だった場合には全額が払い戻される旨が定められている[9]。これは，水準に達しなかった程度に応じて利用料金を減額することを定めた例である。この例のほか，単に努力目標を定めたのみであって，違反時に特段の効果を生じさせない場合もある[10]。SLAを定めたり，その内容を評価したりする際には，違反時の効果について留意する必要がある。

　なお，SLAは，クラウドサービスの利用規約や，契約書とは別の文書として，サービス提供者が一方的に定めることが一般的であるが，契約締結時にSLAが契約の内容に取り込まれることにユーザが同意することによって，契約条件の一部を構成することとなり，サービス提供者とユーザとの間の契約に組み入れられることになる（すなわち，前述の定型約款に該

---

9)　Amazon S3 サービスレベルアグリーメント（https://aws.amazon.com/jp/s3/sla/）（2021年8月20日時点）。

10)　サービスレベルに関する目標や評価基準を定めるだけにとどまるものをSLO（Service Level Objective）と呼ぶことがある。ただし，SLA，SLOという表題の違いによってただちに法的効果が変わるというものではない。

当し，定型約款に関する民法の規定が適用される）。逆にいえば，サービス提供者が一方的にサービスの限界を定めていたとしても，これについてユーザが同意したといえない場合には，SLAの定めた基準さえクリアしていれば免責されるというサービス提供者の期待が保護されるかどうかは疑問である。

4　クラウドサービス利用規約作成上の留意点

第2節では，クラウドサービス利用規約の具体例を提示して注意点を解説するが，それに先立って，クラウドサービス利用規約全体のドラフティングやレビューにあたって留意すべきポイントを挙げる。

(1)　カスタマーサクセスという視点

サブスクリプション（継続課金）型のクラウドサービスでは，ユーザが長期間にわたってサービスを利用することによってLTV（ライフタイムバリュー。当該顧客が将来にわたってもたらす利益・価値）を高めることができる。サブスクリプション型の場合，初期コストをゼロあるいは低額にして導入することになるため，契約を締結するタイミングではサービス提供者には大きな収益は発生せず，ユーザの満足を与え続けて契約が解消されないよう努めなければならない。そのための活動全般をカスタマーサクセスと呼び[11]，その専門の部署を設置するサービス提供者も増えているが，利用規約を担当するリーガル部門においてもこの視点を持つことが重要である。

すなわち，サービス提供者が定める利用規約は，「いざというときに自社を護るもの」という意識が強くなりすぎると，どうしても「一切の責任を負いません」といった免責文言で利用規約全体を固めてしまうようなものになりがちである。また，相対で締結される契約書と異なり，サービス提供者が一方的に契約条件を定めることができるため，自社の利益のみを考

---

11)　一般的には，解約を回避したり，アップセル・クロスセルに繋がるようにアプローチしたりするほか，ユーザのニーズを吸い上げてサービスを改善していく継続的な活動をいう。

慮して起案してしまう傾向にある。しかしながら，こうした守り一辺倒で
バランスを欠く契約条件は，障害が起きたときや，何かユーザが困ったと
きに突き放してしまったり，信頼を失ったりすることに繋がりやすく，サー
ビス提供者の方針（LTVの最大化）とのズレが生じてしまう危険がある。

　したがって，クラウドサービス利用規約をドラフティングする際には，
まず事業全体の方針に適合することが求められるのであり，考えられるリ
スクを洗い出しつつも，それらをすべてヘッジするのではなく，受容可能
なものと識別し，コンセプトやサービス提供者の方針に合致するように心
がけることが必要である。そのためには，利用規約はサービスの一部を構
成するものであるとの意識を持って，事業部門と連携してドラフティング
することが不可欠である。

(2)　データの利用

　クラウドサービスの特徴として，ユーザのサービス利用状況をサービス
提供者が詳細に把握することができるということが挙げられる。例えば，
どの画面のどの機能がどの程度利用されているのか，どの時間帯に利用が
集中するのかといったデータを容易に収集・分析することができる。こう
した利用履歴に関するデータは，サービス内容の改善や保守をする上で非
常に有用な情報となる。さらに，無意識的に蓄積されていく利用履歴など
のほか，実際に投入されたデータをサービス提供者がAIの学習用データ
等として利用することができれば，性能向上にも繋がるだろう。

　他方で，ユーザの立場からみれば，利用状況を逐一モニターされている
状況を好ましいと捉えているとは限らない。また，サービスに投入するデー
タは，それ自体が何かの知的財産権によって保護されるケースばかりでは
ないとしても，個人情報保護法による保護の対象であったり，営業秘密に
属するものであったりする可能性がある。そのため，サービス提供者がこ
れらを自由に利用することについては抵抗が強いと思われる。

　したがって，利用履歴のほか，サービスに投入されたデータを，保守等
のために必要最低限の範囲を超えてサービス提供者が無断で利用すること
は，違法となる可能性があるばかりでなく，ユーザとの信頼関係を維持す
るためにも避けるべきでる。パーソナルデータに関するプライバシーポリ

シーの考え方と同様に，取得するデータの範囲や利用方法を開示するなどの手当てをとっておくべきだろう。この点については，本条項例18条等を参考にしていただきたい。

(3)　サービスの切り替え

　いわゆるオンプレミス[12]のソフトウェアライセンスと違って，クラウドサービスの場合，プログラムもデータもユーザの物理的な管理下にはない。ユーザが別のサービスに乗り換えようと思った場合，旧サービスから新サービスにデータを移行する必要がある。例えば，同じ従業員の勤怠データであっても，サービスごとに項目・形式等のフォーマットが異なるのが通常であるから，移行する際には，①旧サービスからのデータの抽出，②新サービスに適したフォーマットへの変換，③新サービスへのデータの一括投入といった作業が必要になる。そのためには，サービス提供者が，上記の①から③を想定してデータ移行サービスを提供するなどの協力が不可欠となる。ユーザの意思によって契約を終了する場合に限らず，サービス提供者がサービスを閉鎖するという判断をする場合もあり，その際の契約終了に関する手続や，データ移行などを含めた実務上の手続を定めておくことは有用であろう（本条項例33条参照）。

　なお，欧州一般データ保護規則（GDPR）では，利用者がサービス提供者間の移転を容易にし，もってパーソナルデータに対するコントロールを可能にするためにデータポータビリティの権利を定めている。具体的には，データ管理者から，構造化された（structured），一般的に利用され（commonly used），機械可読性ある形式で自己の関係する個人データの提供を受ける権利と（20条1項），それを技術的に可能な限りにおいて，別のデータ管理者に対して直接移行させる権利（同条2項）を定めている。もっとも，データ管理者が，技術的に互換性のあるシステムの導入や維持をも義務付けられるとまではされていない（前文68）。わが国では，データポータビリティに関する権利は，令和2年の改正個人情報保護法においても導入されてはいない。

---

12)　クラウドサービスの登場に伴い，従来型のユーザが管理するコンピュータにソフトウェアをインストールして利用する形態をオンプレミスと呼ぶようになっている。

(4)　カスタマイズ

　クラウドサービスは，基本的にはサービス提供者が提供するシステムのプログラムの変更をすることなく，設定作業さえすれば，すぐに利用することができるケースがほとんどである。しかし，ERPパッケージソフトがアドオン開発を可能にしているように，クラウドサービスにおいても，開発環境が用意され（一種のPaaS[13]），そこでユーザ（あるいはユーザから委託を受けた第三者）がカスタムメイドで開発したソフトウェアを動作させることができるようになっているケースがある[14]。

　この場合，ベースとなるクラウドサービスがバージョンアップした場合に，自らが開発したソフトウェアが動作しなくなってしまうという危険が生じ得る。この問題は，ERPパッケージソフトのアドオン開発等においても同様に存在していたが，オンプレミスで提供されるパッケージソフトの場合には，ユーザが個別にバージョンアップするか否か，いつするか，という判断が可能であったのに対し，クラウドサービスの場合には，クラウド上のサービスがバージョンアップされると，基本的には一斉に機能や構成が変更されることになるため，ユーザがバージョンアップしない，という選択をする余地がない。

　サービス提供者としては，カスタマイズできるという便益を提供しつつも，実際に各ユーザがどのような変更を加えるのかをすべて予想するのは困難であるため，バージョンアップ時に各ユーザが作成したカスタマイズ部分に不具合が生じないことを保証することは困難であろう。そのため，バージョンアップなどの機能変更を行う際の手続，責任の範囲を明らかにしておくことが必要である。

(5)　重層的なサービス

　クラウドサービスの事業者が，すべてのインフラを自前で準備するとは限らない。例えば，クラウドでアプリケーション・サービスを提供するア

---

13)　Platform as a Service。アプリケーションが動作するためのハードウェアのほか，プラットフォームを提供するサービスをいう。

14)　代表的なSaaSであるSalesforce.comでも，Force.comというプラットフォーム上でオリジナルのアプリケーションを開発することができる。

プリケーションベンダ（SaaS事業者）が，自らはアプリケーションのみを開発し，そのインフラ（ミドルウェア，ハードウェア等）は別のサービス提供者が提供するものを利用するというケースは珍しくない（**図表5-2**）。この場合，アプリケーションベンダ（SaaS事業者）は，ミドルウェアベンダ（PaaS事業者）の利用条件を前提としてサービスを提供しなければならないことになる（例えば，ミドルウェアベンダ（PaaS事業者）が，99％しか稼働保証していないとする場合，それを利用するアプリケーションベンダ（SaaS事業者）としては自らの提供するサービスについて99％以上の稼働を保証することは困難である）。

図表5-2　重層的なサービスの例

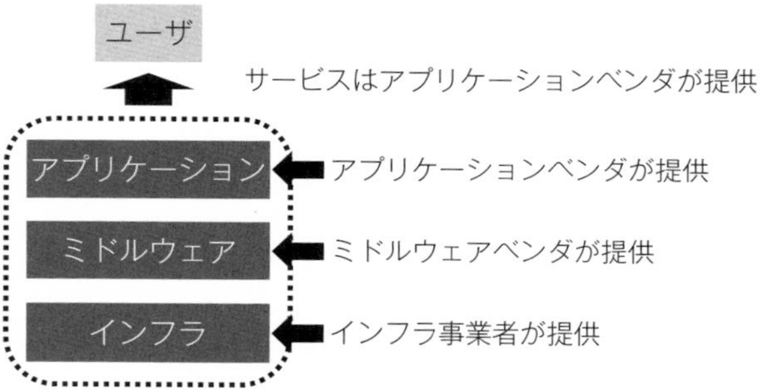

ユーザ

サービスはアプリケーションベンダが提供

アプリケーション　◀ アプリケーションベンダが提供

ミドルウェア　◀ ミドルウェアベンダが提供

インフラ　◀ インフラ事業者が提供

　したがって，自らの契約条件を定める際には，前提となるサービスの提供条件を確認し，適切なリスク配分を検討しなければならない。たしかに，サービス提供者としては，第三者サービスの稼働は保証し難く，停電，自然災害と同様に，不可抗力事由であるとして免責を主張したいところであろう。しかし，ユーザからみれば，サービス提供者が，いかなる第三者サービスを利用しているかは，一般的には関知し得ない事由であり，関知していたとしても，当該第三者サービスの利用可否について判断の機会を与えられていない。したがって，ユーザとしては，どのような第三者サービスが利用されているか，どのようなリスクがあるか，といった説明を求めて，免責条項に合理性があるかを検討することになろう。

(6)　セキュリティ等における責任の分配

　クラウドサービスを利用することにより，データの管理に関するセキュリティなどについてすべての責任はサービス提供者が負担し，ユーザはその責任から解放されるという誤解が生じることがある。たしかに，堅牢なセキュリティを売りにするクラウドサービスを利用する場合，そこで生じた事故に関しては，サービス提供者が責任を負うと考えるのはむしろ自然である。

　しかし，提供されたサービスの設定や，そこで行われる操作，データの取扱いによって生じた結果の責任は，ユーザが負うべきであろう。例えば，ユーザの設定ミスによって，外部からの侵入を容易にしてしまった場合や，IDの管理が杜撰であったためにデータが漏洩してしまったような場合には，ユーザが責任を負うが，サービス提供者が提供しているソフトウェアの不具合やハードウェアの故障によって障害が生じた場合にはサービス提供者が責任を負うといったように，それぞれの責任分界点を定めておくことが重要である[15]。この点は，(1)で述べたカスタマーサクセスと同様に，サービスの方針と適合させる必要があろう。

---

15)　AWSやマイクロソフト等の一部事業者において，責任共有モデルあるいは共同責任モデル（Shared Responsibility Model）という考え方が提唱されている。なお，2020年12月以降に発生した，クラウドサービスにおける設定の不備によってデータが公開状態になっていたという問題に関しては，たしかにユーザの設定によって防止が可能だったとしても，その設定に関する説明の態様や，設定方法によっては，サービス提供者が常に免責されるとはいえないだろう。

第2節　クラウドサービス利用規約の条項例と解説

　以下では，BtoB[16]の SaaS サービスを念頭に置いたクラウドサービス利用規約の条項例を挙げて，重要と思われる条項について解説する。本書の他の条項例と異なり，両当事者が記名捺印する契約書の形式ではなく，契約条件を取りまとめた規約（約款）の形式となっている。したがって，本規約に基づくクラウドサービス利用契約の成立のためには，ユーザがこの規約に従うことに同意するというプロセスがあることが想定されている。規約に従うことが同意されれば，規約の内容は，サービス提供者とユーザ間の契約の内容となる（**第3章第1節2**参照）。

　なお，以下の条項例の作成にあたっては，一般社団法人情報サービス産業協会がまとめた「ASP サービスモデル利用規約」[17]の一部を参考にした。

1　第3条（本規約の適用）

1　当社は，利用契約の内容に従って本サービスの提供を行い，契約者は利用契約および当社が定める条件にてこれを利用するものとします。
2　本サービスの詳細については，別紙 A に記載するものとします。別紙 A は，利用契約の一部を構成するものとします。

　本条は，サービス提供者が，ユーザに対し，サービスの利用を許諾するという基本的法律関係を定めた条項である。ポイントは，サービスの内容について「別紙 A」に記載してあることと，その内容が契約の一部を構成

---

16)　サービス提供者のみならず，利用者（ユーザ）も消費者ではなく事業者であるクラウドサービスをいう。

17)　http://www.jisa.or.jp/Portals/0/resource/legal/download/asp_policy_model.pdf 参照。

するものであるということである。別紙Aは，サービスメニュー，機能，品質などの具体的な仕様が書かれるほか，SLAを含むことを想定している。

　クラウドサービスに限らないことではあるが，サービス提供者から提供・公表される情報には，パンフレット，提案書，サービス説明・仕様書，マニュアル等のさまざまなものがあり，どこまでが契約の内容を構成するのかが問題になることがある。契約の範囲を明確にするために，別紙として添付したもののみが契約の内容になることとし，その他については完全合意条項[18]をもって排除することも考えられよう。もっとも，サービス提供者のウェブサイトやサービス内の注意事項・表示なども，契約の内容に含まれるようにするというポリシーも考えられるところである[19]。その場合には，その旨を，本条にて明記するとともに，その適用優先関係（例えば，別紙Aの内容と，ウェブサイトの注意事項との間で齟齬がある場合，どちらが優先されるのか，等）も明記する必要がある。

2　第4条（本規約の変更）

> 1　当社は，契約者の事前の承諾を得ることなく，本規約を随時変更できるものとします。本規約が変更された後のサービスの提供条件は，変更後の新利用規約に従うものとします。
> 2　当社は，前項の変更を行う場合は，14日以上の予告期間をおいて，変更後の新利用規約の内容を契約者に通知または本サービス上に表示するものとします。ただし，本規約の変更が，契約者の利益となるときは，予告期間を定めないことができるものとします。

---

18)　日本の裁判実務においては，必ずしも契約文言に限らず，当事者の合理的意思を探索することが行われることが少なくないため，完全合意条項があることによって，その他のすべての書面，メール等のやり取りが常に排除されるわけではない。そういう意味では，完全合意条項が万能であると過信すべきではないだろう。

19)　サービス提供者は，ユーザがガイドラインや注意事項に従わないことによって生じた損害について免責されるようにしたい場合には，ガイドライン等が契約条件の一部を構成するというように定めておく必要があるだろう。

3　契約者が変更後の規約に同意できないときは，第31条の規定にかかわ
　　らず，前項の予告期間中に当社に通知することによって，利用契約を解除
　　することができます。

　クラウドサービスは，サービス内容が変更されたり，法規制が変更され
たりすること等によって契約の一部を構成する利用規約の変更が避けられ
ないことがある。そのような場合に，原則どおり，すべてのユーザから変
更について同意を得なければならないとするのは現実的ではない。本条は，
サービスの変更に伴って柔軟に利用規約の内容も変更することが可能であ
ることを定めたものである。

　ただし，クラウドサービス利用規約は，定型約款（民法548条の2）に該
当するケースが多いが，その場合は，変更するためには「相手方（ユーザ）
の一般の利益に適合するとき（548条の4第1項1号）」または「契約をした
目的に反せず，かつ，変更の必要性，変更後の内容の相当性，この条の規
定により定型約款の変更をすることがある旨の定めの有無及びその内容そ
の他の変更に係る事情に照らして合理的なものであるとき（同項2号）」の
いずれかの要件を満たす必要がある。そこで，本条項例では，特に同項2
号の「定型約款を変更することがある旨の定め」を意識して，サービス提
供者が必要に応じて規約の内容を変更することができる旨を定めている。

　もっとも，この規定があることによって，常にサービス提供者がいかな
る変更も可能というわけではない。あくまで同項2号のように「変更の必
要性，変更後の内容の相当性」等に照らして合理的な変更内容になってい
ることが前提であり，ユーザの利益を一方的に害するものについては，変
更の効力が生じない。

　また，変更を行うためには，手続的要件として，変更の効力が発生する
時期を定め，ユーザに対して変更する旨および変更後の利用規約の内容，
効力発生時期を周知しなくてはならない（548条の4第2項）。クラウドサー
ビスの場合には，サービス内のお知らせのページに表示したりすることに
加え，一定期間内にログインしないユーザのことも考慮して，登録メール
アドレスにお知らせページへのリンクを表示するなどの手当てが必要とな
る。また，変更内容がユーザの利益に適合する場合を除いて，周知は効力

発生時期までに完了しておく必要がある（同条 3 項）。民法 548 条の 4 第 1 項 1 号に該当する場合には，事前の周知を必要としないことから，本条項例 2 項のただし書はその旨を定めたものである。ユーザの利益に適合する変更であるかどうかが判断しづらいケースも多いと思われる（例えば，サービスの品質は向上させたが，料金が上昇した場合等）ので，そのような場合には，効力発生時期までに周知しておくべきである。本条項例では事前の周知期間を最低 14 日としたが，周知の予告期間を利用規約に定めることは必須ではない。サービスの性質や変更の重大性やユーザに生じる不利益等を考慮し，最低期間を定めつつも，個別的に期間を設定することが望ましい。

　仮に，社内の情報伝達ミス等により，効力発生時期までに利用規約の変更を周知できなかった場合には，当該変更は効力が生じないことになるため，改めて効力発生時期を定めて周知しなければならない[20]。

3　第 9 条（本サービスの変更）

> 　当社は，本サービスの機能追加，改善を目的として，当社の裁量により本サービスの一部の追加・変更を行うことがあります。ただし，当該追加・変更によって，変更前の本サービスのすべての機能・性能が維持されることを保証するものではありません。

　本条は，本サービスの機能追加，改善等のいわゆるバージョンアップに関する条項である。クラウドサービスは，技術の進化，法令等の制度変更に応じて個々のユーザが投資することなくして機能が追加・変更されることに魅力があるが，一部の機能が削除されたり縮小されたりすることもあり得る。例えば，ある検索画面において，ほとんど使われていないがサーバ等に強い負荷がかかる処理を必要とするような検索条件を取り除くよう

---

20)　立案担当者による解説（村松秀樹＝松尾博憲『定型約款の実務 Q&A』（商事法務，2018 年））では「周知が実際上完了した時点から定型約款の変更の効力が生ずるといった解釈はとることができません」とする（139 頁）。

な場合，一部のユーザにとっては不満が生じるかもしれないが，資源を効率的に活用するためには一定の「割り切り」が必要になるときもある。そのような場合に，すべての変更にユーザが満足するとは限らないことから，本条項例ではただし書を設けて機能・性能が維持されることを保証しないとしている[21]。

　また，**第 1 節 4 (4)** で述べたように，仮にクラウドサービス上でユーザによる個別のカスタマイズが可能になっている場合，当該カスタマイズ箇所がバージョンアップ後も正常に動作するとは限らない。サービス提供者がバージョンアップ後のカスタマイズ部分についての動作保証を避ける場合には，次のような規定を追加することも考えられるだろう。

　当社は，契約者が本サービス上でカスタマイズ，開発したソフトウェア，オブジェクトが，前項の本サービスの追加・変更後も正常に動作することを保証しません。

　もっとも，もともとカスタマイズすることが予定されているサービスであれば，カスタマイズした部分がバージョンアップ後も正常に動作するというユーザの期待は一定程度の合理性を有すると思われる。よって，ユーザがサービス内容に沿って適切にカスタマイズしたにもかかわらず，バージョンアップによってカスタマイズ部分に重大な不具合が生じた場合においても，上記のような免責規定さえあれば常にサービス提供者が免責されるというわけではないことに注意が必要である。

---

21)　2020 年 12 月に顧客情報管理システム内の情報が長期にわたって外部から閲覧できる状態にあったという事象が報道された。これはクラウドサービス提供者のデフォルト設定値が変更されたことに対してユーザが対応していなかったことが原因だとみられているが，これもサービス内容の変更に伴う問題の一つである。このような場合にサービス提供者に責任が生ずるか否かは，設定変更の必要性，内容や影響，ユーザへの周知の有無，方法や，本条項例のような条項の有無などによって決まると考えられる。

4　第11条（ユーザ ID およびパスワード）

1　ユーザ ID およびパスワードは，当社が定める方法および使用条件に基づいて契約者自身が付与するものとします。

2　契約者は，自らの管理責任により，利用ユーザのユーザ ID およびパスワードを不正使用されないよう厳格に管理するものとします。

3　契約者は，いかなる場合も，ユーザ ID を第三者に開示，貸与することはできません。

4　当社は，当社の責めに帰すべき事由による場合を除き，ユーザ ID およびパスワードの不正利用によって契約者に生じた損害について責任を負いません。当社は，当社の責めに帰すべき事由による場合を除き，ユーザ ID とパスワードの認証を行った後に行われた本サービスの利用行為については，すべて契約者に帰属するものとみなすことができます。

　本条は，ユーザ ID，パスワードの管理に関する条項である。本条項例では，一般的なウェブサービスの利用規約と同様に，ユーザ ID，パスワードは厳格にユーザにおいて管理するよう定めるとともに（2項・3項），いわゆる「本人利用みなし条項」[22]を定め，仮に不正利用行為があったとしても，不正利用行為がサービス提供者側の責任で漏洩した等の場合を除いて，当該利用行為による効果は本人たる契約者に帰属することを定めている（4項）。

　また，BtoB クラウドサービスの場合，1つの事業者との契約に対して，1つのユーザ ID が割り当てられるのではなく，例えば勤怠管理のクラウドサービスでは，従業員の人数分のアカウントが必要であるように，サービスを使用する従業員等の数に応じて，複数のユーザ ID を割り当てる必要があることが多い。本条項例では，こうしたサービスを想定して個々のエンドユーザ（利用ユーザ）のユーザ ID は，契約者であるユーザが発行，付与することができることを定めている（1項）。もっとも，発行可能なユー

22)　みなし条項については，森亮二「ソーシャルメディア利用ビジネスと法律問題」一般財団法人ソフトウェア情報センター編・前掲注 4）162 頁参照。

ザ ID 数によってサービス利用料が定められていることが多いため，「使用
条件」の範囲でのみ付与できることとしている。

5　第 16 条（データ管理）

1　契約者は，本サービスの利用に関連して入力，提供または伝送するデー
　タ等について，必要な情報は自己の責任で保全しておくものとします。
2　当社は，契約者が利用する情報に関して，本サービスを提供する設備等
　の故障等により滅失した場合に，その情報を復元する目的でこれを別に記
　録して一定期間保管しますが，復元の義務を負うものではありません。
3　当社は，障害，誤操作等による滅失からの復旧を目的として，契約者の
　入力，登録したデータを保存するための機能を当社の定める内容にて提供
　します。ただし，すべてのデータが当該機能によって保存，復元されるこ
　とを保証するものではありません。なお，当該機能によって復元をする場
　合は，当社が有償で対応します。

　本条は，ユーザのデータに関するサービス提供者の責任，役割を定めた
ものである。過去に，レンタルサーバサービスにおいて障害が発生し，契
約者のデータが消失するという事故が起きているが，クラウドサービスに
おいてもハードウェア，ソフトウェアの障害や運用管理者の操作ミス等に
より同様なことは起こり得る。データは有体物ではなく，容易に複製可能
であるとはいえ，破壊・消失した場合には復旧が困難なことも多く，失わ
れた場合における経済的損失は計り知れない。とはいえ，システムの障害
や操作ミス等によってデータが消失することを完全に防ぐことは容易では
なく，万が一の事故が発生した場合の責任範囲を定めておくことが重要と
なる。

　多くのレンタルサーバサービス約款やクラウドサービス利用規約におい
て，「バックアップはユーザの責任」「データ消失の責任は一切負いません」
と定めているが，これが常に有効といえるかどうかは疑問であり，サービ
スの性質や内容次第だと考える。例えば，単なるストレージサービスであ
れば，ユーザが簡単な作業を行えば，ローカルの PC や，記録媒体にバッ

クアップのデータを保存することも可能であるため，バックアップの責任をユーザに課すことも不合理だとはいえないだろう。しかし，SaaSのように，業務で発生するデータを，ユーザが直接クラウドサービスに入力・保存するようなサービス（会計サービスにおける伝票入力，勤怠管理サービスにおける出退勤の入力等）の場合，ユーザが自らデータのバックアップを取ることはできない。消失する場合に備えて，データを入力する前に，別のファイルにデータを二重入力してバックアップの代替とするなどということはおよそ現実的ではない。さらには，マイナンバーのように，取扱いが限定されている場合には自らバックアップを取ることも制限される。したがって，データ保全責任をユーザに課すのであれば，サービス提供者はそれを可能にする手段（バックアップ，エクスポート等の保存手段のほか，万が一の消失時におけるリストア（復元）手段）を提供していなければならず，そのような手段もないまま一方的に定められた免責規定の有効性には疑問がある。このように，データ消失の責任をすべてユーザに転嫁することが適切かどうかはよく検討しておきたい。

　本条項例は，サービス提供者がユーザのためにデータを保存できるようにする機能を提供するとともに，それを復元させる場合には有償で対応することを定めている（3項）。

6　第17条（個人情報の管理）

1　当社は，本サービスに入力されるデータに個人情報が含まれていた場合，本サービス提供の目的以外で利用しないものとし，個人情報の保護に関する法律および当社個人情報保護方針に基づいて，紛失・破壊・改竄・漏洩等の危険から保護するための合理的な安全管理措置を講じ，厳重に管理するものとします。
2　当社は，本サービスの提供のため必要がなくなった個人情報に関して，一切のコピーを残すことなく，当社責任のもとで速やかに破棄するものとします。
3　本条の規定は，利用契約が終了した後も有効に存続するものとします。

本条は，個人情報の取扱いに関する規定である。

(1)　個人情報保護法に基づく義務

　本条項例で想定されているのは，顧客情報，従業員情報のように，契約者（ユーザ）が取り扱っている個人情報が，本サービスに入力・保管されるデータに含まれているケースである。ユーザは，個人情報取扱事業者（個人情報保護法 2 条 5 項）[23] として，個人データ[24] について安全管理措置を講ずる義務を負うとともに（同法 20 条。令和 3 年改正法では 23 条），その取扱いを第三者に委託する場合には，委託先の監督義務を負う（同法 22 条。令和 3 年改正法では 25 条）。他方，第三者への委託ではなく「第三者提供」にあたる場合には，本人の同意を必要とする（同法 23 条 1 項。令和 3 年改正法では 27 条 1 項）。クラウドサービスに個人情報が記録される場合の法律構成としては，ユーザからサービス提供者への「第三者提供」（同法 23 条 1 項），ユーザからサービス提供者への「委託」（同条 5 項 1 号。令和 3 年改正法では 27 条 5 項 1 号）あるいは，そのいずれでもない場合が考えられる。サービス提供者がユーザとは異なる独自の目的を持って個人情報を利用する意思を有しない場合には，「第三者提供」にはあたらず，「委託」に該当するといえるだろう。また，サービス提供者が個人情報を取り扱わないことを定め，かつ，たとえ個人情報が記録されたとしてもアクセス制御などの技術的手段をもって，取り扱わないことが担保されていれば，「委託」にすらあたらないといえるだろう[25]。

---

23)　令和 3 年 5 月 12 日にいわゆるデジタル改革関連法が成立したことにより，個人情報保護法も一部改正された（以下「令和 3 年改正法」という）。これにより，改正後は個人情報取扱事業者の定義は 16 条 2 項に移された。令和 3 年改正法は，令和 2 年改正法と同じく令和 4 年 4 月 1 日に施行されると思われる。

24)　安全管理措置義務がかかる客体は個人データ（個人情報保護法 2 条 6 項。令和 3 年改正法では 16 条 3 項）である。クラウドサービスのように電子計算機を使用して体系的に個人情報を管理する場合には，個人データに該当するであろう。なお，本文中では一律に「個人情報」と表記する。

25)　個人情報保護委員会「『個人情報の保護に関する法律についてのガイドライン』及び『個人データの漏えい等の事案が発生した場合等の対応について』に関する Q&A」（2017 年 2 月 16 日）Q5-33。

図表 5-3　個人データの取扱いを委託する場合にユーザ・サービス提供者が負う法令上の義務

(2)　実務における対応

　個人情報取扱事業者たるユーザは，クラウドサービスに個人情報の保管を委託する場合は，その運営者であるサービス提供者の監督義務を負うか，自らが個人情報取扱事業者として安全管理措置を講じる義務を負うことになる[26]（**図表5-3**参照）。もっとも，クラウドサービスの場合は，ユーザが，サーバの設置場所，管理状況等を直接監督することは現実的ではないことから，サービス提供者の定めるサービス規約，個人情報の取扱いに関する方針[27]の内容や，第三者機関のISO27001認証等を受けているかどうかといった外形的な基準をもって安全管理措置が適切に講じられるかどうか確認し，監督することになろう。個人情報保護委員会も，この監督義務に関し，サービス提供者が用意している約款等に加えて，ユーザの社内内規を遵守するよう求める覚書を追加的に締結する等の対応までは必ずしも必要ないとしている[28]。

　本条項例では，これらを踏まえて安全管理措置を講じること（1項）等を定めているが，実際には，ユーザからサービス提供者に対し，別途，調査票に回答させたり，外部機関が評価・作成したセキュリティ，プライバシーに関する報告書やサービス提供者が定める管理指針の提出を求めたりするなど，より詳細な確認を行うことが望ましい。

---

26)　個人情報保護委員会・前掲注25）Q5-34 参照。

27)　サービス提供者が，自らのセキュリティ対策（個人情報保護に限らない）についてまとめた資料（ホワイトペーパー）を公表しているケースも増えている。

28)　個人情報保護委員会・前掲注25）Q4-10。

　サービス提供者の視点から見ても，自らが個人情報取扱事業者として安全管理措置を講じる義務を負うとともに（個人情報保護法20条。令和3年改正法では23条），ユーザが監督義務を果たしたことを説明しやすいよう，管理の水準，内容をサービス規約その他の文書に開示していくことが求められる。

　2項は，ユーザの解約後などに個人情報を削除，破棄することを定めたものである。個人情報保護法上も，利用する必要がなくなった場合には遅滞なく消去することが努力義務として定められているが（19条。令和3年改正法では22条），本条項例は，これを契約上義務付けたものである。サービス提供者の立場からは，解約したユーザのデータも「念のために」保持しておきたいというニーズがあるようだが，具体的な利用目的も定まっていないまま保有し続けると，漏洩時のダメージはより大きくなることから，サービスの継続に必要な範囲を除いて削除することが望ましい。なお，**第1節4**(3)で述べたようなサービスの切り替えのために，ユーザがサービスの解約後も一定期間はデータの保持を求めてくるケースがあり得るため，解約時にどのようなタイミング，方法で削除するかは事前に定めておきたいところである。

7　第18条（当社による情報の管理・利用）

1　当社は，本サービスの改良，サービスの維持管理等を目的とする統計調査のため，契約者の本サービスの利用状況，画面・項目の利用頻度等の統計数値を利用し，あるいは統計調査に必要な限度でこれらの情報を解析し，二次加工して活用するものとし，契約者はかかる統計調査，二次加工活用を行うことに同意します。

2　当社は，契約者が入力したデータに関し，善良な管理者による注意をもって機密保持とその管理に努めるものとします。

3　契約者は，当社が，裁判所，その他の法的な権限のある官公庁の命令等により契約者が入力したデータの開示ないし提出を求められた場合は，かかる命令等に従って契約者が入力したデータの開示ないし提出をすることがあることを承諾し，かかる開示ないし提出に対して異議を述べないもの

> とします。

　第 1 節 4(2)で述べたように，ユーザによる利用履歴や，入力したデータは，サービスの開発や保守を行う上で大変重要な情報である。本条 1 項は，サービス提供者が，ユーザのサービス利用状況について一定の限度でモニタリングし，統計情報を利用することができることを定めるとともに，2 項で，ユーザが入力したデータの管理について定めたものである。

　業務アプリケーションに限らず，クラウドサービスにユーザが入力するデータは，ユーザの営業秘密に属する可能性があることから，当該ユーザに対してサービスを提供する目的以外に使用することは原則としてできないと考えるべきである。そのため，適切な管理をすることは当然のことであるが，他の目的で使用する場合があるときは，個別的に使用目的や範囲について許諾を得るか，利用規約において明示しておかなければならない。

　例えば，AI が自然言語による問い合わせに対して回答をするというチャットボットサービスにおいて，ユーザが入力した質問データが，当該 AI の学習データとしても使用される場合には，次のような定めを置くことが考えられる。

> 　契約者は，当社に対し，契約者が入力した質問データを，当社の提供する診断サービスの開発・改良のための学習データとして使用することを許諾します。ただし，当社は，質問データが，他の契約者に対し，当該契約者が特定される形で表示されることがないように使用します。

　3 項は，守秘義務契約などにおいて一般的に定められているように，公的機関に対する開示について定めたものである。具体的なケースとしては，裁判所による文書等提出命令（民事訴訟法 231 条，221 条）や捜査機関による差押え等（刑事訴訟法 218 条 1 項・2 項）などのほか，外国法に基づく開示請求[29]などもあり得る。

---

29)　例えば米国 CLOUD 法（Clarifying Lawful Overseas Use of Data Act）では米国の管轄権に服するプロバイダに対して，米国外に保有等しているデータの開示等を強制することができることを定めている。

8　第28条（免責および損害賠償の制限）

> 1　当社は，本規約の各条項に従って制限された限度においてのみ，本サービスについての責任を負うものとします。当社は，本規約の各条項において保証しないとされている事項，責任を負わないとされている事項，契約者の責任とされている事項については，一切の責任を負いません。
> 2　当社は，当社の責めに帰すべき事由によって本サービスに関して契約者に損害が生じた場合であっても，当社に故意または重過失がある場合を除いて，その賠償責任は，契約者が当社に対して支払った過去6か月分の利用料金を上限とします。
> 3　当社が責任を負う場合であっても，契約者の事業機会の損失，逸失利益，データ滅失・損壊によって生じた損害は，契約責任，不法行為責任その他請求の原因を問わず，賠償の対象外とします。

　本条は，サービス提供者が負うべき責任ならびに損害賠償の範囲を定める条項である。

(1)　免責条項の意義

　2項の条項例のように，多くのクラウドサービスでは，幅広くサービス提供者の免責，責任限定が定められている。一見するとサービス提供者だけが有利で，ユーザに一方的に不利益を及ぼすものであるようにも思える。しかし，クラウドサービスが，安価に画一的サービスを広く提供するものである以上，サービス提供者に過剰な責任を負わせないことにも合理性があり[30]，逆に，一切の損害について賠償責任を負わせなければならないとなると，サービスを持続させることができなくなったり，リスクを織り込

---

[30]　レンタルサーバ事業におけるサーバが故障したという障害について，利用者（直接の契約者ではない）から損害賠償を請求した事案においても，「〔契約者間に適用される〕免責規定を超える責任を負う理由はな」いとし，免責規定そのものは有効であることが前提となっている裁判例がある（東京地判平成21年5月20日判タ1308号260頁）。

んだ価格にならざるを得なくなり，ユーザの不利益になってしまうおそれ
もある。

　本条項例では，故意または重過失がある場合を除いて，賠償額は 6 か月
分の利用料金を上限としている（2 項）。しかし，あまりにも低すぎる上限
額を定めたり，免責の範囲を拡大したりする場合には「相手方の権利を制
限し，又は相手方の義務を加重する条項であって，その定型取引の態様及
びその実情並びに取引上の社会通念に照らして〔注：民法〕第 1 条第 2 項に
規定する基本原則に反して相手方の利益を一方的に害する」ものであると
して合意されなかったものとされたり（民法 548 条の 2 第 2 項），限定解釈
されたりする可能性があるため[31]，一律にすべて免責とするというのでは
なく，サービスの対価と通常想定される損害の額との間で合理的な範囲に
すべきだろう。

　2 項の規定からすると，サービス提供者に「故意または重過失」がある場
合には責任限定がなされず，賠償額が青天井になり得る（もちろん，相当因
果関係の範囲での限定はあるし，他の契約条項による制約は生じる）。「故意」が
ある場合は責任限定条項が適用されないのは当然であるから，実務的には
「重過失」があるかどうかがサービス提供者の責任範囲に大きく影響する
ことになる。

(2)　重過失とは

　「重過失」とは，注意義務違反の程度が甚だしい過失をいい，過失の中で
も軽過失を除いた概念である。「重過失」または「重大な過失」という表現
は，民法 95 条（錯誤），商法 17 条（商号譲受人の責任），会社法 429 条（役員
等の第三者に対する損害賠償責任），特許法 102 条（損害額の推定），消費者契
約法 8 条（事業者の損害賠償の責任を免除する条項の無効）などの各種法令に
おいて多く用いられているが，具体的にどの程度の注意義務違反があれば
重過失と評価し得るのかどうかは，その文言からは明らかではない。

　最判昭和 32 年 7 月 9 日民集 11 巻 7 号 1203 頁は，失火責任法ただし書

---

31)　クラウドサービスの事例ではないが，契約上定められていたが責任限度額が低す
　　ぎるときは信義公平の原則に反するとして，合理的な額を上限とするとした裁判例
　　がある（東京地判平成 16 年 4 月 26 日平成 14 年(ワ)第 19457 号）。

における「重大ナル過失」の意義について次のように述べており，故意と同様の心理状態を指すものと理解している。

> 　「重大な過失とは，通常人に要求される程度の相当な注意をしないでも，わずかの注意さえすれば，たやすく違法有害な結果を予見することができた場合であるのに，漫然これを見すごしたような，ほとんど故意に近い著しい注意欠如の状態を指すものと解する」

　また，近時のシステム障害に関する裁判例（東京高判平成 25 年 7 月 24 日判時 2198 号 27 頁，東京地判平成 26 年 1 月 23 日判時 2221 号 71 頁）では，いずれも重過失の意義について，「結果の予見が可能であり，かつ，容易であること，結果の回避が可能であり，かつ，容易であること」としている。この考え方は，重過失を，注意義務違反の程度が甚だしいものであると捉えている。依然としてこれらの規範から，具体的にどのような行為が「重過失」といえるかは明らかではないが，一般的には重過失といえる範囲はそれほど広いとはいえない[32]。例えば，単純なケアレスミスについては非難可能性が高いとしても，この規範に照らすと重過失とはいえないと考えられる。

(3)　重過失免責規定の有効性

　サービス提供者は，重過失がある場合でも免責（あるいは減責）されるという規定を設けることによって，過失の程度を問わず責任を軽減することができるだろうか。消費者契約その他一定の類型の契約においては，重過失ある場合の責任を限定する規定は無効とされるが（消費者契約法 8 条等），逆にいえば，それらの法令による制限がない限りは，契約自由の原則により重過失ある場合でも責任を限定する規定が有効になるだろうか。

　この点に関し，前掲東京地判平成 26 年 1 月 23 日では，一律に責任を免

---

[32]　なお，本文中で挙げた 2 つの裁判例（東京高判平成 25 年 7 月 24 日，東京地判平成 26 年 1 月 23 日）は，結果的にいずれも一定の事実（一定時期を過ぎても売買停止措置をとらなかったことや，SQL インジェクション対策をとっていなかったこと）について重過失が認められた事例である。

除する条項について，故意または重過失がある場合にまで適用することは著しく衡平を害するものであって，当事者の意思に合致しないと述べて，故意または重過失がある場合には適用しないとした。もっとも，当該事例は，1対1で締結されたシステム開発委託契約の解釈の事例であって，本章で取り扱うクラウドサービスのように安価で画一的なサービスを提供する場合においてもただちに同様の解釈が行われるとはいえない。しかし，改正民法では，定型約款について，「定型取引の態様及びその実情並びに取引上の社会通念に照らして第1条第2項に規定する基本原則〔注：信義則〕に反して相手方の利益を一方的に害すると認められるもの」については合意しなかったものとされる規定が加えられた（いわゆる不当条項規制。548条の2第2項）。立案担当者の解説によれば，この規定によって効力が否定される条項として，「定型約款準備者の故意又は重過失による損害賠償責任を免責する旨の条項」が想定されている[33]。そのため，原則として，重過失の場合にまでサービス提供者の責任を免ずる規定は，不当条項に該当し，免責規定全般が機能しなくなるリスクがあると言わざるを得ず，サービス提供者としては，サービスの価格，内容，想定されるリスク等に照らし，重過失の場合でも免責する必要性，合理性があるといえる場合に限って重過失免責規定を入れることになろう[34]。

9　第29条（本サービスの休止）

> 1　当社は，定時にまたは必要に応じて，保守作業のために，本サービスを一時的に休止することができるものとします。
> 2　当社は，保守作業を行う場合には，事前に契約者に対してその旨を通知するものとします。ただし，緊急の場合には，事前の通知をすることなく本サービスを休止し，事後速やかに契約者に通知するものとします。

---

33)　村松＝松尾・前掲注20）91頁。
34)　以上の点について，松島淳也＝伊藤雅浩『新版　システム開発紛争ハンドブック』（第一法規，2018年）225頁以下も参照。

> 3　第 1 項に定めるほか，当社は，第三者による妨害行為等により本サービスの継続が契約者に重大な支障を与えるおそれがあると判断される場合，その他やむを得ない事由がある場合にも，本サービスを一時的に休止することができるものとします。
>
> 4　当社は，本条に基づいてなされた本サービスの休止によって契約者に生じた不利益，損害について責任を負いません。

　本条は，保守，障害対応のためにサービスが一時的に停止する場合について定めたものである。

　クラウドサービスの場合，設備の保守点検といった計画停止のほか，不測の事故によってサービスが停止してしまうという事態が一定程度は避けられない。ユーザが一定期間サービスを利用できなかったことによる営業上の機会損失等は，いわゆる特別損害だと考えられるから，当該事情が予見可能な場合に限って賠償の対象となる（民法 416 条 2 項）。一般に，サービス停止による損害は，ユーザの使用形態によって異なることから，サービス提供者からは予測し難いといえるが，本条項例では，予測可能性の有無を問わず一律に免責されることを定めている（4 項。ほかに 28 条 3 項も参照）。

　もっとも，こうしたサービスの停止が無制限に許容されるものではないし，停止によって生じたユーザの不利益から一切免責されるものではないと考えられる。そういった場合の調整のために，**第 1 節**で述べた SLA を定め，利用可能時間[35]の何％が稼働していれば免責される，あるいは利用料金の一部返金をもって責任を制限するといった基準を明確化することで，不測の事態が生じた場合のトラブルを極小化することができる。もっとも，こうした免責の範囲，内容は，サービスの内容や利用料金の観点から見て公平，合理的なものであることを要するのであって，明確になっていれば常にサービス提供者が定めた基準が適用されるというものではないという

---

[35]　稼働時間の保証を定める場合でも，何をもって「利用可能時間」とするかについては注意しなければならない。サービスの休止といえども，すべての機能が停止している状態，特定の機能が使えない状態，あるいはレスポンスが低下している状態など，さまざまな状態が考えられるからである。

点は留意すべきである。

10 　第30条（本サービスの廃止）

1　当社は，本サービスの一部または全部を何時でも廃止できる権利を有します。

2　本サービスの一部または全部を廃止する場合，当社は廃止する3か月以上前に当該サービスの契約者に対して通知を行います。

3　当社が予期し得ない事由または法令・規則の制定・改廃，天災等のやむを得ない事由で，サービスを廃止する場合において3か月以上前の通知が不能な場合であっても，当社は可能な限り速やかに契約者に対して通知を行います。

4　本条に定める手続に従って通知がなされたときは，当社は本サービスの廃止の結果について何ら責任を負いません。

　本条は，サービス提供者側の事情によって，サービスを終了（廃止）する際の手続について定めたものである。

　オンプレミスのソフトウェアライセンスの場合，ライセンサが倒産するなどしても，原則としてソフトウェアを使用し続けることは可能である（**第3章第2節9**参照）。しかし，クラウドサービスの場合，サービスの維持・継続のためにはサービス提供者がサーバの維持管理費用等を負担し続けなければならず，当該サービスが不採算となってサービスの終了を決断した場合には，以後，ユーザは，当該サービスを利用することができなくなる。

　第1節2(1)で述べたように，クラウドサービスの契約は，準委任契約としての性質を有するから，いずれの当事者からも，将来にわたって解約することは可能である（民法651条1項）。しかし，利用中のサービスを中途終了させることは，ユーザに不測の損害（他のサービスへの乗り換えにかかるコストや，一定期間利用できないことによる事務コスト等）を生じさせる。民法651条2項は，やむを得ない事由があった場合を除いて，一方当事者に不利な時期に解除した場合には，損害賠償義務を負うと定めている。「不利な時期」「やむを得ない事由」は，サービスの内容，取引当事者の状況等

によってケースバイケースであり，予測可能性を欠くことから，本条項例
では，サービス終了の場合には原則として3か月前に通知することとし（2
項），それらの基準に従う限りでは，サービス提供者は責任を負わない（4
項）としている。

　この予告期間は，ユーザが別のサービスに乗り換える等の必要な対応を
とるために十分な期間であることが必要である。したがって，サービスの
内容，取引の実情に応じて適切に定めることが求められる[36]。

　他方，ユーザからの解約については，参考資料Ⅳの条項例31条で例を挙
げているが，クラウドサービスの場合，ユーザから解約されたとしてもサー
ビス提供者はサービスの継続性に特段の影響を与えるものではないから，
一般的には予告期間をそれほど長くする必要はない。逆に，ユーザからの
解約の際に過剰に長期の予告期間を必要としたり高額の違約金を定めたり
して，解約を著しく制限する条項は，不当条項として合意しなかったもの
とされ（548条の2第2項），民法の原則に従って，即時解約できてしまう可
能性がある。ただし，短期で解約されるとサービス提供者の不利益が大き
いような場合（例えばサービス導入時に初期設定作業などが発生するが，それ
に相当する報酬を請求していないような場合など）には，合理的な限度で最低
利用期間を設けたり，短期解約時の違約金を定めたとしても問題ないと考
えられる。

11　第33条（契約終了後の処理）

> 1　契約者は，理由の如何を問わず利用契約が終了した場合，ただちに本サー
>   ビスの利用を終了し，以後，本サービスを利用することはできません。
> 2　当社は，理由の如何を問わず利用契約が終了した場合，本サービスに格
>   納された一切のデータを契約終了日から○日以内に当社の責任で消去する
>   ものとします。

---

[36]　携帯電話を用いたデータ通信サービスが終了した件に関し，サービス終了の半年
　　前からユーザに通知し，機種変更等の代償措置をとっていたという事案では，サー
　　ビス終了について違法性はないとした事例がある（東京地判平成26年6月10日平
　　成25年(レ)第385号）。

> 3　当社は，前項に基づいてデータを消去したことによって契約者に生じた損害を賠償する義務を負わないものとします。
> 4　前各項にかかわらず，契約者が契約終了日の○日前までに当社に通知した場合は，本サービス内に格納されたデータを有償で提供します。この場合，提供の下記の条件について協議の上決定します。
> 　　(1)データ形式，(2)提供方法，(3)料金および支払条件

　本条は，サービスの利用が終了した場合における各当事者の義務を定める条項である。

　本条項例では，サービス提供者は，ユーザが記録したデータを保全しておく義務を定めていないが（**5**参照），契約が終了した場合には，積極的にこれを削除することを定めている（2項）。契約関係が解消されれば，ユーザが保存したデータを保持し続けることによる漏洩リスクを回避するため，サービス提供者は速やかに削除すべきであるが[37]，一定期間は，ユーザからの問い合わせやデータ提供の要望に応えるために消去しないという選択肢もあり得るだろう。

　また，ユーザが，サービスの利用を終了した後に，他のサービスへ乗り換える場合には，保存したデータの移行が必要になる。4項は，データの移行に必要となるデータ提供の条件，手続を定めた条項である。本条項例では，有償であることのみを定め，具体的な手続や条件は「協議の上決定します」としか定めていないが，サービスの終了段階という限られた時間でデータの移行条件について合意することは困難が予想されるため，可能な限りサービスを定型化しておくことで，サービス終了時の交渉コストを低減しておくことが望ましい（**第1節4**(3)参照）。

---

37)　個人データについては，利用する必要がなくなったときは遅滞なく削除する努力義務が定められている（個人情報保護法 19 条。令和 3 年改正法では 22 条）。

第6章

販売店契約・代理店契約

第1節　販売店契約・代理店契約について

1　はじめに

　本章では，販売店契約および代理店契約について解説する。

　ソフトウェアも，通常の工業製品と同様に，第三者（以下，本節では「パートナー」という）に対し，販売や営業活動を委託することが行われている。クラウドサービスの場合には，販売活動の多くがインターネット上で行われることが増えてきているため，サービス提供者がエンドユーザに対して直接販売しているケースが比較的多いと思われるが，ソフトウェア同様に第三者を介在させて販売しているケースもある（以下，本節ではソフトウェアとクラウドサービスのようなサービスをまとめて「ITサービス」という）。販売の委託を受けたパートナーは，単にベンダの有するITサービスを販売するだけでなく，当該ITサービスをカスタマイズしたり，他のベンダのITサービスを組み合わせて一体のシステムを提供するなどの付加価値の提供も行っている。パートナーがベンダのITサービスを自己の名で販売するOEM取引が行われることも多い。

　このように，ベンダがパートナーに対してITサービスの販売や営業活動を委託する場合に締結されるのが，販売店契約や代理店契約である。

　なお，いずれの形態についても，民法典の定める典型契約には存在しないが，販売するという事務の委託を受けたものと考えられるから，委任契約の規定が適用されるほか，必要に応じて売買契約の規定が準用されることになろう（民法559条）。

2　販売店契約と代理店契約の違い

(1)　前提——本書における「販売店契約」「代理店契約」の定義

　取引の現場では，「販売店契約」と「代理店契約」は意識的に区別されないことが多いようである。両者が合わさった「販売代理店契約」というタイトルの契約書もみられる。これらのタイトルのもと締結される契約を法律的な観点から分析してみると，①パートナーがベンダから IT サービスを仕入れてエンドユーザに販売する形態，②パートナーがベンダの代理人として IT サービスをエンドユーザに販売する形態がある。これらのほか，IT サービスに関する契約で多いのが，③ベンダがパートナーにエンドユーザ候補の獲得・紹介を依頼し，パートナーが紹介したエンドユーザとベンダとの間で契約が成立した場合にベンダからパートナーに手数料が支払われる形態である[1]。

図表 6-1　販売店契約・代理店契約の類型

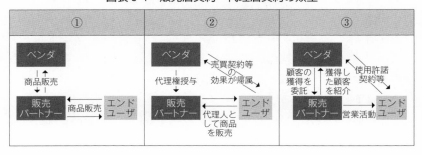

　本章では，上記のうち①を「販売店契約」，②および③を「代理店契約」と呼んで解説する。また，販売店契約や代理店契約を締結して IT サービスの販売を委託する当事者を「ベンダ」と呼ぶこととする。

---

1)　このようなパートナーを指示仲立人と呼ぶが，商法の仲立人に関する規定が適用されるわけではない。江頭憲治郎『商取引法』（弘文堂，第 8 版，2018 年）230 頁注 1 参照。

図表6-2　有体物の販売に関する販売店・代理店の比較

		販売店	代理店
A	売買契約の契約主体	パートナーとエンドユーザ	メーカーとエンドユーザ
B	製品の価格決定権	パートナー	メーカー
C	代金未回収リスク	パートナーが負う	メーカーが負う
D	在庫リスク	パートナーが負う	メーカーが負う
E	売上	販売代金	販売手数料
F	利益	転売差益	販売手数料
G	問い合わせ窓口	パートナー	メーカー
H	パートナーが負担する販売促進費用	比較的大きい	比較的小さい

⑵　**販売店契約と代理店契約の区別——有体物の販売を念頭に置いた一般論**

　販売店契約と代理店契約とでは，メーカー，パートナー，エンドユーザとの間で成立する契約関係が異なる。伝統的に，ハードウェア等の有体物を取扱対象製品とする販売店契約，代理店契約の相違点として挙げられているのは下記の点である。

　販売店契約の場合，パートナーはメーカーから仕入れた製品を自己の名

図表6-3　有体物に関する代理店契約（上記②）

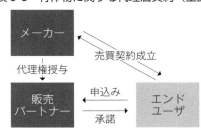

でエンドユーザに販売する。パートナーとエンドユーザの間で締結されるのは，パートナーおよびエンドユーザを契約当事者とする売買契約（民法555条）である。他方，代理店契約のうち，上記②の形態では，パートナーはメーカーの代理人としてエンドユーザと売買契約を締結するので，その効果は本人であるメーカーに直接帰属する（民法99条1項）。よって，この場合の売買契約から生じる権利義務は，メーカーとエンドユーザに帰属する（図表6-3参照）。

　また，上記③の代理店契約の場合，パートナーはメーカーにエンドユーザ候補を紹介するのみであり，製品の売買契約はメーカーとエンドユーザの間で締結される。よって，この場合も売買契約から生じる権利義務はベンダとエンドユーザに帰属する。

　図表6-2 B ないし H は，契約当事者（A）が決まれば自ずと定まる。例えば，製品の価格決定権（B）は，メーカーが売買契約の当事者となる代理店契約の場合にはメーカー，パートナーが売買契約の当事者となる販売店契約の場合はパートナーが有する[2]。代金未回収リスク（C）も，メーカー・パートナーのどちらが売主として代金未回収リスクを負うかという問題であり，契約当事者が決まればそのデフォルトルールは自ずと定まる[3]。

(3)　IT サービスの販売における販売店・代理店の違い

　上記(2)で述べた区別は，有体物に関する販売店契約と代理店契約に関するものである。無体の財産である IT サービスの場合，必ずしもそのまま妥当するものではない。エンドユーザとの間で締結される契約が，有体物を目的物とした売買契約のような引渡しや代金の決済によって取引が完結するような契約と異なり，ソフトウェアライセンス契約のように継続的な契約であることに起因する。

　例えば，IT サービスでは，パートナーを介して IT サービスを販売するときでも，常にパートナーとエンドユーザとの間でソフトウェアライセンス契約やサービス利用契約が締結される（以下「再使用許諾型」という）とい

---

[2]　メーカーが販売店とエンドユーザとの間の売買契約の価格を決定すると，再販売価格の拘束（独占禁止法2条9項4号）にあたり得る。

[3]　もちろん，契約によって異なる扱いを定めることは可能である。

図表6-4　使用許諾に着目したパートナーとの法律関係

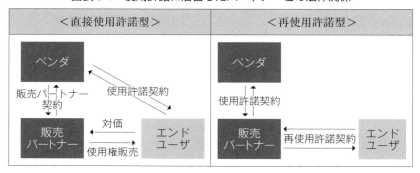

うわけではなく，エンドユーザとベンダの間で直接ソフトウェアライセン
ス契約やサービス利用契約が締結される場合（以下「直接使用許諾型」とい
う）[4]のほうがむしろ多い。特に，対象がオンプレミスのソフトウェアのよ
うに個々のエンドユーザに複製物が提供されるようなケースと異なり，ク
ラウドサービスの場合には，エンドユーザに提供されるものは，どのパー
トナーを経由するとしてもクラウド上に構築された単一のシステムである
ことから，エンドユーザごとに提供者を変えるのではなく，ベンダ（クラウ
ドサービスの運営者）自身が契約当事者になる場合がほとんどであろう。IT
サービスに関しては，代理店契約と販売店契約を区別することによって自
ずと当事者間の法律関係が定まるわけではなく，個別のビジネス，サービ
スに応じて柔軟に法律関係を設計することが求められる。
　また，有体物の場合は販売店契約か代理店契約かにより在庫リスクを負
う者が異なるが（図表6-2 D），ITサービスは在庫リスクをほとんど考慮す
る必要がない。クラウドサービスのようなサービス使用権の販売の場合，
文字どおり権利の販売であるため在庫は観念し得ないのが通常であるし，
媒体に格納されたソフトウェアに関しても，パートナーがマスタソフト
ウェアを保有してエンドユーザへの販売の都度複製しているような場合を

---

4)　この場合にパートナーがエンドユーザに販売している目的物が何なのかが問題に
　なり得るが，ベンダと契約を締結することによりベンダが提供するサービスないし
　ソフトウェアを使用できる権利（ソフトウェアの記録媒体が存在する場合には，そ
　の所有権を含む），といった程度に捉えておけば足りると思われる。

想定すれば，やはり在庫リスクはほぼ考慮する必要がない。エンドユーザへの販売に先立ち，パートナーが予めベンダから一定数のサービス使用権等を購入するような取引形態では在庫リスクが観念し得るが，現在はこのような取引形態はあまり多くない。この点でも，ITサービスについては上記(2)で述べたような区別は妥当しない[5]。

　問い合わせ窓口の決定にあたっても，代理店契約か販売店契約かという区別はあまり大きな意味を持たず，直接使用許諾型か再使用許諾型か，パートナーの能力，ITサービスの特性，その他諸般の事情を考慮して個別に決定されているのが実情と思われる。

　このように，ITサービスについては，有体物に関して用いられてきた「代理店契約」と「販売店契約」による区別の意義は乏しい。あえて何らかの形でパートナー契約を類型別に分けて検討するとすれば，直接使用許諾型か再使用許諾型かという観点で分けて検討するのが有益と思われる。かかる観点からITサービスに関するベンダ・パートナーの関係を整理すると，**図表6-5**のようになる。このように，特にクラウドサービスの直接使用許諾型の場合には，ITサービスの利用契約は，エンドユーザとベンダとの間で締結され，有体物の移動も伴わないことから，もはや「代理店」「販売店」というよりは，「営業活動の業務委託」というイメージに近い。

---

5)　ただし，アプライアンス（ストレージやルータなどの特定機能のソフトウェアを搭載したハードウェア）の場合，ハードウェアとソフトウェアが一体化されており，(2)で述べたような有体物に寄せて考える場合もあれば，(3)で述べるようにITサービスとして取り扱った上で，付属品としてハードウェアの取扱いを考慮するということも考えられる。

図表 6-5　IT サービスに関する再使用許諾型，直接使用許諾型の比較

	項目	再使用許諾型 （販売店の一部）	直接使用許諾型 （代理店＋販売店の一部）
A	IT サービスの 契約主体	パートナーと エンドユーザ	ベンダとエンドユーザ
B	価格決定権	パートナー	ベンダ
C	代金未回収リスク	パートナー	ベンダ
D	在庫リスク	取引形態によるが，考慮する 必要がない場合が多い	
E	売上	再使用許諾料	販売手数料
F	利益	転売差益	販売手数料
G	問い合わせ窓口	パートナーとすること が多いが，契約次第	ベンダとすることが 多いが，契約次第
H	パートナーが 負担する 販売促進費用	比較的多いが， 契約次第	比較的少ないが， 契約次第

　再使用許諾型の場合，サービスの開発者・権利者であるベンダとエンド
ユーザとの間で直接の契約関係が存在しない。そのため，販売店契約が終
了した場合の取扱いに留意しなければならない。すなわち，不動産の転貸
借契約と同様に考えれば，元の賃貸借契約が終了した場合には，転借人が
物件を使用収益する権利を失ってしまうが，それではエンドユーザの立場
を不安定にすることになるし，ベンダとしても好ましいこととはいえない。
そのため，再使用許諾型を採用する場合には，契約終了時におけるエンド
ユーザとの契約の取扱いについて考慮する必要があろう。

第2節 | 販売店契約・代理店契約の条項例と解説

　本節では，**第1節**での説明を踏まえ，販売店契約・代理店契約の条項例を解説する。**第1節**で説明したとおり，IT サービスに関する販売店・代理店契約では，販売店契約か代理店契約かという区別よりも，ベンダとエンドユーザとの間で直接契約が締結されるか（直接使用許諾型），パートナーとエンドユーザとの間で IT サービスの契約が締結されるか（再使用許諾型）という区別が重要である。そこで，以下では，上記類型ごとに契約書の条項例を説明する。

I ベンダからエンドユーザに直接使用許諾される契約書の条項例（直接使用許諾型）

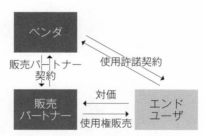

再掲：**図表 6-4** 左欄。ここで紹介するのは，ベンダ・パートナー間の販売パートナー契約の条項例。

1 第2条（契約の趣旨）

　1　ベンダは，パートナーを，本地域においてエンドユーザに対し本件ソフ

トウェア使用権を販売する非独占的な販売パートナーに指名し，パートナーは，これを承諾する。ベンダは，パートナーに対し，かかる指名に基づき，本契約の有効期間中，本契約の条件に基づいて，本地域においてエンドユーザに対し本件ソフトウェア使用権を販売する譲渡不能の非独占的な権利を付与する。

2　パートナーは，前項に基づいて，エンドユーザに対し，本件ソフトウェア使用権の営業・販売活動を実施する。ただし，パートナーは，自己の名でエンドユーザに対し本件ソフトウェアの使用を許諾する権利を有しない。

3　本契約は，ベンダが本地域において，エンドユーザに対して本件ソフトウェアに関する営業・販売活動をすることを妨げない。

　本条は，本契約の趣旨を定める規定である。

　1項は，パートナーの指名および承諾を定めた規定である。本条項例では，本契約に基づきパートナーがソフトウェアの使用権を販売する場合を想定し，当該ソフトウェアを「本件ソフトウェア」と定義している。クラウドサービス使用権など，ソフトウェア以外のサービスの販売を委託する場合には，「本件ソフトウェア」を「本件サービス」等に置き換えることが考えられる。また，1項では，「非独占的」な販売パートナーの指名としている。「独占的」な販売パートナーとした場合，ベンダは他の事業者からの求めがあったとしても新たにパートナーを指名することができない。他方，本条項例のように「非独占的」なパートナー契約では，ベンダは他のパートナーに本件ソフトウェアの販売を委託するなど，同様の契約を締結することができる。

　有体物の販売の場合には，「独占的」販売代理の場合には，テリトリー制を定めて当該テリトリー内に限って独占権を与える例もあるが，現代では物理的なロケーションはあまり重要な意味を持たないため，IT サービスの販売店・代理店契約では，あまりテリトリー制が敷かれることはない。例えば，医薬品業界向けなど，業種その他の切り口で部分的な独占権を定める場合でも，その区分けが明確になっていないと独占権の範囲に属するか否かというトラブルになりやすいので注意しておきたい。

　なお，「独占的」と明示しない限り「非独占的」な契約と解釈されるのが

通常であろうが，取引実態等から「独占的」なパートナーであると解釈される可能性は否定できない。疑義が生じないようにするためにも，独占・非独占の別は明示しておくべきである。

　2項は，パートナーは本件ソフトウェア使用権の営業・販売活動を行い得るものの，自己の名で本件ソフトウェアの使用許諾を行うことはできない旨を定める規定である。本条項例6条4項等と相俟って，本契約がベンダ＝エンドユーザ間で本件ソフトウェアに関するライセンス契約が締結される類型（直接使用許諾型）であることを表現した規定である。

　3項は，ベンダ自身による本件ソフトウェア使用権の販売が禁止されない旨の規定である。特段の定めがない限り，ベンダは本件ソフトウェアに関する営業・販売活動を自由になし得ると考えられるが，ベンダ自身が営業・販売活動をすることによってパートナーと競合関係に立つことから，注意的に規定した。本条項例は非独占的なパートナーの指名としているが，独占的なパートナーを指名した場合にはベンダ自身も営業・販売活動をなし得ないものと解釈される可能性があるため，ベンダ自身も明示しておくことが望ましい。

2　第3条（二次販売パートナー）

1　パートナーは，ベンダに対し，事前に書面による通知を行った上で，他の者を，二次販売パートナーとして指名し，本契約によりパートナーに付与された権利の範囲内で，本契約の条件に基づいて，本地域においてエンドユーザに対し本件ソフトウェア使用権を販売する譲渡不能の非独占的な権利を付与することができる。

2　パートナーは，二次販売パートナーに対し，本契約に基づき自己が負う義務と同等の義務を負わせるものとする。

3　パートナーは，二次販売パートナーの選任および指定にかかる責任および費用をすべて負担するものとし，二次販売パートナーの業務履行等に関する一切の責任を負うものとする。二次販売パートナーの行為に起因して発生したクレーム，損害賠償請求その他の請求または主張等については，パートナーの費用と責任で解決するものとし，ベンダは一切の責任を負わ

ないものとする。
4　パートナーは，二次販売パートナーを指定した場合といえども，本契約
　に基づきパートナーが負担する義務の履行責任を免れるものではない。
5　二次販売パートナーが，さらに三次販売パートナーを指名することはで
　きないものとする。

　本条は，パートナーによる二次販売パートナーの指名に関する規定であ
る。「二次販売パートナー」の定義については，参考資料**V**の条項例1条4
号を参照されたい。

　本条項例では，パートナーが有する販売網を活用しつつ（1項），二次販
売パートナーの行為については，これを選定・コントロールし得るパート
ナーが責任を負う旨を規定している（2項・3項）[6]。ベンダとしては，二次
販売パートナーを認めることにより販路が広げられる反面，ベンダ自身の
コントロールが効きにくくなるというデメリットもある。条項例のような
定めのほか，二次販売パートナーの指名は一切認めないこととしたり，ベ
ンダが個別に許可した二次販売パートナーの指名のみ認めるといったパ
ターンがあり得る。

　4項は，パートナーは二次販売パートナーを指名した後も本契約に基づ
く義務を免れない旨を注意的に規定するものである。

　5項は，二次販売パートナーによる三次販売パートナーの指名を禁じる
規定である。二次販売パートナーがさらに三次販売パートナーを指名でき
るとすると，ベンダによるパートナーの管理・販売網の把握が一層困難に
なること等が想定されるため，これを禁止している。

3　第4条（販売支援）

1　ベンダは，パートナーによる営業・販売活動を支援するため，本件ソフ
　トウェアに関する次の各号に定める支援活動を必要に応じて行う。

---

6)　販売店に関する契約の性質が準委任契約と解されることから，原則として受任者
　は復委任をすることができないため（民法644条の2），二次販売パートナーの指名
　を可能にする場合には明示的にその旨を定めておく必要がある。

(1)　カタログ，パンフレットの作成，配布

(2)　パートナーに対する製品説明，使用方法等の講習・教育の実施

(3)　情報提供

(4)　その他ベンダが必要または適当と認める援助および指導

2　前項各号の支援活動の具体的内容，実施時期，有償無償の別および有償の場合の対価の額については，両当事者協議の上別途定める。

本条は，ベンダのパートナーに対する販売支援について定める規定である。

パートナーは，ベンダの協力がなければ本件ソフトウェアの機能・性能を正確に把握することができないため，1項で，ベンダが行う販売支援の内容を記載するとともに，2項で，販売支援の条件等については当事者間の協議により定める旨を規定している。実務的に可能である場合，販売支援の内容や対価等は，可能な限り具体的に定めておくことが望ましい。

4　第5条（使用環境の提供）

1　ベンダは，パートナーの希望がある場合，パートナーが本件ソフトウェアを使用できる環境（以下本条において「テスト環境」という。）を，無償で提供する。

2　パートナーは，前項のテスト環境を，本件ソフトウェアの営業・販売活動目的でのみ使用することができる。パートナーはベンダが同意した場合を除き，その他の目的（収益目的での利用を含むがこの限りではない。）にテスト環境を使用することはできない。

本条は，本件ソフトウェアに関するテスト環境の提供について定める規定である。

パートナーが，本件ソフトウェアの内容をより深く理解したり，エンドユーザに対してデモを実施したりするためには，実際にパートナー自らが

本件ソフトウェアを使用する環境が必要になることがある。本条項例は，そのような場面を想定し，ベンダがパートナーに対して営業活動のために本件ソフトウェアを使用できるテスト環境を無償で用意することや（1項），その場合のテスト環境の使用条件を規定している（1項・2項）。

　あえてこのような条項を置かず，ベンダとパートナー間で，別途，本件ソフトウェアのライセンス契約を取り交わすことも考えられるだろう。

5　第6条（パートナーの義務等）

1　パートナーは，善良な管理者の注意をもって誠実に本件ソフトウェアの営業・販売活動を行うものとする。

2　パートナーは，本件ソフトウェアの営業・販売活動を行うに際し，ベンダの商号，商標，本件ソフトウェアの商標等を使用するときは，ベンダが事前に承諾した範囲内においてのみ使用することができる。

3　パートナーは，本件ソフトウェアの機能，内容，使用方法の理解に努め，本件ソフトウェアの営業・販売活動を行うにあたり，適切かつ正確な説明を行わなければならない。

4　パートナーは，本件ソフトウェア使用権を販売するにあたっては，ベンダとエンドユーザとの間で，ベンダ所定の内容の本件ソフトウェアライセンス契約を締結する必要があることを説明しなければならない。

5　本件ソフトウェアに関するエンドユーザからの問い合わせおよび情報提供の窓口は，パートナーが担当する。パートナーは，エンドユーザからの問い合わせ，クレーム，要望等が挙げられたときは，真摯に対応し，かつ，ベンダに対し，適時にこれを通知しなければならない。

6　ベンダは，前項の通知のほか，パートナーに対し，本件ソフトウェアに関するエンドユーザからの要望，問い合わせ内容その他の情報の提供を求めることができる。

本条は，パートナーの義務を定めた規定である。

(1)　パートナーの義務に関する総則

　1項は，パートナーの義務に関する総則的な規定である。販路拡大のために締結する契約は，エンドユーザ候補者の獲得に関する営業・販売活動などの事務を委任するものであり，準委任契約（民法656条）の性質を有することが多いと思われる。法律上，準委任契約の受任者は当然に善管注意義務を負うとされているが（民法656条，644条），このことを明らかにするために本項を設けている。2項以下のパートナーの義務も善管注意義務の具体的な内容とみることができるが，パートナーが負う義務はこれらの義務に限定されるものではなく，代理店として求められる高度な注意義務を負うことを確認的に定めたものである。

(2)　商号等の使用

　2項は，パートナーによるベンダの商号，商標や本件ソフトウェアに関する商標等の使用について，ベンダの事前承諾を求める規定である。パートナーがベンダ保有の商標を適切に使用しない場合，エンドユーザが本件ソフトウェアはパートナーが開発した製品であると誤解するなど，本件ソフトウェアの出所が誤認されてしまうおそれがある[7]。本項は，このような事態を回避するべく，パートナーによるベンダの商標等の使用を適切にコントロールするための規定である。

　商標の使用条件については，別途ベンダが「商標使用基準」などのより詳細な基準を定めることがある。こうした別途定める使用条件を遵守することも契約条件として定めることが考えられる。

(3)　説明義務

　3項は，パートナーに対し，本件ソフトウェアについてエンドユーザに適切かつ正確な説明を行うよう義務付ける規定である。パートナーの説明が不適切あるいは不正確であると，エンドユーザが，「事前に説明を受けていたような機能がない」などと，ベンダないし本件ソフトウェアに対する不満を抱くことになり，場合によっては契約解除等のトラブルにも発展し

---

7)　他人の業務に係る商品やサービスと混同を生じさせてしまったような場合には商標権の取消事由にもなる（商標法53条）。

得る。本項は，こうした事態の回避を意図した規定である。

　4項は，パートナーに対し，エンドユーザが本件ソフトウェアを使用するためにはベンダとベンダ所定のソフトウェアライセンス契約を締結しなければならない旨の説明義務を課す規定である。**第1節**で説明したとおり，ITサービスについては，パートナーからエンドユーザに再使用許諾するケース，ベンダからエンドユーザに直接使用許諾するケースがあるため，本件ソフトウェアの使用についてはベンダと直接ベンダ所定の契約を締結する必要がある旨の説明義務を課すものである。

(4)　窓口業務

　5項は，パートナーがエンドユーザからの問い合わせ等に関する窓口業務を行う旨を定める規定である。本条項例が対象とするソフトウェア取引は，ベンダが契約当事者として直接エンドユーザにソフトウェアの使用許諾を行うものであるため，本項のような規定がない場合，契約当事者であるベンダにおいてエンドユーザからの問い合わせ対応を行う義務が生じる可能性がある。直接使用許諾型の契約において，パートナーに窓口業務を委託するのであれば，本項のように明示的に規定しておくべきである。本条項例では，窓口業務の内容として，エンドユーザからの問い合わせへの対応およびこれに対するベンダへの通知義務を規定している。障害や不具合の切り分け等をパートナーに任せ，その場で解決できない場合にベンダにエスカレーションする場合もある。これらについては，どこまでがパートナーの義務となるのか，疑義を残さないように可能な範囲で具体的に規定しておくことが有益である。

(5)　報告義務

　6項は，ベンダがパートナーから5項以外の情報を聴取できる旨を定めた規定である。本項のような規定がなくとも，パートナーはベンダに対し，「委任事務の処理の状況」を報告する義務を負うものと解されるが（民法656条，645条），民法上の報告義務がどのような事項まで及ぶかは必ずしも明確ではない。そこで，本項は，少なくとも「エンドユーザからの要望，問い合わせ内容」はパートナーによる報告義務の対象になることを規定し

ている。

(6)　保守契約

以上のほか，パートナーがエンドユーザと直接保守契約を締結することが想定される場合には，次のような注意事項を定めることもある。

　パートナーは，本件ソフトウェアに関して，エンドユーザとの間で保守契約その他の契約を締結する場合，当該契約の当事者はパートナーであり，当該契約に基づく義務はパートナーが負うものであること，およびベンダは当該契約について一切の責任を負うものではないことを，エンドユーザに説明するものとする。

　この条項例では，本件ソフトウェアの使用に関する契約がベンダとエンドユーザとの間で締結されるからといって，エンドユーザにおいて，パートナーとエンドユーザとの間で締結された保守契約についてもベンダが責任を負うとの誤解が生じないよう，パートナーに説明義務を課している。

6　第7条（製品等の変更）

1　ベンダは，パートナーに事前または事後に通知することにより，自らの裁量により本件ソフトウェアの仕様もしくは機能を変更（一部の削除を含む。）し，または本件ソフトウェアライセンス契約の内容を変更することができる。

2　パートナーは，前項の通知を受領した後は，変更後の内容に基づいて本件ソフトウェアの営業・販売活動を行う。

3　パートナーは，第1項の通知を受領した場合，二次販売パートナーに対し，遅滞なく同様の通知を行う。

　本条は，ベンダによる本件ソフトウェア等の変更について規定する条項

である。

　ベンダがパートナーと契約を締結する際，パートナーが販売する本件ソフトウェアの仕様やバージョンは確定しているのが通常である。そのため，本契約の対象製品は本契約締結時のバージョンの本件ソフトウェアに限るとの解釈も生じ得るので，本条では，本契約締結後もベンダは本件ソフトウェアのバージョンアップ等を行い得ることや（1項），パートナーはバージョンアップ後の本件ソフトウェアを販売できることを規定している（2項）。逆に，バージョンアップ後は，旧バージョンを販売することができない場合には，その旨を明示する必要がある。本条項例では，仕様を変更した場合には通知が必要であるとしているが，クラウドサービスのようにベンダ側の裁量で軽微な仕様や設定の変更が可能である場合には，仕様の変更についての通知を逐一要さないというような定め方もあろう。

　3項は，二次販売パートナーへの通知を，ベンダに代わってパートナーに実施させる旨の規定である。本項のような規定がない場合，ベンダにおいて二次販売パートナーに対する通知を行うことになると解されるが，本項はその通知義務を販売パートナーに負わせる点に意義がある。

7　第8条（営業・販売活動の報告）

> 1　パートナーは，ベンダに対し，パートナーまたは二次販売パートナーの本件ソフトウェアの営業・販売活動の結果によって得られたエンドユーザの候補となる者（以下「エンドユーザ候補者」という。）の名称その他必要な情報を遅滞なく通知する。
> 2　ベンダは，パートナーから通知されたエンドユーザ候補者が，本件ソフトウェアに関し，すでに，ベンダまたは他のパートナー（パートナーが指名した二次販売パートナーを除く。以下同じ。）のエンドユーザ候補者であるかどうかを遅滞なく回答する。当該エンドユーザ候補者がすでにベンダまたは他のパートナーのエンドユーザ候補者であったときは，パートナーは，当該エンドユーザ候補者についての販売手数料を受領する権利を有しない。

　本条は，パートナーの営業・販売活動の報告手続について規定する条項である。本条項例6条6項でも報告義務を規定しているが，販売・営業活動に関する情報は販売手数料発生の根拠となるため，本条で別途規定している。本条項例はあくまで一例だが，現実の業務フローに即して記載する必要がある。ただし，あまりに詳細な手続を契約条項に定めてしまうと柔軟性を欠くことになるため，基本的な記載にとどめて抽象化しておくことが望ましい。

　1項は，パートナーのベンダに対するエンドユーザ候補者の情報の通知義務を定めた規定である。

　2項は，複数のパートナーから同一のエンドユーザ候補について通知を受けた場合の調整規定である。本項のような定めがない場合，複数のパートナーから同一のエンドユーザ候補について通知を受け，当該エンドユーザ候補とベンダの間でソフトウェアライセンス契約が成立した場合，ベンダは通知をしたパートナーすべてに手数料を支払わなければならないという事態も生じ得る。そこで，本項では前項の通知義務を前提に，最も早くエンドユーザ候補をベンダに通知したパートナーのみがエンドユーザ獲得による販売手数料を取得できる旨規定している。ベンダ自身の営業活動により獲得したエンドユーザ候補との調整についても同じ扱いとしている。

8　第9条（成約・販売手数料）

1　パートナーは，本件ソフトウェア使用権を販売するにあたっては，エンドユーザ候補者に対し，ベンダ所定の申込書の提出を求めるものとし，ベンダが当該申込書を審査し承認したときに，ベンダとエンドユーザ候補者との間で本件ソフトウェアライセンス契約が成立するものとする。

2　パートナーは，ベンダを代理して，エンドユーザ（二次販売パートナーの営業・販売活動によるものも含む。）から本件ソフトウェアライセンス契約に基づき発生するライセンス料を受領することができる。

3　パートナーは，第1項に基づいてベンダとエンドユーザとの間で本件ソフトウェアライセンス契約が成立したときは，ベンダに対し，別紙○所定の本件ソフトウェア仕切価格により計算した対価を，別紙○所定の期限ま

でに，ベンダの指定する銀行口座に振込入金する方法によって支払う。当
該対価の支払いに要する費用はパートナーが負担する。

4　パートナーは，パートナーがエンドユーザから受領した本件ソフトウェ
アライセンス契約に基づいて発生するライセンス料と前項に基づきパート
ナーがベンダに支払う対価の差額を，本件ソフトウェアの販売手数料とし
て取得する。

5　第3項に基づくパートナーのベンダに対する支払義務は，エンドユーザ
または二次販売パートナーがパートナーに対する支払いを怠ったことその
他パートナーとエンドユーザまたは二次販売パートナーとの間の事情によ
り何らの影響も受けないものとする。

　本条は，本件ソフトウェアの使用に関する契約の成立および販売手数料
等について定める規定である。

　1項は，本件ソフトウェアライセンス契約はベンダとエンドユーザとの
間で直接締結されるべきこと，エンドユーザが申込書を提出すれば自動的
に契約が成立するものではなく，ベンダによる審査・承認があって初めて
契約が成立する旨を規定する。また，ベンダにおける事務処理の便宜のた
め，本件ソフトウェアの使用を希望するエンドユーザ候補者からは，ベン
ダ所定の申込書の提出を受けることとしている。

　2項は，ベンダがパートナーに対し，本件ソフトウェアライセンス契約
に基づき発生する料金の代理受領権を付与する規定である。3項以下と相
俟って，販売手数料の簡易な精算を可能にすることを意図している。

　3項は，パートナーがエンドユーザから代理受領した金銭について，ベ
ンダとの関係での精算方法を規定するものである。エンドユーザから現実
に金員が回収できたかどうかは問題とせず，本件ソフトウェアライセンス
契約の成立をもってパートナーに料金支払義務を課すことにより，パート
ナーが代金未回収リスクを負担することとしている。

　ベンダが代金未回収リスクを負担するのであれば，3項を次のとおり修
正した上で，5項を削除することが考えられる。この修正により，エンド
ユーザがパートナーに対価を支払わない限り，ベンダはパートナーから対
価を受領することができなくなる。

> 3′　パートナーは，第1項に基づいてベンダとエンドユーザとの間で本件ソ
> フトウェアライセンス契約が成立し，エンドユーザから同契約に基づく料
> 金を受領したときは，ベンダに対し，別紙○の方法によって定める本件ソ
> フトウェア仕切価格により計算した対価を，別紙○所定の期限までに，ベ
> ンダの指定する銀行口座に振込入金する方法によって支払う。当該対価の
> 支払いに要する費用はパートナーが負担する。

　4項は，パートナーが取得する利益が販売手数料であることを明確にす
るものである[8]。

　5項は，エンドユーザからの料金未回収リスクをパートナーに負担させ
る趣旨の規定である。3項でその旨を規定しているが，さらに本項におい
て確認的に規定している。

　サブスクリプションサービスのように，低額かつ継続的に代金の支払い
が行われる場合には，エンドユーザから直接ベンダが料金を受領すること
も多い。その場合には，2項以下を修正して，仕切価格相当額との差額を手
数料としてベンダからパートナーに対して支払う旨を記載することになる
だろう。

---

8)　本条項例における本件ソフトウェアライセンス契約は，ベンダとエンドユーザと
　の間で直接締結されるため，パートナーには「転売差益」は生じ得ない。しかし，実
　務上「売上」をなるべく大きく計上したいという要請があることや，パートナーがソ
　フトウェア等の使用料金を（代理）受領することが広く行われていることなどから，
　パートナーがエンドユーザから（代理）受領した金員を「売上」として計上し，ベン
　ダに支払う金員との差額を「利益」として計上する会計処理がなされることがある。
　このような会計処理は契約形式との整合性を欠くと考えるが，よくみられる。

Ⅱ　パートナーからエンドユーザに再使用許諾される契約書の条項例（再使用許諾型）

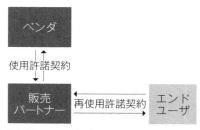

再掲：**図表6-4**右欄。ここで紹介するのは，ベンダ・パートナー間の
ソフトウェア使用許諾を含む販売パートナー契約の条項例。

　次に，パートナーがエンドユーザに対して再使用許諾を行うことを想定した取引におけるパートナー契約の条項例のうち，直接使用許諾型と異なる内容のものを説明していく。

1　第2条（契約の趣旨）

1　ベンダは，パートナーに対し，本契約の締結をもって，ベンダ所定の本件ソフトウェアに関する使用許諾条件に基づき，再使用許諾可能な本件ソフトウェア使用権を付与するものとする。ただし，パートナーに付与される本件ソフトウェア使用権は，本契約に定めるパートナーによる本件ソフトウェア使用権の販売に必要な範囲に限られるものとし，ベンダ所定の使用許諾条件と本契約の定めに齟齬がある場合は，本契約に定める条件が優先して適用されるものとする。

2　ベンダは，パートナーを，本地域においてエンドユーザに対し本件ソフトウェア使用権を販売する非独占的な販売パートナーに指名し，パートナーは，これを承諾する。ベンダは，パートナーに対し，当該指名に基づき，本契約の有効期間中，本契約の条件に基づいて，本地域においてエンドユー

ザに対し本件ソフトウェア使用権を販売する譲渡不能の非独占的な権利を
付与する。

3　パートナーは，前項に基づいて，エンドユーザに対し，本件ソフトウェ
アの営業・販売活動を実施する。パートナーは，第1項により付与された
本件ソフトウェア使用権をサブライセンスすることにより，エンドユーザ
に対し，本件ソフトウェア使用権を販売するものとする。パートナーは，
自己使用を目的としないエンドユーザに対して本件ソフトウェア使用権を
販売してはならない。

4　（略）

本条は，本契約の趣旨，骨子を定める規定である。

1項ないし3項は，本契約が再使用許諾型のパートナーを指名する旨を
定める規定である。パートナーがエンドユーザに対して本件ソフトウェア
の再使用許諾を行う場合には，次のような使用許諾の連鎖が生じる。

図表6-6　再使用許諾型における使用許諾の流れ

このような使用許諾の連鎖の過程では，使用許諾条件に齟齬が生じる可
能性が否定できない。例えば，本件ソフトウェアの最大接続可能ユーザ数
は100人であり，これを担保するための技術的措置が講じられているのに，
パートナーがエンドユーザに対して「最大接続可能ユーザ数500人」など
と謳って販売することなどが考えられる。この場合，100を超えるユーザ
接続ができなかったエンドユーザは，購入したソフトウェアの仕様・性能
が異なるとして，本件ソフトウェアの提供元であるベンダに対して責任追
及をしてしまうことがあり得る。

上記の点を考慮し，1項では，パートナーはベンダから使用許諾を受け
た条件の範囲内でのみエンドユーザに本件ソフトウェアの使用を再許諾で
きる旨を定めている。

これとは異なり，パートナー自身が本件ソフトウェアの改変を行うこと

を可能にし，パートナーのリスクにおいて技術的措置を講じるなどした上で，特に使用許諾の範囲を限定することなく本件ソフトウェアを販売することを可能にするような条項とすることも考えられる。そのようなケースでは，代理店契約というよりは，改変権および再許諾権付きのソフトウェアライセンス契約というべきものだといえる。

2　第3条（二次販売パートナーの指名禁止）

> 　パートナーは，本件ソフトウェアの販売に関して二次販売パートナーを指名することはできない。

　本条は，二次販売パートナーの指名を禁止する規定である。

　再使用許諾型の場合にパートナーによる二次販売パートナーの指名を可能にすると，ベンダにおいて再使用許諾，再々使用許諾の連鎖を把握することが困難になる上に，手続が煩雑になり，ベンダの管理業務に支障が生じ得る。そこで，本条項例では二次販売パートナーの指名を認めないこととしている。

3　第7条（保守）

> 1　ベンダは，パートナーに対し，保守サービスとして，本件ソフトウェアに関する以下の各号に掲げる保守業務を提供する。
> (1)　問い合わせ対応
> (2)　情報提供
> (3)　パッチプログラムの提供
> (4)　バージョンアップ
> 2　ベンダは，パートナーに対してのみ，前項に定める保守業務を提供するものとする。エンドユーザに対する保守業務は，パートナーによって提供されるものとする。
> 3　第1項第2号から第4号に定める保守業務は，ベンダが必要と判断した

> 　場合に行うものとする。

　本条は，本件ソフトウェアの保守について規定する条項である。

　本契約書は，先に掲げた**図表6-6**のとおり，ベンダ→パートナー→エンドユーザという流れで本件ソフトウェアに関する使用許諾がなされている。本条は，保守についてもこれと同様，ベンダはパートナーに対して保守サービスを提供し，エンドユーザに対する保守はパートナーが提供するものとしている（2項）。

　保守契約については**第4章**で説明しているので，同章の解説も参照されたい。

4　第8条（パートナーの義務）

> 1　パートナーは，エンドユーザに本件ソフトウェア使用権を販売するにあたっては，エンドユーザとの間で，ベンダ所定の使用許諾条件（別紙○に記載する。）に基づく本件ソフトウェアライセンス契約を締結するものとする。
>
> 2　パートナーが，エンドユーザとの間で本件ソフトウェアライセンス契約を締結したときは，遅滞なくベンダに報告するものとする。
>
> 3　パートナーが，締結済みの本件ソフトウェアライセンス契約に関して，エンドユーザとの間でユーザーライセンス数の追加にかかる変更を合意したときは，遅滞なくベンダに報告するものとする。
>
> 4　パートナーが，エンドユーザとの間で本件ソフトウェアライセンス契約を締結したときは，エンドユーザに対し，ベンダ所定のユーザ登録手続を行わせるものとする。
>
> 5　パートナーは，ベンダに対し，当月分のエンドユーザとの間での本件ソフトウェアライセンス契約の締結，変更，終了等にかかる実績を，翌月○日までにベンダ所定の形式で報告するものとする。

　本条は，パートナーを介した本件ソフトウェア使用権の販売手続に関する条項である。

　1項は，使用許諾の連鎖の中で使用許諾条件に齟齬が生じないよう，パートナーに対してエンドユーザとの間でベンダ所定の使用許諾条件に基づき本件ソフトウェアライセンス契約を締結することを義務付ける規定である。利用規約や使用許諾条件はベンダのサービスサイト等に表示され，個別の交渉による変更を予定していないこともあるため，ユーザごとに異なる契約内容となることを避けるという実務的な意味もある。各パートナーがカスタマイズしたソフトウェアを提供することを想定している場合には，必ずしも使用許諾条件を統一する必要はなく，最低限の条件のみを定めるということも考えられる（本条項例2条参照）。

　5項は，パートナーに対して月次の実績報告を義務付ける規定である。パートナーは，契約に特段の定めがなくとも民法645条に基づく報告義務を負うと解されるが，本項はその内容を明確化・具体化するものである。ベンダは，本項に基づく報告により使用許諾の対価を算定することとなる。

5 　第10条（対価）

> 1　パートナーは，第8条に基づいてパートナーとエンドユーザとの間で本件ソフトウェアライセンス契約が成立したときおよびユーザーライセンス数の追加等にかかる本件ソフトウェアライセンス契約の変更の合意が成立したときは，ベンダに対し，別紙○所定の本件ソフトウェア仕切価格に基づいて計算したライセンス料を，別紙所定の期限までに，ベンダの指定する銀行口座に振込入金する方法によって支払う。ライセンス料の支払いに要する費用はパートナーが負担する。
> 2　前項に基づくパートナーのベンダに対する支払義務は，エンドユーザがパートナーに対する支払いを怠ったことその他パートナーとエンドユーザとの間の関係により何らの影響も受けないものとする。

　本条は，対価の支払いについて定めた規定である。

　1項は，パートナーとエンドユーザとの間で本件ソフトウェアに関するライセンス契約が締結された場合等には，パートナーがベンダに対し，本件ソフトウェアに関するライセンス料を支払う旨を規定している。直接使

用許諾型の場合，エンドユーザが料金を支払う相手は，パートナーの場合もベンダの場合もいずれもあり得るところだが，再使用許諾型の場合には，契約関係に忠実にエンドユーザがパートナーに支払って，ベンダに対しては直接支払わないという形態が一般的であろう。2項は，パートナーのベンダに対する支払義務はエンドユーザの支払懈怠等により影響を受けないことを規定し，代金未回収リスクはパートナーが負うものとしている。

6　第12条（監査）

1　ベンダは，事前に書面によりパートナーに通知することを条件に，本契約に定められたパートナーの義務が遵守されているかを確認するため，ベンダまたはベンダから委託を受けた第三者により，パートナーにおける本件ソフトウェアの販売状況等に関する監査を行うことができるものとし，パートナーはこれに協力する。
2　前項の監査にかかる費用は，監査の結果，ベンダが，パートナーにおいて本契約に違反する事実が存在すると認めた場合を除き，ベンダが負担する。
3　第1項の監査の結果，ベンダが，パートナーにおいて本契約に違反する事実が存在すると認めた場合は，パートナーは，ベンダに対し，本来ベンダに支払うべきであったライセンス料からすでに支払済みのライセンス料を控除した金額の2倍に相当する額の損害賠償金を支払うものとする。

　本条は，ベンダのパートナーに対する監査について定めた規定である。
　Ⅰで説明した直接使用許諾型であれば，本件ソフトウェアに関する契約はベンダとエンドユーザとの間で直接締結されるので，ベンダはパートナーを介して獲得した本件ソフトウェアのエンドユーザを直接把握することができる。これに対し，Ⅱの再使用許諾型では，パートナーからエンドユーザに対して本件ソフトウェアの再使用許諾ができるので，後述する認証等の措置を講じない場合，ベンダが販売した本件ソフトウェアの数，内容は専らパートナーの自己申告に依存することになる。そこで，本条では，ベンダが，パートナーの申告内容を確認するための監査権を定めている。

　もっとも，契約上定められる監査権は，パートナーの任意の協力を前提とするものであって，正確なライセンスの実態把握が担保されるものではない。そこで，ネットワーク経由での認証，ライセンスキーの発行など，技術的な認証方法をも用いることによって不正な利用を防止するなどの多面的な手段を講じることが望ましい。この点について，ベンダが一元的に環境を管理しているクラウドサービスの場合，ユーザ数等の数字を変更するなどの不正を講じることがほぼ不可能であるため，監査が必要な場面や監査の内容は限定できるだろう。

　監査については，ソフトウェアライセンス契約（**第 3 章**）の条項例 7 条の解説と重複する部分も多いので，同条の解説も参照されたい。

第 7 章

データ提供契約

第1節 │ データ提供契約について

1 はじめに

　近年，センサー，クラウド技術の発展により，情報機器端末からのみならず，各種電化製品をはじめとする工業製品，設備からも多種多様なデータを収集・分析することが可能となった。こうしたデータを活用したイノベーションへの期待も高まっている。

　こうした動きの中，2015年10月には，経済産業省が「データに関する取引の推進を目的とした契約ガイドライン——データ駆動型イノベーションの創出に向けて」を，2017年5月には「データの利用権限に関するガイドライン ver 1.0」をそれぞれ公表した。これらのガイドラインにおいては，データを提供するための条件や，利用権限の考え方が提示されていたものの，具体的な契約条項が網羅的に示されておらず，さまざまな形態でのデータ利活用ビジネスに対応したものには達していなかった。

　その後，経済産業省は2018年6月に「AI・データの利用に関する契約ガイドライン（データ編）」初版を公表し，2019年12月には不正競争防止法の改正（限定提供データにかかわる部分）等を反映した1.1版を公表した[1]（以下，本章において「経済産業省ガイドライン」という）。

　このように，最近では急速に広がったデータ取引に対応するために，契約条件の在り方についての議論が活発に行われ，経済産業省ガイドラインを中心に契約条件についての基本的な考え方が共有されつつある。データ取引の類型化も進んでいる。経済産業省ガイドラインでは，「データ提供型」「データ創出型」「データ共用型（プラットフォーム型）」の3つの類型が示された（**図表7-1**）[2]。この中でも，実務的には，提供者から受領者に対して

---

1)　https://www.meti.go.jp/press/2019/12/20191209001/20191209001-2.pdf
2)　経済産業省ガイドライン11頁。

データを提供するという取引がもっとも多いと思われる。そこで本章では，データ流通の取引（以下「データ提供取引」という）に関する契約を取り上げる[3]。

図表7-1　データ契約の3類型

データ提供型	取引の対象となるデータをデータ提供者のみが保持している場面において，データ提供者から他方当事者に対して当該データを提供する際に，当該データに関する他方当事者の利用権限その他データ提供条件等を取り決めるための契約
データ創出型	複数当事者が関与することにより，従前存在しなかったデータが新たに創出されるという場面において，データの創出に関与した当事者間で，データの利用権限について取り決めるための契約
データ共用型	複数の事業者がデータをプラットフォームに提供し，プラットフォームが当該データを集約・保管，加工または分析し，複数の事業者がプラットフォームを通じて当該データを共用するための契約

2　データ提供取引の法的性質

　データ提供取引は，実務上，データを「購入する」という用語が使われることが多いことから，売買契約と捉える向きがあるかもしれない。しかし，売買は「ある財産権を相手方に移転すること」を本質的要素としているのに対し（民法555条），通常のデータ提供取引では，単にデータの複製を提供しているだけで，データ提供者において取引後に何らかの制約が生じること（例えば，消去して以後利用しないなど）は少ないため，財産権を移転しているとは考え難い。そういう意味では，データを提供し，一定の制限下での使用を許諾するという使用許諾契約だと捉えられる。もっとも，

---

3)　経済産業省ガイドラインには，このうちデータ提供型とデータ創出型のモデル契約書案が収載されている。

使用許諾契約，ライセンス契約は，**第3章**で述べたように，民法の典型契約に含まれておらず，デフォルトルールも明確でないところもある[4]。

　無体物である情報を提供するという観点からみると，データ提供取引にかかる契約は秘密保持契約と共通する部分がある。一般に，秘密保持契約では，情報開示者に開示義務が発生するものではない一方で，データ提供取引では，データを相手方に開示（提供）することが本旨であるため，基本的な部分での違いはあるものの，データ提供取引の内容を検討するにあたっては，秘密保持契約における議論も参考になる。

3　データ提供取引の特徴

　多くのデータ提供取引の対象データは，電子データである。有体物の取引と異なり，電子データの場合，大量のデータであっても低コストかつ高速で容易に複製，流通させることができるという特徴を有する。そのため，データの提供元は，提供先から転々流通する可能性があることを認識した上で，それを制限するのか，制限をどのような手段で担保するのかを検討しなければならない。また，複製，流通を許諾する場合においても，一定の限度を設ける場合には，やはり同様に，許諾の範囲や，制限を担保する手段を検討しなければならない。

　4と**5**で述べるように，データに関するルールはさまざまな法律に個別に存在しているものの，統一的に制限する法規制があるわけではない。そのため，取引の条件や権利義務を契約者自身が設計することができる余地は大きい。データの提供方法，態様，対価といった有体物の取引において定める条件のみならず，提供先においてデータにどのような利用権限（第三者への開示・提供，複製，加工等）を与えるということについて検討しておきたい。

---

4)　経済産業省ガイドライン27頁以下では，データ提供型契約の類型として①譲渡（譲渡人が当該データに関する権限を失うもの），②ライセンス，③共同利用を挙げている。

4　データに生じる権利・法律関係

　データ，あるいはデータの集合物にはどのような法的権利が生じるのだ
ろうか。これまでの各章でみてきたように，契約書のドラフティング，レ
ビューにあたっては，法律のデフォルトルールを理解することが重要であ
る。

(1)　所有権

　データは有体物ではないから，所有権の対象にならない（民法 206 条，85
条）。したがって，合意に反して第三者にデータが移転した場合や，約定の
目的以外にデータが使用された場合でも，所有権に基づく返還請求権とし
てのデータの引渡請求権や，消去請求権は生じない。

(2)　著作権

　著作権法では，「データベースの著作物」（著作権法 12 条の 2 第 1 項）を定
めている。

　もっとも，著作物としての保護を受けるのは，データベース[5]のうち，
「情報の選択又は体系的な構成によって創作性を有するもの」に限られる[6]。
データ提供取引で取り交わされるデータは，幅広いニーズにこたえるよう
にすることや，マーケティングや製品開発を目的にやり取りされることが
多いと考えられることから，情報の選択においては網羅性が求められ，体
系的な構成においては汎用性が求められるであろう。こうした特性はむし
ろ著作物の要件である創作性とは両立しにくいため，データベースの著作

---

[5]　著作権法は，データベースを「論文，数値，図形その他の情報の集合物であって，
それらの情報を電子計算機を用いて検索することができるように体系的に構成した
ものをいう」と定めている（2 条 1 項 10 号の 3）。この定義からすると，本章で扱う
データ提供取引の客体は，データベースの定義に該当するものが多いだろう。ただ
し，著作物に該当するかは別論である。

[6]　データが蓄積される前の段階のテーブル構造やデータベースソフトウェアは，著
作権法 2 条 1 項 10 号の 3 の「データベース」には該当しない（東京地判平成 30 年 3
月 29 日平成 27 年(ワ)第 21897 号）。

物としての保護を受けられるケースはそう多くないと思われる[7]。

　著作物に該当する場合には，その複製，公衆送信等の利用行為の差止めを求めたり（著作権法 112 条 1 項），著作権侵害行為によって生じた損害の賠償を求めたりすることができる。

(3)　営業秘密

　不正競争防止法は，秘密として管理されていて（秘密管理性），有用で（有用性），公然と知られていない（非公知性）情報を営業秘密（2 条 6 項）として保護すると定めている。データ提供取引で取引されるデータが「有用」であることはほぼ間違いないが，営業秘密に該当するためには，秘密管理性と非公知性が問題となる。

　秘密管理性は，その情報が秘密として管理されていることが認識できる程度の管理がなされていれば足りるとされる[8]。そのため，提供者において，当該データが，提供者の営業秘密に該当するものであることを提供先との間で交わす契約等で明記しておくことは，秘密管理性を具備させるために最低限必要であろう。しかし，契約の相手方に広く提供することを予定するデータは，非公知性を具備することは困難であり，後述する限定提供データの該当性を検討することになる。

　営業秘密に該当する場合，その不正使用行為等[9]に対しては，差止めを求めたり（不正競争防止法 3 条 1 項），不正使用行為等によって生じた損害の賠償を求めたり（同法 4 条）することができる。

(4)　限定提供データ

　有償で一般に提供されているデータの場合，「非公知性」の要件を満たさないため，前述の営業秘密として保護されない。営業秘密以外のデータで

---

7)　システムに含まれるリレーショナルデータベースについて，体系的構成としての創作性を有すると認めた事例として，知財高判平成 28 年 1 月 19 日平成 26 年㈜第 10038 号［旅行業システムデータベース事件］がある。

8)　経済産業省「営業秘密管理指針」(2019 年 1 月改訂版) 6 頁参照 (https://www.meti.go.jp/policy/economy/chizai/chiteki/guideline/h31ts.pdf)。

9)　不正競争防止法 2 条 1 項 4 号から 10 号のいずれかに該当する行為。

あっても，不正な利用からは保護する必要性があるとの声から，不正競争
防止法の平成 30 年改正によって「限定提供データ」を保護する規定が追加
された。

　限定提供データは，①業として特定の者に提供する情報であって（限定
提供性），②電磁的方法により相当量蓄積され（相当蓄積性），③電磁的方法
により管理され（電磁的管理性），④技術上または営業上の情報で，⑤秘密
として管理されていないものをいう（同法 2 条 7 項）[10]。⑤は，営業秘密と
の重複を避けるために設けられた要件であるため，実質的には①，②，③
が重要になると思われる[11]。

　特に，②「相当蓄積性」については前掲注 11）の指針によれば，「当該デー
タが電磁的方法により蓄積されることで生み出される付加価値，利活用の
可能性，取引価格，収集・解析に当たって投じられた労力・時間・費用等
が勘案されるものと考えられる」とされており，一律にデータの件数・量
によって決するものではないことが示されている。

　限定提供データに該当する場合，その不正使用行為等[12]に対しては，営
業秘密と同様に差止めを求めたり（不正競争防止法 3 条 1 項），不正使用行
為等によって生じた損害の賠償を求めたり（同法 4 条）することができる。
不正競争防止法に基づく請求は，契約の相手方以外にも行使することがで
きることから，対象となるデータが転々流通してしまった場合でも可能で
ある。そのため，データ提供取引の対象となるデータが「限定提供データ」
に該当するか否か（該当するように管理するか否か）は重要である。

(5)　不法行為法

　著作物や営業秘密，限定提供データに該当しない場合であっても，デー
タを不正に取得して営利活動を行っている第三者に対しては，不法行為（民
法 709 条）に基づく損害賠償請求をすることが考えられる。もっとも，著作

---

10)　いわゆるオープンデータのように無償で公衆に利用可能になっている情報と同一
　　の情報は除外される（同法 19 条 1 項 8 号ロ）。

11)　経済産業省「限定提供データに関する指針」（2019 年）（https://www.meti.go.jp/
　　policy/economy/chizai/chiteki/guideline/h31pd.pdf）。

12)　不正競争防止法 2 条 1 項 11 号から 16 号のいずれかに該当する行為。

権法や不正競争防止法に基づく保護が受けられない場合において不法行為を認めた例は多くなく[13]，また，不法行為に対しては原則として損害賠償による救済を受けられるのみであって，差止請求はできないことに留意する必要がある。

5　個人情報保護法の視点から見た留意点

　データ提供取引において注目されているのは，携帯端末の利用履歴，購買履歴，移動履歴などのパーソナルデータ[14]，個人情報を含むデータであろう。そこで，データ提供取引において，購買履歴，閲覧履歴，位置情報等のパーソナルデータを対象にする際に，個人情報保護法の観点から留意すべき事項を挙げておく。

　特に，個人情報保護法では，個人情報（個人データ），匿名加工情報，個人関連情報などの異なる種類の情報ごとに別々の規律を定めているため，提供の対象となるデータが法律上のどの定義にあてはまるかを検討した上で，必要な規制をクリアしているか否かを注意しなければならない。

　また，提供されるデータが，個人データ，匿名加工情報，個人関連情報等に該当する場合，同時に著作物や，営業秘密または限定提供データに該当する場合もあり得る。

(1)　個人情報の定義

　個人情報とは，生存する個人に関する情報であって，当該情報に含まれ

---

13)　最判平成 23 年 12 月 8 日民集 65 巻 9 号 3275 頁〔北朝鮮映画事件〕において，「同条〔著作権法 6 条〕各号所定の著作物に該当しない著作物の利用行為は，同法が規律の対象とする著作物の利用による利益とは異なる法的に保護された利益を侵害するなどの特段の事情がない限り，不法行為を構成するものではない」と述べられており，特段の事情を要する。不法行為を認めた例としては，自動車整備用システムに含まれるデータベースが不正使用されたという事案において，著作権法による保護を否定しつつも，営業活動上の利益を侵害するとした東京地中間判平成 13 年 5 月 25 日判時 1774 号 132 頁がある。

14)　パーソナルデータとは，法律上の個人情報に限らないより広い概念を示す用語である。

る氏名等の記述により特定の個人を識別することができるものをいう（2条1項1号）。これに加えて，他の情報と照合することによって特定の個人を識別することができる場合（同号）や，個人識別符号（2条2項）を含む場合も個人情報に該当する（2条1項2号）。データ提供取引では，コード値等の識別子のほか，さまざまな属性，履歴情報を含めた一つのレコードを最小単位として，それが大量に蓄積された一かたまりのデータをやり取りすることが想定されている。そのため，一つのレコード内において特定の個人を識別することができる情報が含まれていれば，レコード全体が個人情報となる。

(2)　提供時における提供者の注意事項

　個人情報をデータベース化した場合における個々のデータを個人データ（2条6項。令和3年改正法では16条3項）というが，個人データを第三者に提供する場合，予め本人の同意を得なければならないのが原則である（23条1項。令和3年改正法では27条1項）。データ提供取引の対象が個人データに該当する場合には同条1項各号の例外や，同条5項1号の委託に該当しない場合が多いと思われるため，本人の同意を得た上で提供しなければならない。

　加えて，第三者に提供する際には，個人情報保護委員会規則が定める事項を記録し，保存しなければならない（25条。令和3年改正法では29条）。これは，いわゆる名簿屋対策の一環としてトレーサビリティ確保のために平成27年改正によって定められたものであるが，当該規定の適用対象は個人情報取扱事業者全般に及ぶ広範なものである。具体的な記録の方法，内容は，同法施行規則12条および13条において定められる。データ提供にかかる記録は，契約書等で記録事項が満たされていれば台帳等を別途用意することまでは必要ないとされる。データ伝送によって提供している場合，そのログを記録することで足りる[15]。なお，個人情報保護法の令和2年改正[16]により，本人からのトレーサビリティを担保するために，これら

---

15)　個人情報保護委員会「『個人情報の保護に関する法律についてのガイドライン』及び『個人データの漏えい等の事案が発生した場合等の対応について』に関するQ&A」（2017年2月）Q10-25およびQ10-26。

の記録も本人からの開示請求の対象となることが明らかにされた（令和2年改正法では28条5項。令和3年改正法では33条5項）。

(3)　取得時における受領者の注意事項

　個人情報の取得にあたっては，不正の手段によって行ってはならないとする（17条。令和3年改正法では20条）。第三者から提供を受ける場合も同条に定める「取得」に該当することから，データの受領者は，適正取得義務を負う。第三者から個人データを取得する際には「当該第三者による当該個人データの取得の経緯」を確認することが義務付けられていることから（26条1項2号。令和3年改正法では30条1項2号），単に提供者の提示する条件やデータの有用性等を検討するだけでなく，それが個人情報保護法の各種規制（第三者提供の条件を具備しているか，本人から適切に収集されたものであるか等）に適合したものであるかどうかを確認することが求められる[17]。

　また，受領者も提供を受けたことに関する記録の保存義務がかかる（26条3項。令和3年改正法では30条3項。同法施行規則16条，17条）。

(4)　利用における注意事項

　個人情報を取り扱うにあたっては，利用目的を特定し（15条。令和3年改

---

[16]　令和2年改正の施行日は一部を除いて令和4年（2022年）4月1日である。なお，令和2年改正に続き，デジタル社会の形成を図るための関係法律の整備に関する法律が令和3年5月12日に成立した。このうち，本章で掲げる規定と関わりがある部分（デジタル社会形成整備法50条による改正）については公布の日から起算して1年を超えない範囲内において政令で定めるとされており，令和3年8月時点では，いずれも令和4年4月1日に施行される見込みである。また，令和2年改正に関連する政令，委員会規則，ガイドラインおよびQ&Aの案は順次公表されており，個人情報保護委員会のウェブサイト等で最新の情報を確認する必要がある。

[17]　2014年7月に発覚した大手通信教育事業者から大量の個人情報が漏洩して名簿屋経由で競合他社に流出したという事件のほか，2020年12月にはウェブブラウザから不正に閲覧履歴が取得されたという事件も起きている（本件では取得された情報の個人データ該当性については明らかではない）。第三者から個人データを取得する際には，特に一般的に入手が困難な情報であるほど，取得の方法や経緯についてよく確認しておきたい。

正法では17条），それを通知または公表しなければならない（18条1項。令和3年改正法では21条1項）。この規制は，第三者から個人データの提供を受ける場合であっても適用されるため，受領したデータを利用する際には，その目的をプライバシーポリシー等に記載し，公表することが必要である。

　また，令和2年改正により，違法または不当な行為を助長し，または誘発するおそれがある方法により個人情報を利用してはならないことが明示された（令和2年改正法では16条の2。令和3年改正法では19条）。

　これに加えて，漏洩，滅失または毀損が発生した場合で，一定の場合には個人情報保護委員会規則で定めるところにより当該事態が生じた旨を同委員会に報告することが義務付けられた（令和2年改正法では22条の2第1項本文。令和3年改正法では26条1項本文）。併せて，本人への通知義務も定められた（同条2項本文）。

(5)　匿名加工情報，仮名加工情報

　以上のとおり，個人情報（個人データ）を提供する場合には，さまざまな規制がかかることになる。特に，第三者提供における本人の同意取得や記録保存義務はデータを流通させる際の負担となる。そこで，個人情報保護法では，匿名加工情報（2条9項。令和2年改正法では2条11項。令和3年改正法では2条6項）を定義し，特定の個人を識別できないようにするなどの一定の加工を行ったデータについては，本人の同意に代わる一定の条件のもとで流通の促進を図っている。具体的な加工の要件や，匿名加工情報の流通に関する規定については本書の対象外とするが，個人データとしてそのまま提供することが困難である場合には，匿名加工情報として提供することの可否について検討する価値がある[18]。

　なお，令和2年改正によって仮名加工情報（令和2年改正法では2条9項。令和3年改正法では2条5項）が導入されることとなったが，これは個人情報と匿名加工情報との中間的な規律を適用し，内部での分析等の利用を容易にするために導入されたものであって，第三者に提供することが認められていないため，仮名加工情報はデータ提供取引の対象とはならない（仮

---

[18]　匿名加工情報の活用事例は，個人情報保護委員会のウェブサイトに掲載されている（https://www.ppc.go.jp/personalinfo/tokumeikakouInfo/）。

名加工情報の取扱いを委託することは可能である）。

(6)　個人関連情報

　さらに，令和2年改正によって新たに「個人関連情報」という概念が導入された（令和2年改正法では26条の2。令和3年改正法では2条7項）。これは，生存する個人に関する情報であって，個人情報，仮名加工情報，匿名加工情報のいずれにも該当しないものをいう。

　典型的にはクッキー等の端末を識別するにとどまる情報や，インターネットの閲覧履歴，位置情報など[19]を指すが，こうした個人の特定に至らない情報は，令和2年改正前は特段の規律が定められていなかった。しかし，主にインターネット広告の分野では，ユーザがウェブサイトにアクセスし，端末を操作するごとにクッキーを通じて趣味嗜好や各種の属性，履歴情報を蓄積し，それを活用して狙いを絞った広告を配信するという手法が広く採用されており，さらにはそうして蓄積された情報を，提供先において他の情報と照合することにより個人情報となる（提供先が保有する情報と照合することで特定の個人を識別できる）ことを知りながら提供するという例があった。このようなデータ流通は，非個人情報には個人情報保護法の規律が適用されないことを利用しながら本人が関与しないまま個人情報が収集，蓄積されてしまうということで，同法23条（令和3年改正法では27条）の趣旨を潜脱するものであるとして，一定の規律が導入されることとなった。

　具体的には，個人関連情報を第三者に提供しようとする場合において，その受領者において個人データとして個人関連情報を取得することが想定されるときは[20]，個人関連情報の提供者は，受領者が本人から個人関連情報の提供を受けて個人データとして取得することについて同意を得ていることを確認しなければならない（令和2年改正法では26条の2第1項1号。令和3年改正法では31条1項1号）[21]。なお，個人データの第三者提供にお

---

19)　佐脇紀代志編著『一問一答　令和2年改正個人情報保護法』（商事法務，2020年）62頁。なおクッキーに含まれる情報から，特定の本人を識別することができたり，同一事業者内の他の情報と照合することで特定の本人を識別することができれば「個人情報」になることに注意。

ける委託，共同利用等のように個人関連情報の場合には「第三者」の例外
は定められていない。

　具体的な確認の方法については，規則，ガイドライン等を参照すること
になるが，例えば提供先である受領者において同意を得ている旨を表明保
証の項目に含めてもらうなどの方法が考えられる。

6　本章が対象とするデータ提供取引

　本章で取り扱う契約条項例では，1で分類した「データ提供型」として，
Webサイト運営事業者が，自らが運営するサイトから収集したユーザの
データを第三者に提供するケースを想定したデータ提供取引契約を取り扱
う。

　本章で述べる留意点は，データの提供のみを目的とした取引に限られる
ものではない。例えばオンライン経由の情報分析，レポート閲覧サービス
において，統計データ（グラフや表など）や分析結果（テキスト情報）を提供
するとともに，情報をドリルダウンして生データ（半生データ[22]）を閲覧，
ダウンロードできる機能がついているような場合には，単なるオンライン
サービスの提供にとどまらず，データ提供取引をも包含しているため，こ
うしたオンラインサービスの利用規約を作成する際には，本章も参考にな
るだろう（**図表7-2**参照）。

---

20)　佐脇編著・前掲注19）65頁。「想定される」場面としては，受領者が個人データと
　して扱うことを告げている場合のほか，取引状況等の客観的な事情に照らして，一
　般人の認識を基準として想定できる場合などが挙げられている。令和3年8月2日
　に，令和2年改正に伴う各種ガイドラインの意見募集結果が公表されており，これ
　らのガイドラインの改訂版の内容も概ね固まったとみられるため，随時ウェブサイ
　ト等で参照されたい。

21)　同項2号では，外国にある第三者の提供のケースについて定めている。

22)　実務上，「生データ」「半生データ」という用語が使われるが，これについても明確
　な定義はない。ユーザ，ウェブ，センサー等から直接取得したりコード化した原始
　データを生データと呼び，これに一定の編集（項目の削除やコードの変換，仮名化
　等）を施した上で，分析・加工をしやすく処理したものを「半生データ」と呼ぶこと
　が多いように思われる。本書でもこの意味で「生データ」「半生データ」という言葉
　を使用している。

図表 7-2　オンラインサービス経由のデータ取引の例

　取引対象となるデータは，商品の購入履歴，利用日時，広告の閲覧履歴などを想定する。不特定多数の取引先を相手に同種同一のデータを提供する場合には，サービス事業者が用意する約款形態もあり得るところだが，本章では，個別の交渉によって契約書を作成する場面を想定する。

第2節 データ提供契約の条項例と解説

　以下では，データ提供者がウェブサイト経由で収集したデータを，データ受領者に提供する際において，重要と思われる条項について解説する。データの提供者を「提供者」といい，データの受領者を「受領者」という。

1 第2条（データの提供方法・仕様）

> 1　提供データ[23]の仕様は，別紙1に定めるとおりとする。ただし，提供者は，14日以上の期間を定めた上で，事前に受領者に通知することによって別紙1の仕様を変更することができる。
> 2　提供者は，本契約期間中，受領者に対し，別紙1に定める方法により，提供データを提供する。
> 3　受領者は，別紙1の仕様の説明を受け，別紙2に記載の提供者における提供データ取得の経緯等を確認した。

　本条は，取引の対象となるデータの仕様と，その提供方法について定めるものである。いずれも売買契約等における有体物の取引においても定められる規定であるから，それらの規定と同様に考えると理解しやすいだろう。ただし，具体的な仕様等については，別紙に外出ししている。

(1) データの仕様
　1項は，取引の目的物である提供データの仕様について定めるものである。売買契約や請負契約において目的物の仕様を明示することが重要であ

---

[23]　巻末の契約条項例1条1号の定義参照。取引の目的たるデータをいう。

るのと同様に，データ取引においても，データの仕様，特に項目，件数や粒度が重要になろう。粒度とは，情報の細かさをいうが，データの場合，どこまで集計あるいは抜粋した状態で提供するのかはデータの価値を左右するため，当事者の関心事となる。通信環境やコンピュータの処理能力の問題を措くとすると，受領者はできるだけ細かい単位のデータを欲するであろうし[24]，提供者としてはすべてを開示したくないという事情もあるだろう。データ仕様を明確にするためには，例えば，単に「位置情報」とするだけでなく，緯度・経度の精度や，そのインターバル（時的間隔）も明らかにすることなどが必要になるだろう。また，提供するデータが匿名加工情報（個人情報保護法2条9項。令和2年改正法では2条11項。令和3年改正法では2条6項）である場合，これを提供する際には，匿名加工情報であることを明示しなければならないところ（同法36条4項。令和3年改正法では43条4項），データ仕様にその旨を明示することによって対応することが考えられる。

　データの取得は，データ提供者のコントロールが及ばない外部環境に依存することが少なくなく[25]，提供するデータの仕様を変更せざるを得ない場合が生じる。1項ただし書には，データの仕様が提供者による事前の通知によって変更される場合があることを定めている。

　巻末の契約条項例には，別紙1のデータ仕様の記載例も掲載しているので参考にされたい。

(2)　データの提供方法

　2項は，データの提供方法について定めるものである。売買契約や請負契約において，目的物の引渡し，納入の方法を明示することが重要であるのと同様に，データ取引においても提供方法を定めておく必要がある。提供されるデータは，1回限りで提供して取引が完了するというケースもあ

---

24)　精度の高いデータの場合には，特定個人を識別することができるようになり，個人情報保護法の規制が適用されたり，漏洩時のリスクが大きくなるために受領者として敢えて高い精度を求めないということもある。

25)　例えば，スマートフォン関連のデータは，スマートフォンOS提供者がOSの仕様を変更することによって取得できる範囲，項目が変更されたりすることがある。

るが，ウェブ上のデータや IoT 機器から取得するデータでは，提供者が継続的にデータを収集しているケースが多いことから，データ提供契約においても，継続的（例えば，月に 1 回，あるいは受領者の任意のタイミング等）に提供することが考えられる。電磁的記録媒体などの有体物に格納して提供する方法，提供者が用意するソフトウェアやブラウザを通じて通信回線経由で提供する方法，提供者が公開する仕様（API 等）に沿って，受領者が自らプログラムを開発して取りに行く方法などがあり得る。

(3)　データを受領した際における確認の記録

提供を受けるデータが，個人データ（個人情報保護法 2 条 6 項。令和 3 年改正法では 16 条 3 項）に該当する場合，受領者たる個人情報取扱事業者は，提供者の名称等のほか，取得の経緯を確認する義務がある（同法 26 条 1 項。令和 3 年改正法では 30 条 1 項）。また，同条 3 項は，取得の経緯等を確認したことについての記録を義務付け，同条 4 項にてその記録を一定期間保存することを義務付けている。記録の方法は文書でもよいとされているため（同法施行規則[26] 16 条 1 項），本契約書および別紙 2[27] を保存することによって記録義務および保存義務を履行したこととなる。

本条項例は，継続的にデータを提供することを想定した例であるが，その場合，受領するごとに確認，記録義務が生じるのではなく，一括して記録を作成することも認められている[28]。したがって，本条項例のような継続的提供契約においては，締結時に確認し，それを記録することで足りる。

(4)　データを提供した記録

提供者たる個人情報取扱事業者も，受領者の名称その他，個人情報保護委員会規則で定める事項を記録し（個人情報保護法 25 条 1 項。令和 3 年改正法では 29 条 1 項），当該記録を保存しなければならない（同条 2 項）。記録は，個人データを提供する都度作成しなければならないのが原則であるが，継続的に提供する場合には，一括して作成することも認められている[29]。

---

[26]　他に，電磁的記録等による方法も認められている。

[27]　記録すべき事項は同法施行規則 17 条に定められている。

[28]　同法施行規則 16 条 2 項。

本契約条項および別紙2は，主として受領者の確認義務，記録・保存義務の履行を意識して定めたものであるが，別紙2の内容を修正することによって，提供者の記録義務の履行も兼ねることができると考えられる。

2　第3条（データの利用許諾）

> 1　提供データに関する知的財産権（データベースの著作物に関する権利を含むがこれに限らない。以下同じ。）は，提供者に帰属する。本契約において明示したものを除き，本契約の締結によって，提供者は受領者に対し，提供データに関する何らの権利も譲渡，移転，利用許諾するものではないことを相互に確認する。
> 2　提供者は，受領者に対し，提供データを，本契約の有効期間中，本目的の範囲内で利用することを許諾する。
> 3　受領者は，提供者の事前の書面による承諾なくして，本目的以外の目的で提供データの加工，編集，第三者提供その他の利用を行ってはならない。

本条は，データに関する権利が提供者にあることを前提に，受領者に対してその利用を一定条件のもとで許諾することを定めるものである。特許における発明の「実施」（特許法2条3項），商標における標章の「使用」（商標法2条3項）は，行為の内容が定義され，著作物の「利用」についても支分権の内容が列挙されていることから（著作権法21条ないし28条），その範囲が特定可能であるのに対し，データの「利用」は，法令上の定義がなく，あいまいな概念である。本条項例では，3項にて「加工，編集，第三者提供その他の利用」というように例示を加えているが，定義条項等で「利用」の内容を特定することも考えられる。

第1節4で述べたとおり，提供データの内容，性質によっては，必ずしも著作物として保護されるわけではないが，1項では，データに関する知的財産権は提供者に留保することを明示的に定めている。提供データに関する権利を譲渡する場合には，その旨に変更する。

---

29)　同法施行規則12条2項。

　また，提供データが限定提供データ（不正競争防止法2条7項）としても保護されることを念頭に置いて，①限定提供性，②相当蓄積性，③電磁的管理性等の要件を満たすことを確認的に記載することも考えられる[30]。

　2項以下では，受領者が，データについて「できること」「できないこと」を定めている。本条項例では，1条2号で定める目的の範囲内での利用に限定している。データは，複製が容易であり，第三者に提供しても基本的には提供者に元のデータが残ることから，自由に第三者提供を認めてしまったのでは提供者が有償で提供するというビジネスモデルが崩れてしまう。そこで，多くの場合，受領者の社内での分析，検討のための利用に限定し，そのデータを加工，編集して第三者に再提供したりすることを禁止することになろう。ただし，主観的に目的を限定しても，目的外利用の事実を外形的に判断しづらいことも多いことに留意しなければならない。また，通常は，提供者は，契約相手となる受領者以外にも提供することが多いと思われるため，非独占の利用許諾となるが，一定期間，一定業種などの限定を付して独占的に提供することも考えられる。その場合には，独占の範囲や，非独占への転換条件なども定めておく必要があろう。

3　第4条（データ受領者の義務）

1　受領者は，提供データを，他の情報と明確に区別し，善良な管理者の注意をもって取り扱うとともに，個人情報の保護に関する法律その他関連法令，ガイドラインに従い，必要な管理措置を講ずるものとする。

2　受領者は，提供データを取り扱うにあたっては，当該提供データにかかる本人を識別するために当該提供データを他の情報と照合してはならず，また，当該本人を特定してはならず，これらの行為を試みてはならない。

3　受領者は，提供データの漏洩その他提供データの安全管理に支障を及ぼすおそれがあるときは，ただちに提供者にその旨を通知し，是正のために

30）　例えば「限定提供データであることを相互に確認する」というような定めを置いたとしても，実態として限定提供性を満たさない場合（ウェブ等で公開されていて誰でもアクセスできる場合等）などには，限定提供データとしての保護（差止請求など）を受けられないことに留意が必要である。

> 必要な措置を講じなければならない。

　本条は，提供されたデータに関する受領者の義務について定める条項であって，データ提供契約の中でも中核的な義務を定める条項である。

　1項は，包括的な義務を定めるものであって，善管注意義務を負うこと，個人情報保護法その他関連する法令を遵守することを定めている。データの内容，性質に応じて適宜具体化することが望ましい。

　2項は，提供されるデータが匿名加工情報である場合を想定したものであって，特定の個人を識別することおよびそれを試みることを禁止した条項である。

　3項は，提供されたデータが漏洩する等の事故が発生した場合，またはそのおそれがある場合には，速やかに提供者に報告することを定めるとともに，事故の対応や報告が求められたときには速やかにこれに応じることを定めている。なお，提供データが個人データに該当する場合には，滅失または毀損が発生した場合や，そのおそれがある場合は，個人情報保護委員会への報告や，影響を受ける可能性のある本人への連絡等に努めるとされているが[31]，令和2年個人情報保護法改正により，一定の場合[32]には個人情報保護委員会に報告することが義務付けられた（令和2年改正法では22条の2第1項本文。令和3年改正法では26条1項本文）。

　提供者からすると，受領者による提供データ取扱いに関する義務の履行状況が見えにくいことから，本条に掲げる義務を定めることに加えて，利用状況や義務の履行状況の報告を求めたり，提供者または提供者が指名する第三者による監査ができるなどの条項を追加したりすることも考えられる。これらの報告，監査に関する条項の具体的な内容は，ライセンス契約における監査条項（参考資料Ⅱ条項例7条）などが参考になる。

---

31)　「個人データの漏えい等の事案が発生した場合等の対応について」（平成29年個人情報保護委員会告示第1号）。

32)　令和2年改正法に伴う個人情報保護法施行規則6条の2では，要配慮個人情報が漏えい等した場合（1号）などにおいて，原則として知った日から30日以内に（同規則6条の3第2項），同条1項各号に定める事項を，個人情報保護委員会等に報告しなければならないとされる。

4　第5条（保証）

> 1　提供者は，提供データが，適法，適切な方法によって取得されたもので
> あることを表明し，保証する。
> 2　提供者は，本契約に基づいて行う提供データの提供について，権利主体
> である本人の同意を得ていることその他個人情報保護法に定める手続が履
> 践されていることを表明するとともに，適法に提供されるものであること
> を保証する。
> 3　提供者は，提供データが正確であることを保証しない。
> 4　提供者は，提供データが第三者の知的財産権その他の権利を侵害しない
> ものであることを保証しない。
> 5　受領者は，提供データの利用に起因して第三者との間で紛争または請求
> （以下「紛争等」という。）が生じた場合には，自己の責任および費用負担に
> おいて当該紛争等を解決する。ただし，提供者は，当該紛争等に合理的な
> 範囲で協力する。

　本条は，提供するデータに関し，提供者による保証範囲について定めた
ものである。

(1)　データの保証事項

　保証する内容（あるいは保証しない内容）はさまざまなものが考えられる
ところである。本条1項は，提供するデータが，適法に取得されたもので
あることを保証し，3項は，正確性を保証しないこと，4項は第三者の権利
を侵害しないことを保証しないことを定めている。そのほかに，提供者が
データを提供することについて正当な権限を有していることの保証などを
定めることが考えられる。

　なお，本条項例では提供者が提供データに関する保証をしていないこと
から，5項において，提供データの利用によって生じた紛争等は受領者の
責任において解決することとしている。

(2)　個人情報保護法が定める義務に関する保証

個人データを第三者から受領する場合も，個人情報の「取得」にあたることから，受領者は不正な手段により取得してはならない（同法 17 条 1 項。令和 3 年改正法では 20 条 1 項）。取得の経緯を確認，記録していることは本条項例 2 条で定めているが，本条 1 項は，同法 17 条 1 項を想定し，データが適法，適切な方法によって取得されたものであることを受領者に表明保証している。

また，個人データを第三者に提供する際には，原則として本人の同意が必要となるため（23 条 1 項。令和 3 年改正法では 27 条 1 項），提供者は，そのような同意を得ていることを含め，適法に提供できることを表明保証しているのが 2 項である。

このほか，提供されるデータが匿名加工情報である場合には，同法 36 条（令和 3 年改正法では 43 条）が定める加工が施されたものであることや，匿名加工情報に該当することを保証することも考えられる（巻末の条項例も参照）。さらには，提供されるデータが個人関連情報である場合には，提供者において 26 条の 2（令和 3 年改正法では 31 条）に定める事項を確認しなければならない。また，確認の方法等については，個人情報保護法施行規則 18 条の 2 以下のほか，個人情報保護委員会のガイドラインを参照されたい。

5　第 7 条（派生データの取扱い）

> 1　派生データに関する知的財産権は，受領者に帰属する。
> 2　受領者は，提供者の承諾を得ることなく，派生データを加工，編集，第三者提供その他の利用を行うことができる。

本条は，提供データを受領者が新たに加工，編集して作成したデータ（派生データ）の権利帰属や利用について定めるものである。

本条項例では，派生データについては，受領者のみに権利が帰属し，受領者のみが利用することができることとしているが，提供者に対して開示

したり，提供者に対して一定の利用を非独占的に認めたりするといった定めをすることも考えられる。逆に，受領者が加工・編集した派生データについてまでも，提供者に権利帰属させたり（アサインバック），独占的に利用権を与えたりするなど，提供者に一方的に有利な定めにする場合には，不公正な取引方法（独占禁止法2条9項）に該当する可能性がある。

　提供データについては提供者が権利を有し，派生データについては受領者が権利を有すると定めているが，データの加工，編集の結果は段階を踏んで行われるため，どこから先を「派生データ」とするかが問題となる[33]。例えば，提供データの中に「日時」項目（日付＋秒単位の時刻）が含まれていた場合に，それを時刻に関する情報を切り捨てて日単位に丸めただけで「派生データ」となって受領者が自由に利用できるとなると，提供データについて厳格な制限をかける意味がなくなってしまう。本条項例1条で定めた「派生データ」の例では，匿名加工情報（個人情報保護法2条9項）の定義を参考に「受領者が，提供データを加工，分析，編集等することによって生じたデータであって，提供データに復元することができないようにしたものをいう」としているが，実際の事例に応じて当事者間で協議して明確にすることが望ましい。

6　第12条（契約終了後の措置）

1　受領者は，事由の如何を問わず，本契約が終了した日以降は，受領済みの提供データを利用してはならない。
2　受領者は，本契約が終了したときは，速やかに受領済みの提供データ（複製物を含む。）をすべて消去する。ただし，法令上の義務に従って保存する場合を除く。
3　提供者は，受領者に対し，提供データがすべて消去されたことを証する書面の提出を求めることができる。

---

[33]　経済産業省ガイドライン31頁では，派生データの利用権限に関する明確な合意がなければ，提供データの性質，取得・収集する際の出費・労力，営業秘密該当性等を考慮して合理的に解釈していくことになるとする。

　本条は，契約が終了した際における提供データの措置について定めるものである。

　本条項例では，契約が終了した後は，一切データを利用することができず，かつ，受領済みのデータをすべて消去することを定めている。しかし，継続的なデータ提供契約の場合，契約が終了することの意義は，新たなデータを提供しないということにとどまり，すでに提供されたデータの利用を禁止したり，消去したりすることまでは含まないことも多いため，いずれの扱いとするか明確にすべきである。この場合，3条3項の許諾の期間と整合性を確保しつつまた，データを加工することを許容している場合，その加工済みのデータについても消去の対象とすべきか否か明確にすることも必要である。また，派生データに関する権利義務を定めた場合には，派生データの取扱いについても定めておく必要があろう（本条項例では，受領者に権利が帰属するとしているため，特段の定めがなければ，受領者が自由に利用できると解される）。

　2項ただし書は，法令上の義務がある場合を除外している。これは，個人データの第三者提供時の受領者の記録保存義務は，最後に受領した日から起算して1年ないし3年継続するところ（個人情報保護法26条4項。令和3年改正法では30条4項。同法施行規則18条），当該記録には，「本人の氏名その他の当該本人を特定するに足りる事項」が含まれており（同法26条3項。令和3年改正法では30条3項。同法施行規則17条1項2号イ・1号ハ），これらについては契約終了後も一定期間の保存が予定されるという事態を想定したものである。

参考資料

契約条項例

Ⅰ　ソフトウェア開発委託契約・条項例（本書第2章）

　○○（以下「委託者」という。）と○○（以下「受託者」という。）とは，ソフトウェア開発・導入支援等にかかる業務の委託について，以下のとおり基本契約(以下「本契約」という。）を締結する。

第1章　総則

第1条（定義）
　本契約中に用いられる以下の用語は，別段の定めのない限り，次の定義によるものとする。
⑴　「本件業務」とは，個別契約の目的たるソフトウェア開発・導入支援等の業務をいう。
⑵　「委託報酬」とは，本件業務の対価として委託者から受託者に対して支払われる報酬をいう。
⑶　「提供ソフトウェア等」とは，本件業務の遂行のために，委託者が受託者に対して提供するソフトウェアその他備品等をいう。
⑷　「提供資料」とは，本件業務の遂行過程で，委託者が受託者に対して提供した文書，図面，帳簿，マニュアル等（紙媒体によるもののほか，電子ファイル等が格納された電磁的記録媒体によるものも含む。）をいう。提供資料の複製物も提供資料に含む。
⑸　「第三者ソフトウェア」とは，第三者が権利を有するソフトウェア（サーバ用OS，クライアント用OS，ケースツール，開発ツール，通信ツール，コンパイラ，RDB等を含む。）であって，本件ソフトウェアを構成する一部として利用するため，第三者からライセンスを受けるものをいう。
⑹　「発明等」とは，発明，考案その他の知的財産またはノウハウ等をいう。
⑺　「特許権等」とは，発明等にかかる権利をいう。特許その他の知的財産

権を受ける権利を含むが，著作権は除く。

第2条（契約の趣旨・個別契約）
1　受託者は，委託者から委託されたソフトウェア開発・導入支援等にかかる業務を，本契約および個別契約に基づいて遂行する。
2　個別契約には，本件業務の目的，作業項目・範囲，準委任作業・請負作業の別，仕様，作業分担，作業期間，納入物，委託報酬および納入条件その他必要な事項を定めるものとする。
3　個別契約は，委託者と受託者が個別契約書を取り交わす場合のほか，委託者が，注文書を受託者に交付し，受託者が当該書面に対して，記名捺印して返送することによってのみ成立する。
4　個別契約において，本契約の条項と異なる記載がある場合には，個別契約の記載を優先する。

第3条（適用条項）
1　個別契約において，「準委任作業」として記載されている業務については，本契約中の第1章（総則）のほか，第2章（準委任契約に関する条項）を適用する。
2　個別契約において，「請負作業」として記載されている業務については，本契約中の第1章（総則）のほか，第3章（請負契約に関する条項）を適用する。

第4条（業務責任者・業務従事者）
1　委託者および受託者は，それぞれ本件業務に関する責任者（以下本条において「業務責任者」という。）を選任し，本契約締結後速やかに相手方に書面により通知するものとする。業務責任者を変更する場合は，事前に書面により相手方に通知するか，または個別契約にて明示するものとする。
2　委託者および受託者の業務責任者は，本契約および個別契約に定められた委

託者および受託者の義務の履行その他
本件業務の遂行に必要な意思決定，指
示，同意等をする権限および責任を有
し，当該意思決定，指示，同意等につ
いては，業務責任者を通じて行うもの
とする。

3　受託者は，本件業務の遂行にかかる
従業者（以下本条において「業務従事
者」という。）を本件業務の遂行に十分
な経験・スキルを有する者から選定す
る。

4　受託者は，労働基準法，労働安全衛
生法，労働者災害補償保険法，職業安
定法その他の関係法令に基づいて，業
務従事者に対する雇用主としての一切
の責任を負うものとし，業務従事者に
対する本件業務遂行に関する指示，労
務管理，安全衛生管理等に関する一切
の指揮命令を行うものとする。

5　受託者は，業務従事者が委託者の事
業所等に立ち入るにあたり，委託者の
防犯，秩序維持等に関する諸規則を当
該業務従事者に遵守させるものとする。

6　本条の定めにかかわらず，本契約ま
たは個別契約で特に定めのない限り，
以下の事項については，本契約の締結
権限を有する者によって行われなけれ
ばならない。
(1)　本契約または個別契約の締結，更
改，変更にかかる事項
(2)　本契約または個別契約の全部また
は一部の解除その他終了にかかる事
項

第5条（協議会）

1　委託者および受託者は，本件業務の
円滑な遂行のため，進捗状況の把握，
未決定事項の解決等，必要事項を協議
し，決定する目的で，月○回の頻度で，
会議（以下本条において「協議会」と
いう。）を開催するものとする。

2　受託者または委託者は，その協議に
より協議会の議事録作成者を選任する。
議事録作成者は，協議会の議事録を作
成し，双方当事者の確認を得るものと
する。

3　委託者および受託者は，本条に定め
る協議会のほか，本件業務の遂行に必
要な会議体を定義し，開催することが
できる。

第6条（プロジェクトマネジメントの責
任）

1　委託者および受託者は，本件業務の
円滑かつ適切な遂行のためには，受託
者の有するソフトウェア開発に関する
技術および知識の提供と委託者による
システム仕様書の早期かつ明確な確定
が重要であり，委託者および受託者の
双方による共同作業および各自の分担
作業が必要とされることを認識し，委
託者および受託者の双方による共同作
業および各自の分担作業を誠実に実施
するとともに，相手方の分担作業の実
施に対して誠意をもって協力するもの
とする。

2　委託者が，本件ソフトウェアの開発
等を全体のシステムの一部として受託
者に分割発注しており，本件ソフト
ウェアと連携する他のソフトウェアを
第三者が開発している場合，当該他の
ソフトウェアと本件ソフトウェアの機
能の整合性，開発スケジュールの調整
ならびに当該第三者と受託者の開発進
捗管理および調整等の事項については，
委託者がその責任を負うものとする。

3　委託者が，前項の調整等を円滑に遂
行するために，本件業務に関する範囲
で受託者の協力を要請する場合，必要
となる条件を個別契約で定めるものと
し，受託者は個別契約に従い，委託者
の調整等に必要な協力を行うものとす
る。

第7条（委託報酬）

1　委託報酬の金額または計算方法は，
個別契約にて定める。

2　本件業務の遂行に必要な出張に伴う
交通費，宿泊費その他の費用は，すべ
て委託報酬に含まれるものとし，委託
者と受託者の間の別途の合意がある場
合を除き，受託者は，委託者に対し，
委託報酬以外の費用を請求することは

できないものとする。

3　委託者は，個別契約に定める条件に従って，委託報酬を，受託者の指定する銀行口座に振込送金の方法によって支払う。委託報酬の支払いに要する費用は委託者が負担する。

第8条（再委託）

1　受託者は，事前の委託者の書面による承諾がある場合に限り，本件業務の全部または一部を第三者に再委託することができる。

2　受託者は，前項の承諾に基づいて第三者に本件業務の全部または一部を委託する場合であっても，委託者に帰責性がある場合を除き，自ら遂行した場合と同様の責任を負うものとする。

3　第1項の承諾がある場合でも，再委託先がさらに第三者に再委託することはできない。

第9条（特許権等）

1　本件業務遂行の過程で生じた発明等にかかる特許権等は，当該発明等を行った者が属する当事者に帰属するものとする。

2　委託者および受託者が共同で行った発明等から生じた特許権等については，委託者と受託者の共有（持分は貢献度に応じて定める。）とする。当該共有にかかる特許権等については，それぞれ相手方の同意および相手方への対価の支払いなしに自ら実施し，または第三者に対し通常実施権を設定することができるものとする。

3　受託者は，従前より保有する特許権等を納入物に適用した場合，委託者に対し，委託者の業務に必要な範囲について，当該特許権等の通常実施権およびその再許諾権を設定するものとする。なお，かかる許諾の対価は，委託報酬に含まれるものとする。

第10条（知的財産権侵害の責任）

1　受託者は，委託者に対し，納入物が第三者の知的財産権（特許権，実用新案権，意匠権，商標権，著作権をいう。以下本条において同じ。）を侵害しな

いことを保証する。

2　委託者は，納入物に関し，第三者から知的財産権の侵害の申立て（警告，訴訟の提起を含む。以下同じ。）を受けたときは，速やかに受託者に対し申立ての事実および内容を通知するものとする。

3　前項の場合において，受託者は，委託者が第三者との交渉または訴訟の遂行に関し，受託者に実質的な参加の機会および決定の権限を与え，必要な援助を行ったときは，委託者が支払うべきとされた損害賠償額を負担する。ただし，以下の各号に掲げる場合は，受託者は賠償の責めを負わないものとする。

(1)　委託者が，納入物を変更し，または納入物がプログラムである場合において，受託者の指定した稼働環境以外の環境でこれを使用したことによって第三者の知的財産権の侵害が生じたとき

(2)　納入物を，受託者以外の者が提供した製品，データ，装置またはビジネス手法とともに結合，操作または使用した場合で，それらの製品，データ，装置またはビジネス手法に起因して損害が生じたとき

4　受託者の責めに帰すべき事由による知的財産権の侵害を理由として納入物の将来に向けての使用が不可能となるおそれがある場合，受託者は，(i)権利侵害のない他のソフトウェア等との交換，(ii)権利侵害している部分の変更，(iii)継続使用のための実施または利用権の取得のいずれかの措置を講ずることができるものとする。

第11条（資料の提供・管理）

1　受託者は，委託者に対し，本件業務の遂行に必要な資料等について，開示を求める場合がある。委託者が資料等の提供を拒み，もしくは遅延したことにより，または，当該資料等の内容に誤りがあったことにより生じた本件業務の履行遅滞等の結果について，受託

者は一切の責任を負わないものとする。

2　受託者は，提供資料を善良な管理者による注意をもって保管管理するものとする。

3　受託者は，提供資料を，本件業務の遂行目的以外の目的で使用してはならない。

4　受託者は，本件業務が終了したときは，速やかに提供資料を委託者の指示に従って返還または廃棄する。

第12条（ソフトウェアその他備品の提供）

1　委託者は，本件業務の遂行に必要な範囲で，受託者に対し，ソフトウェアその他備品等を提供することができる。

2　受託者は，委託者から提供ソフトウェア等を提供されたときは，速やかにこれを確認し，異常が認められるときはただちに委託者に対してその旨を通知する。委託者は，異常を発見したときは，異常のない提供ソフトウェア等を提供しなければならない。

3　受託者は，提供ソフトウェア等を，本件業務の遂行目的以外の目的で使用してはならない。

4　受託者は，前項のほか，提供ソフトウェア等の使用にあたり，委託者の指示に従わなければならない。

5　提供ソフトウェア等が提供されることにより，委託者から受託者に対し，別段の合意がない限り，何らの権利の譲渡または権利の許諾がなされるものではないことを確認する。

第13条（秘密保持）

1　委託者および受託者は，本件業務に関し相手方から開示された図面，帳簿，書面等であって，秘密である旨が表示されたもの（以下本条において「秘密情報」という。）を善良な管理者の注意をもって管理し，事前の相手方の書面による同意がない限り，他に漏洩し，または公開してはならない（なお，本条において，情報を開示した当事者を「開示当事者」，情報を開示された当事者を「受領当事者」という。）。ただし，

法令上の強制力を伴う開示請求が公的機関よりなされた場合は，その請求に応じる限りにおいて，開示当事者への速やかな通知を行うことを条件として開示することができるものとする。

2　次の各号に該当する情報については秘密情報に該当しないものとする。

(1)　開示された時点で，すでに公知となっている情報

(2)　開示された後，受領当事者の責めによらず公知となった情報

(3)　開示された時点で，すでに受領当事者が保有していた情報

(4)　開示された後，受領当事者が，第三者から守秘義務を負うことなく適法に取得した情報

3　受領当事者は，秘密情報を本契約における義務の履行目的以外の目的に使用してはならず，本契約における義務の履行のために必要な限度を超えて，秘密情報を複製してはならないものとする。

4　受託者は，本件業務遂行のために必要な場合に限り，秘密情報を再委託先に開示することができるが，その場合，受託者は，再委託先に対し，本条に基づき受託者が負担するのと同等の義務を課すものとする。

5　本条に基づく義務は，本契約終了後〇年間存続する。

第14条（個人情報）

1　受託者は，本件業務の遂行に際して委託者より取扱いを委託された個人情報（個人情報の保護に関する法律に定める個人情報をいう。以下本条において同じ。）を，適切に管理し，他に漏洩し，または公開してはならない。

2　受託者は，個人情報を本件業務の遂行目的以外の目的に使用してはならず，複製，改変が必要なときは，事前に委託者から書面による承諾を受けるものとする。

3　個人情報の返還等については，第11条（資料の提供・管理）を準用する。

4　本条に基づく義務は，本契約終了後

も存続する。

5 その他個人情報の取扱いについては，第13条（秘密保持）が重畳的に適用されるものとする。

第15条（期間）

1 本契約の有効期間は，本契約の締結日から〇年間とする。ただし，契約期間満了の〇日前までにいずれの当事者からも本契約を終了させる旨の書面による意思表示がなされなかったときは，本契約は同一の条件にてさらに〇年間延長されるものとし，以後も同様とする。

2 終了事由を問わず，本契約が終了した場合であっても，特段の合意がない限り，すでに締結されている個別契約は有効に存続するものとし，個別契約の存続に必要な限度で，本契約の各条項も有効に存続する。

3 前項のほか，本契約が終了した後も，第9条（特許権等），第10条（知的財産権侵害の責任），第11条第4項（資料の提供・管理），第13条（秘密保持），第14条（個人情報），本条（期間），第16条第3項（解除），第17条（損害賠償），第18条（反社会的勢力の排除），第22条（権利義務の譲渡の禁止），第23条（準拠法），第24条（紛争解決），第27条（納入物等の著作権），第30条（契約不適合責任），第33条（納入物等の著作権）は有効に存続する。

第16条（解除）

1 委託者および受託者は，相手方が以下の各号の一に該当したときは，書面にて通知することにより，本契約または個別契約の全部または一部を解除することができる。

(1) 重要な財産に対する差押，仮差押，仮処分，租税滞納処分，その他公権力の処分を受け，または破産手続開始，民事再生手続開始，会社更生手続開始，もしくは特別清算開始の申立てが行われたとき

(2) 解散もしくは事業の全部を譲渡し，またはその決議がなされたとき

(3) 自ら振り出しもしくは引き受けた手形または小切手が不渡りとなる等支払停止状態に至ったとき

(4) 監督官庁から営業停止，または営業免許もしくは営業登録の取消しの処分を受けたとき

2 委託者および受託者は，相手方が本契約または個別契約のいずれかの条項に違反し，または相手方の責めに帰すべき事由によって本契約または個別契約を継続し難い重大な事由が発生し（以下「違反等」という。），当該違反等について，書面による催告をしたにもかかわらず，14日以内にこれを是正しないときは，本契約または個別契約の全部または一部を解除することができる。

3 前各項による解除が行われたときは，解除を行った当事者は，相手方当事者に対し，損害賠償を請求することができる。また，解除された当事者は，当然に期限の利益を喪失し，相手方に対して負担する債務をただちに弁済しなければならない。

第17条（損害賠償）

委託者または受託者は，本契約または個別契約に関し，故意または過失により相手方に損害を与えたときには，それにより相手方が被った損害を賠償しなければならない。

第18条（反社会的勢力の排除）

1 委託者および受託者は，相手方が反社会的勢力（暴力団，暴力団員，暴力団員でなくなった時から5年を経過しない者，暴力団準構成員，暴力団関係企業，総会屋等，社会運動等標ぼうゴロまたは特殊知能暴力集団，その他これらに準ずる者をいう。以下本条において同じ。）に該当し，または，反社会的勢力と以下の各号の一にでも該当する関係を有することが判明した場合には，何らの催告を要せず，本契約を解除することができる。

(1) 反社会的勢力が経営を支配していると認められるとき

(2)　反社会的勢力が経営に実質的に関与していると認められるとき

(3)　自己，自社もしくは第三者の不正の利益を図る目的または第三者に損害を加える目的をもってするなど，不当に反社会の勢力を利用したと認められるとき

(4)　反社会的勢力に対して資金等を提供し，または便宜を供与するなどの関与をしていると認められるとき

(5)　その他役員等または経営に実質的に関与している者が，反社会的勢力と社会的に非難されるべき関係を有しているとき

2　委託者および受託者は，相手方が自らまたは第三者を利用して以下の各号の一にでも該当する行為をした場合には，何らの催告を要せず，本契約を解除することができる。

(1)　暴力的な要求行為

(2)　法的な責任を超えた不当な要求行為

(3)　取引に関して，脅迫的な言動をし，または暴力を用いる行為

(4)　風説を流布し，偽計または威力を用いて信用を毀損し，または業務を妨害する行為

(5)　その他前各号に準ずる行為

3　委託者および受託者は，自己または自己の下請または再委託先業者（下請または再委託契約が数次にわたるときには，そのすべてを含む。以下同じ。）が第1項に該当しないことを確約し，将来も同様もしくは前項各号に該当しないことを確約する。

4　委託者および受託者は，その下請または再委託先業者が前項に該当することが契約後に判明した場合には，ただちに契約を解除し，または契約解除のための措置をとらなければならない。

5　委託者および受託者は，自己または自己の下請もしくは再委託先業者が，反社会的勢力から不当要求または業務妨害等の不当介入を受けた場合は，これを拒否し，または下請もしくは再委託先業者をしてこれを拒否させるとともに，不当介入があった時点で，速やかに不当介入の事実を相手方に報告し，相手方の捜査機関への通報および報告に必要な協力を行うものとする。

6　委託者または受託者が本条第3項から前項のいずれかの規定に違反した場合，相手方は何らの催告を要さずに，本契約を解除することができる。

7　委託者または受託者が前各項の規定により本契約を解除した場合には，相手方に損害が生じても何らこれを賠償ないし補償することは要せず，また，かかる解除により自己に損害が生じたときは，相手方はその損害を賠償するものとする。

第19条（輸出関連法令の遵守）

委託者は，受託者から納入された納入物を輸出する場合には，外国為替及び外国貿易法その他輸出関連法令を遵守し，所定の手続をとるものとする。

第20条（完全合意）

本契約および個別契約は，委託者と受託者の間の本件業務に関する唯一かつ全部の合意をなすものであり，本契約および個別契約に特段の定めがある場合を除き，従前に受託者が委託者に対して提出した提案書その他の書面，電子メール等に記載された内容ならびに口頭での合意が委託者または受託者の権利または義務にならないことを相互に確認する。

第21条（契約の変更）

本契約および個別契約は，委託者および受託者の代表者が記名捺印した書面をもって合意した場合に限り，その内容を変更することができる。

第22条（権利義務の譲渡の禁止）

委託者および受託者は，相手方の書面による事前の承諾がなければ，本契約もしくは個別契約の契約上の地位を第三者に承継させ，または本契約もしくは個別契約に基づく自己の権利義務の全部もしくは一部を第三者に対して譲渡し，承継させ，または担保に供す

ることができない。

第23条（準拠法）

　本契約および個別契約の解釈および適用にあたっては，日本法が適用される。

第24条（紛争解決）

1　本契約もしくは個別契約に定めのない事項または本契約もしくは個別契約の各条項に定める規定に疑義が生じた場合は，本契約の趣旨に従い，委託者および受託者において誠意をもって協議し，善後策を決定する。

2　本契約または個別契約に関する一切の紛争については，○○地方裁判所を第一審の専属的合意管轄裁判所とする。

第2章　準委任契約に関する条項

第25条（確認）

1　受託者は，個別契約に定められた本件業務の完了後，速やかに受託者所定の形式による業務完了報告書を作成し，委託者に対し，個別契約に定められた納入物とともに交付する。

2　委託者は，前項の業務完了報告書を受領後○営業日以内に，この内容を確認し，業務完了確認書に記名捺印の上，受託者に対し，交付する。

3　前項に基づいて委託者が受託者に業務完了確認書を交付した時に本件業務が完了したものとする。

第26条（納入物の所有権等）

1　納入物の所有権は，本件業務の完了時に，受託者から委託者に移転する。

2　納入物の滅失，毀損等の危険負担は，納入前については受託者が，納入後については委託者が，それぞれ負担する。

第27条（納入物等の著作権）

1　納入物に関する著作権（著作権法第27条および第28条の権利を含む。以下同じ。）は，本件業務の完了時に受託者から委託者に移転する。なお，かかる著作権移転の対価は，委託報酬に含まれるものとする。ただし，受託者または第三者が本契約締結前に独自に有

していた著作物または汎用的に利用可能な著作物の著作権は，受託者または当該第三者に留保されるものとする。

2　受託者は，委託者に対し，納入物の使用に必要な限度で，前項ただし書の著作物（第三者に帰属するものを除く。）の利用を許諾する。かかる利用許諾の対価は，委託報酬に含まれるものとする。

3　受託者は，委託者に対し，納入物に関する著作者人格権を行使しない。納入物の作成者が，受託者以外の法人または個人の場合は，受託者は委託者に対し，当該作成者による著作者人格権を行使させないことを保証する。

第3章　請負契約に関する条項

第28条（納入）

1　受託者は委託者に対し，個別契約に定める納入期日までに，納入物を納入する。

2　受託者は，納入物の納入に際し，委託者に対して必要な協力を要請できるものとし，委託者は受託者から協力を要請された場合には，適時にこれに応じるものとする。

第29条（検収）

1　委託者は，納入物を受領後，納入を受けた日から個別契約に定める期間（個別契約に定めのないときは14日とする。以下「検査期間」という。）内に，検査仕様書に基づいて納入物を検査する。

2　委託者は，納入物が前項の検査に適合する場合，検査合格書に記名捺印の上，受託者に交付する。また，委託者は，前項の検査に合格しないと判断する場合，受託者に対し，検査に合格しない理由を記載した書面を交付し，修正等の履行の追完（以下，本条および次条において「追完」という。）を求めることができる。

3　受託者は，前項の不合格理由が認められるときは，委託者および受託者に

おいて協議した期間内に無償にて追完
し，委託者に対し，納入するものとす
る。

4　再納入後の手続については，第1項
以下に従う。

5　検査合格書が交付されない場合で
あっても，検査期間内に委託者が合理
的な理由を示して異議を述べない場合
は，納入物は本条所定の検査に合格し
たものとみなす。

6　本条所定の検査に合格したことを
もって，納入物の検収完了とし，納入
物の引渡しが完了したこととする。

第30条（契約不適合責任）

1　検収完了後，契約不適合（仕様書と
の不一致および当然有すべき品質を欠
いていることをいう。以下同じ。）が発
見された場合，委託者は受託者に対し
て，書面によって当該契約不適合の追
完を求めることができる。

2　前項にかかわらず，契約不適合が軽
微であって，委託者の業務に実質的影
響を及ぼすものでなく，かつ納入物の
追完に過分の費用または期間を要する
と委託者が認めるときは，受託者は，
前項所定の追完責任を負わない。

3　受託者の責めに帰すべき事由によっ
て生じた契約不適合により，委託者が
損害を被ったときは，受託者は賠償の
責めを負う。

4　当該契約不適合について，委託者に
よる追完の請求にもかかわらず相当期
間内に追完がなされない場合または追
完の見込みがない場合で，当該契約不
適合により個別契約の目的を達するこ
とができないときは，委託者は，本契
約または個別契約の全部または一部を
解除することができる。

5　受託者が，本条に定める責任その他
の契約不適合責任を負うのは，前条の
検収完了後○か月以内に委託者から当
該契約不適合を通知された場合に限る
ものとする。ただし，以下のいずれか
に該当するときはこの限りではない。

⑴　前条の検収完了時において，受託

者が当該契約不適合を知りもしくは
重大な過失により知らなかった場合

⑵　前条の検査において，委託者が当
該契約不適合を発見することがその
性質上合理的に期待できない場合

第31条（第三者ソフトウェアの利用）

1　受託者は，本件業務遂行の過程にお
いて，システム機能の実現のために，
第三者ソフトウェアを利用することが
できる。

2　前項に基づいて第三者ソフトウェア
を利用する場合，受託者は，当該第三
者ソフトウェアの機能，特徴を調査し，
委託者に対し，その採否の判断を求め
るものとする。委託者は，受託者の助
言に基づいて，委託者の費用において，
委託者と当該第三者との間で当該第三
者ソフトウェアのライセンス契約およ
び保守契約の締結等，必要な措置を講
ずるものとする。ただし，受託者が，
当該第三者ソフトウェアを委託者に利
用許諾する権限を有するときは，委託
者と受託者の間においてライセンス契
約を締結する等，必要な措置を講ずる
ものとする。

3　受託者は，第三者ソフトウェアに関
して，著作権その他の権利の侵害がな
いことおよび不具合がないことについ
て必要十分な調査を行わなければなら
ない。

第32条（納入物の所有権等）

1　納入物の所有権は，検収が完了した
時に，受託者から委託者へ移転する。

2　納入物の滅失，毀損等の危険負担は，
納入前については受託者が，納入後に
ついては委託者が，それぞれ負担する。

第33条（納入物等の著作権）

1　納入物に関する著作権（著作権法第
27条および第28条の権利を含む。以
下同じ。）は，検収完了時に受託者より
委託者へ移転する。なお，かかる著作
権移転の対価は，委託報酬に含まれる
ものとする。ただし，受託者または第
三者が本契約締結前から保有していた
著作物または汎用的な利用が可能な著

作物の著作権は，受託者または当該第三者に留保される。

2　受託者は，委託者に対し，納入物の使用に必要な限度で，前項ただし書の著作物（第三者に帰属するものを除く。）の利用を許諾する。かかる利用許諾の対価は，委託報酬に含まれるものとする。

3　受託者は，委託者に対し，納入物に関する著作者人格権を行使しない。納入物の作成者が，受託者以外の法人または個人の場合は，受託者は委託者に対し，当該作成者による著作者人格権を行使させないことを保証する。

Ⅱ　ソフトウェアライセンス契約・条項例（本書第3章）

○○（以下「ライセンサ」という。）と○○（以下「ユーザ」という。）とは，本件ソフトウェア（第1条で定義する。）について，以下のとおり契約（以下「本契約」という。）を締結する。

第1条（定義）

本契約中に用いられる以下の用語は，別段の定めのない限り，次の定義によるものとする。

(1)　「本件ソフトウェア」とは，ライセンサが開発しその権利を保有する別紙記載のソフトウェアをいう。

(2)　「本件ソフトウェア使用端末」とは，ユーザの管理にかかるPC等の端末であって，別紙記載の仕様を充足するものをいう。

第2条（ライセンスの許諾）

1　ライセンサは，ユーザに対し，ユーザが本契約を遵守する限りにおいて，本件ソフトウェアを別紙記載のライセンス数に応じた本件ソフトウェア使用端末にインストールし，使用する権利を許諾する。

2　前項により許諾される権利は，譲渡不可，再許諾不可の非独占的なものとする。

3　ユーザは，本契約は第1項により許諾された範囲を超える複製を許諾するものではなく，本件ソフトウェアを公衆送信，貸与，翻案その他第1項の態様以外で利用することを許諾するものではないことを確認する。

第3条（使用目的）

ユーザは，下記の使用目的（以下本条において「本目的」という。）でのみ本件ソフトウェアを使用することができ，本目的以外に本件ソフトウェアを使用し，または第三者をして使用させてはならない。

＜使用目的＞

_____

第4条（対価の支払い）

1　ユーザは，ライセンサに対し，第2条に基づく使用許諾の対価として，別紙所定のライセンス料を支払う。ライセンス料の支払いに要する費用はユーザの負担とする。

2　ライセンサは，前項に基づきユーザが支払ったライセンス料については，事由の如何を問わず，返還する責任を負わないものとする。

第5条（保守）

本件ソフトウェアに関する問い合わせ，バージョンアップ，情報提供その他の保守サービスについては，別途，ライセンサとユーザとの間で締結されるソフトウェア保守契約に基づいて提供されるものとする。

第6条（禁止行為）

ユーザは，本件ソフトウェアに関し，本契約によって認められている場合を除き，ライセンサの事前の同意なくして以下に掲げることをすることはできないものとする。

(1)　本契約に定められた条件以外で本

件ソフトウェアの全部または一部を複製すること

(2)　本件ソフトウェアの全部または一部を改変・翻案すること

(3)　本件ソフトウェアのトレース，デバッグ，逆アセンブル，デコンパイル，その他の手段により，本件ソフトウェアの構造・機能・処理方法等を解析し，または，本件ソフトウェアのソースコードを得ようとすること

(4)　本件ソフトウェアの全部または一部を，他のソフトウェアの一部に組み込み，または他のソフトウェアの全部または一部を，本件ソフトウェアの一部に組み込むこと

(5)　本件ソフトウェアの知的財産権表示を削除・改変すること

(6)　その他，本契約で明示的に許諾された範囲を超えて利用または使用すること

第7条（監査）

1　ライセンサは，事前に書面によりユーザに通知することを条件に，本契約に定められたユーザの義務が遵守されているかを確認するため，ライセンサまたはライセンサから委託を受けた第三者により，ユーザにおける本件ソフトウェアの使用状況等に関する監査を行うことができるものとし，ユーザはこれに協力する。

2　前項の監査にかかる費用は，監査の結果，ライセンサが，ユーザにおいて本契約に違反する事実が存在すると認めた場合を除き，ライセンサが負担する。

3　第1項の監査の結果，ライセンサが，ユーザにおいてライセンス料の支払いに関して本契約に違反する事実が存在すると認めた場合は，ユーザは，ライセンサに対し，本来ライセンサに支払うべきであったライセンス料からすでに支払済みのライセンス料を控除した金額の2倍に相当する額の損害賠償金を支払うものとする。

第8条（知的財産権侵害の責任）

1　ライセンサは，ユーザに対し，本件ソフトウェアが第三者の知的財産権（特許権，実用新案権，意匠権，商標権，著作権をいう。以下本条において同じ。）を侵害しないことを保証する。

2　ユーザは，本件ソフトウェアに関し，第三者から知的財産権の侵害の申立て（警告，訴訟の提起を含む。以下同じ。）を受けたときは，速やかにライセンサに対し申立ての事実および内容を通知するものとする。

3　前項の場合において，ライセンサは，ユーザが第三者との交渉または訴訟の遂行に関し，ライセンサに実質的な参加の機会および決定の権限を与え，必要な援助を行ったときは，ユーザが支払うべきとされた損害賠償額を負担する。ただし，以下の各号に掲げる場合は，ライセンサは賠償の責めを負わないものとする。

(1)　ユーザが，本件ソフトウェアを変更し，またはライセンサの指定した稼働環境以外の環境でこれを使用したことによって第三者の知的財産権の侵害が生じたとき

(2)　本件ソフトウェアを，ライセンサ以外の者が提供した製品，データ，装置またはビジネス手法とともに結合，操作または使用した場合で，それらの製品，データ，装置またはビジネス手法に起因して損害が生じたとき

4　ライセンサの責めに帰すべき事由による知的財産権の侵害を理由として本件ソフトウェアの将来に向けての使用が不可能となるおそれがある場合，ライセンサは，(ⅰ)権利侵害のない他のソフトウェアとの交換，(ⅱ)権利侵害している部分の変更，(ⅲ)継続使用のための実施または利用権の取得のいずれかの措置を講ずることができるものとする。

5　本条は，本件ソフトウェアが第三者の知的財産権を侵害した場合のライセンサの責任すべてを規定するものであ

る。

第9条（免責・非保証）

1　本件ソフトウェアは，本契約締結時点においてライセンサが提示した本件ソフトウェア使用端末の仕様の限りで動作するものとし，ライセンサは，本件ソフトウェアが他のハードウェアその他の動作環境で動作することを保証するものではない。

2　ライセンサは，本件ソフトウェアに含まれる機能が，ユーザの特定の目的に適合することを保証するものではない。

第10条（責任の制限）

1　ライセンサがユーザに対して本契約に関連して負担する損害賠償責任の範囲は，その原因如何にかかわらず，ユーザが直接かつ現実に被った通常の損害に限るものとし，ユーザにおける，ビジネス機会の喪失，信用の毀損，電子機器の誤作動，プログラム，データの消失，破壊，削除の結果生じた損害または逸失利益については，何ら責任を負わないものとする。

2　前項によりライセンサが損害賠償責任を負う場合であっても，法令による別段の定めがない限り，ユーザがライセンサに対して救済を求めることができる損害賠償額の総額は，ユーザがライセンサに対し過去○か月間に支払った本件ソフトウェアのライセンス料の合計額を上限とする。

第11条（エスクロウ）

　　ライセンサおよびユーザは，本契約締結から○日以内に，一般財団法人ソフトウェア情報センター（以下本条において「SOFTIC」という。）を加えた三者間で，SOFTICが定める契約条項によるソフトウェア・エスクロウ契約を締結するものとする。

第12条（秘密保持）

1　ライセンサおよびユーザは，相手方から開示された図面，帳簿，書面等であって，秘密である旨が表示されたもの（以下本条において「秘密情報」と

いう。）を善良な管理者の注意をもって管理し，事前の相手方の書面による同意がない限り，他に漏洩し，または公開してはならない（なお，本条において，情報を開示した当事者を「開示当事者」，情報を開示された当事者を「受領当事者」という。）。ただし，法令上の強制力を伴う開示請求が公的機関よりなされた場合，開示につき予め書面により相手方の同意を得た場合については，この限りではない。法令上の強制力を伴う開示請求が公的機関よりなされた場合は，その請求に応じる限りにおいて，開示当事者への速やかな通知を行うことを条件として開示することができるものとする。

2　次の各号に該当する情報については秘密情報に該当しないものとする。

(1)　開示された時点で，すでに公知となっている情報

(2)　開示された後，受領当事者の責めによらず公知となった情報

(3)　開示された時点で，すでに受領当事者が保有していた情報

(4)　開示された後，受領当事者が，第三者から守秘義務を負うことなく適法に取得した情報

3　受領当事者は，秘密情報を本契約の履行以外の目的に使用し，または，複製してはならないものとする。

4　受領当事者は，秘密情報を紛失または漏洩した場合には，ただちに相手方に通知するとともに，損害の発生または拡大の防止に努めるものとする。

5　本条に基づく義務は，本契約終了後○年間存続する。

第13条（期間）

1　本契約の有効期間は，本契約の締結日から○年間とする。ただし，契約期間満了の○日前までにいずれの当事者からも本契約を終了させる旨の書面による意思表示がなされなかったときは，本契約は同一の条件にてさらに○年間延長されるものとし，以後も同様とする。

2　本契約が終了した後も，第10条（責任の制限），第12条（秘密保持），本条（期間），第14条第3項（解除），第15条（契約終了時の措置），第16条（反社会的勢力の排除），第19条（権利義務の譲渡の禁止），第20条（準拠法），第21条（紛争解決）は有効に存続する。

第14条（解除）

1　ライセンサおよびユーザは，相手方が以下の各号の一に該当したときは，書面にて通知することにより，本契約を解除することができる。

(1)　重要な財産に対する差押，仮差押，仮処分，租税滞納処分，その他公権力の処分を受け，または破産手続開始，民事再生手続開始，会社更生手続開始，もしくは特別清算開始の申立てが行われたとき

(2)　解散もしくは事業の全部を譲渡し，またはその決議がなされたとき

(3)　自ら振り出しもしくは引き受けた手形または小切手が不渡りとなる等支払停止状態に至ったとき

(4)　監督官庁から営業停止，または営業免許もしくは営業登録の取消しの処分を受けたとき

2　ライセンサおよびユーザは，相手方が本契約のいずれかの条項に違反し，または相手方の責めに帰すべき事由によって本契約を継続し難い重大な事由が発生し（以下「違反等」という。），当該違反等について，書面による催告をしたにもかかわらず，14日以内にこれを是正しないときは，本契約の全部または一部を解除することができる。

3　前各項による解除が行われたときは，解除を行った当事者は，相手方当事者に対し，損害賠償を請求することができる。また，解除された当事者は，当然に期限の利益を喪失し，相手方に対して負担する債務をただちに弁済しなければならない。

第15条（契約終了時の措置）

事由の如何を問わず本契約が終了したときは，ユーザは，速やかに本件ソフトウェアを本件ソフトウェア使用端末から消去し，その使用を中止しなければならない。

第16条（反社会的勢力の排除）

1　ライセンサおよびユーザは，相手方が反社会的勢力（暴力団，暴力団員，暴力団員でなくなった時から5年を経過しない者，暴力団準構成員，暴力団関係企業，総会屋等，社会運動等標ぼうゴロまたは特殊知能暴力集団，その他これらに準ずる者をいう。以下本条において同じ。）に該当し，または，反社会的勢力と以下の各号の一にでも該当する関係を有することが判明した場合には，何らの催告を要せず，本契約を解除することができる。

(1)　反社会的勢力が経営を支配していると認められるとき

(2)　反社会的勢力が経営に実質的に関与していると認められるとき

(3)　自己，自社もしくは第三者の不正の利益を図る目的または第三者に損害を加える目的をもってするなど，不当に反社会的勢力を利用したと認められるとき

(4)　反社会的勢力に対して資金等を提供し，または便宜を供与するなどの関与をしていると認められるとき

(5)　その他役員等または経営に実質的に関与している者が，反社会的勢力と社会的に非難されるべき関係を有しているとき

2　ライセンサおよびユーザは，相手方が自らまたは第三者を利用して以下の各号の一にでも該当する行為をした場合には，何らの催告を要せず，本契約を解除することができる。

(1)　暴力的な要求行為

(2)　法的な責任を超えた不当な要求行為

(3)　取引に関して，脅迫的な言動をし，または暴力を用いる行為

(4)　風説を流布し，偽計または威力を用いて信用を毀損し，または業務を妨害する行為

(5)　その他前各号に準ずる行為

3　ライセンサおよびユーザは，自己または自己の下請または再委託先業者（下請または再委託契約が数次にわたるときには，そのすべてを含む。以下同じ。）が第1項に該当しないことを確認し，将来も同項もしくは前項各号に該当しないことを確約する。

4　ライセンサおよびユーザは，その下請または再委託先業者が前項に該当することが契約後に判明した場合には，ただちに契約を解除し，または契約解除のための措置をとらなければならない。

5　ライセンサおよびユーザは，自己または自己の下請もしくは再委託先業者が，反社会的勢力から不当要求または業務妨害等の不当介入を受けた場合は，これを拒否し，または下請もしくは再委託先業者をしてこれを拒否させるとともに，不当介入があった時点で，速やかに不当介入の事実を相手方に報告し，相手方の捜査機関への通報および報告に必要な協力を行うものとする。

6　ライセンサまたはユーザが本条第3項から前項のいずれかの規定に違反した場合，相手方は何らの催告を要さずに，本契約を解除することができる。

7　ライセンサまたはユーザが前各項の規定により本契約を解除した場合には，相手方に損害が生じても何らこれを賠償ないし補償することは要せず，また，かかる解除により自己に損害が生じたときは，相手方はその損害を賠償するものとする。

第17条（完全合意）

　本契約は，ライセンサとユーザの間の本件ソフトウェアの使用許諾に関する唯一かつ全部の合意をなすものであり，本契約に特段の定めがある場合を除き，従前にライセンサがユーザに対して提出した書面，電子メール等に記載された内容ならびに口頭での合意がライセンサまたはユーザの権利または義務にならないことを相互に確認する。

第18条（契約の変更）

　本契約は，ライセンサおよびユーザの代表者が記名捺印した書面をもって合意した場合に限り，その内容を変更することができる。

第19条（権利義務の譲渡の禁止）

　ライセンサおよびユーザは，相手方の書面による事前の承諾がなければ，本契約上の地位を第三者に承継させ，または本契約に基づく自己の権利義務の全部もしくは一部を第三者に対して譲渡し，承継させ，または担保に供することができない。

第20条（準拠法）

　本契約の解釈および適用にあたっては，日本法が適用される。

第21条（紛争解決）

1　本契約に定めのない事項または本契約の各条項に定める規定に疑義が生じた場合は，本契約の趣旨に従い，ライセンサおよびユーザにおいて誠意をもって協議し，善後策を決定する。

2　本契約に関する一切の紛争については，○○地方裁判所を第一審の専属的合意管轄裁判所とする。

（別紙省略）

III　システム保守委託契約・条項例（本書第4章）

　○○（以下「委託者」という。）と○○（以下「受託者」という。）とは，システムの保守等にかかる業務の委託について，以下のとおり契約（以下「本契約」という。）を締結する。

第1条（定義）

　本契約中に用いられる以下の用語は，

別段の定めのない限り，次の定義によるものとする。

(1)　「本件業務」とは，次条第1項に定める本契約の目的たる保守業務をいう。

(2)　「追加業務」とは，次条第3項に定める本件システムの追加開発等に関する業務をいう。

(3)　「本件システム」とは，別紙においてその範囲を定める本件業務の対象システムをいう。

(4)　「委託報酬」とは，本件業務の対価として委託者から受託者に対して支払われる報酬をいう。

(5)　「第三者ソフトウェア」とは，第三者が権利を有するソフトウェア（サーバ用OS，クライアント用OS，ケースツール，開発ツール，通信ツール，コンパイラ，RDB等を含む。）であって，本件システムに含まれるソフトウェアをいう。

(6)　「提供資料」とは，本件業務の遂行過程で，委託者が受託者に対して提供した文書，図面，帳簿，マニュアル等（紙媒体によるもののほか，電子ファイル等が格納された電磁的記録媒体によるものも含む。）をいう。提供資料の複製物も提供資料に含む。

(7)　「提供ソフトウェア等」とは，本件業務の遂行のために，委託者が受託者に対して提供するソフトウェアその他備品等をいう。

第2条（契約の趣旨）

1　委託者は，受託者に対し，本件システムに関し，以下の業務（以下「本件業務」という。）を委託し，受託者はこれを受託する。

(1)　本件システムに関する委託者からの問い合わせ対応その他関連情報の提供

(2)　本件システムの障害調査，不具合の修補（委託者の故意または過失による破損の復旧を含まない。）

(3)　本件システムのバージョンアップ版の提供（第三者ソフトウェアを除

く。）

(4)　前各号に密接関連する業務

2　本件業務は，準委任契約に基づいて提供されるものとし，本契約の定めに従い，遂行されるものとする。

3　第1項のほか，別途業務委託契約を締結することによって，委託者は，受託者に対し，以下の追加業務を委託することができる。

(1)　本件システムの改善，追加

(2)　その他本件システムに関する作業

4　追加業務の委託の条件については，委託者と受託者の間で別途締結する業務委託契約において定めるものとする。

第3条（業務責任者・業務従事者）

1　受託者は，本件業務に関する責任者（以下本条において「業務責任者」という。）を選任し，本契約締結後速やかに委託者に書面により通知するものとする。業務責任者を変更する場合は，事前に書面により相手方に通知するものとする。

2　受託者は，本件業務の遂行にかかる従事者（以下本条において「業務従事者」という。）を本件業務の遂行に十分な経験・スキルを有する者から選定する。

3　受託者は，労働基準法，労働安全衛生法，労働者災害補償保険法，職業安定法その他の関係法令に基づいて，業務従事者に対する雇用主としての一切の責任を負うものとし，業務従事者に対する本件業務遂行に関する指示，労務管理，安全衛生管理等に関する一切の指揮命令を行うものとする。

4　受託者は，業務従事者が委託者の事業所等に立ち入るにあたり，委託者の防犯，秩序維持等に関する諸規則を当該業務従事者に遵守させるものとする。

5　本条の定めにかかわらず，本契約で特に定めのない限り，以下の事項については，本契約の締結権限を有する者によって行われなければならない。

(1)　本契約または追加業務に関する契約の締結，更改，変更にかかる事項

(2)　本契約の全部または一部の解除その他終了にかかる事項

第4条（委託報酬）

　本件業務の委託報酬は，以下に定める基本保守料および超過保守料から構成されるものとする。

　基本保守料：月額○円（消費税等別）

　超過保守料：受託者が委託者に提供した本件業務にかかる稼働時間を1か月ごとに積算し，その時間が○時間を超過した場合に，超過1時間あたり○円（消費税等別）

第5条（費用）

　受託者は，委託者に対し，委託報酬のほか，本件業務の遂行に必要な出張に伴う交通費，宿泊費その他の費用を請求することができる。

第6条（支払方法）

1　委託者は，当月分の委託報酬および費用を，翌月末日までに，受託者の指定する銀行口座に振込送金の方法によって，受託者に対して支払うものとする。

2　委託報酬および費用の支払いに要する費用は委託者が負担する。

第7条（再委託）

1　受託者は，事前の委託者の書面による承諾がある場合に限り，本件業務の全部または一部を第三者に再委託することができる。

2　受託者は，前項の承諾に基づいて第三者に本件業務の全部または一部を委託する場合であっても，委託者に帰責性がある場合を除き，自ら遂行した場合と同様の責任を負うものとする。

3　第1項の承諾がある場合でも，再委託先がさらに第三者に再委託することはできない。

第8条（本件システムの停止）

1　受託者は，本件システムを搭載したサーバ等のハードウェアまたはソフトウェアの故障対応等のため，予め委託者に通知した上で，本件システムの動作を停止することができる。

2　前項の停止は，やむを得ない場合には，事後に通知することもできる。

3　受託者は，第1項の停止が受託者の責めに帰すべき事由に起因する場合を除き，停止によって委託者に生じた損害を賠償する責めを負わない。

第9条（本件業務の終了）

1　第三者ソフトウェアが変更され，または，第三者ソフトウェアの提供またはサポートが中止される場合，受託者は，○か月前までに委託者に対して通知することにより，本契約を解約し，本件業務を終了することができるものとする。

2　受託者は，前項の解約によって委託者に生じた損害を賠償する責めを負わない。

第10条（免責）

1　受託者は，本件システムに含まれる機能が，委託者の特定の目的に適合することを保証するものではない。

2　受託者は，本件システムのうち，第三者ソフトウェアに依存する部分については，常に最新の第三者ソフトウェアに対応する本件システムを提供することを保証するものではなく，第三者ソフトウェアの変更に伴って本件システムを変更する義務を負わないものとする。

3　本契約に特に定める場合を除き，受託者は，本件システムに関し，第三者の権利に対する侵害が無いこと，本件システムの動作が中断しないこと，委託者の所期する性能が実現されることの保証を含め，一切の保証を行わないものとする。

4　受託者は，委託者の本件システムの使用により，委託者または委託者以外の第三者にビジネス機会の喪失，信用の毀損，電子機器の誤作動，データの滅失，損壊が発生し，その結果生じた直接または間接，通常または特別その他いかなる種類の損害についても，契約責任，不法行為責任等，請求の原因を問わず，いかなる法的責任も負わないものとする。

第11条（ソフトウェアその他備品の提供）

1　委託者は，本件業務の遂行に必要な範囲で，受託者に対し，ソフトウェアその他の備品等を提供することができる。

2　受託者は，委託者から提供ソフトウェア等を提供されたときは，速やかにこれを確認し，異常が認められるときはただちに委託者に対してその旨を通知する。委託者は，異常を発見したときは，異常のない提供ソフトウェア等を提供しなければならない。

3　受託者は，提供ソフトウェア等を，本件業務の遂行目的以外の目的で使用してはならない。

4　受託者は，前項のほか，提供ソフトウェア等の使用にあたり，委託者の指示に従わなければならない。

5　提供ソフトウェア等が提供されることにより，委託者から受託者に対し，別段の合意がない限り，何らの権利の譲渡または権利の許諾がなされるものではないことを確認する。

第12条（作業場所の提供）

1　委託者は，本件業務の遂行のために委託者の事業所等に立ち入ることが必要な場合，本件業務の遂行に必要な範囲で，受託者に対し，作業場所を提供するものとする。

2　受託者は，前項に基づき提供された作業場所を本件業務の遂行目的以外の目的で使用してはならない。

第13条（資料の提供・管理）

1　受託者は，委託者に対し，本件業務の遂行に必要な資料等について，開示を求める場合がある。委託者が資料等の提供を拒み，もしくは遅延したことにより，または，当該資料等の内容に誤りがあったことにより生じた本件業務の履行遅滞等の結果について，受託者は一切の責任を負わないものとする。

2　受託者は，提供資料を善良な管理者による注意をもって保管管理するものとする。

3　受託者は，提供資料を，本件業務の遂行目的以外の目的で使用してはならない。

4　受託者は，本件業務が終了したときは，速やかに提供資料を委託者の指示に従って返還または廃棄する。

第14条（秘密保持）

1　委託者および受託者は，本件業務に関し相手方から開示された図面，帳簿，書面等であって，秘密である旨が表示されたもの（以下本条において「秘密情報」という。）を善良な管理者の注意をもって管理し，事前の相手方の書面による同意がない限り，他に漏洩し，または公開してはならない（なお，本条において，情報を開示した当事者を「開示当事者」，情報を開示された当事者を「受領当事者」という。）。ただし，法令上の強制力を伴う開示請求が公的機関よりなされた場合は，その請求に応じる限りにおいて，開示当事者への速やかな通知を行うことを条件として開示することができるものとする。

2　次の各号に該当する情報については秘密情報に該当しないものとする。

(1)　開示された時点で，すでに公知となっている情報

(2)　開示された後，受領当事者の責めによらず公知となった情報

(3)　開示された時点で，すでに受領当事者が保有していた情報

(4)　開示された後，受領当事者が，第三者から守秘義務を負うことなく適法に取得した情報

3　受領当事者は，秘密情報を本契約における義務の履行目的以外の目的に使用してはならず，本契約における義務の履行のために必要な限度を超えて，秘密情報を複製してはならないものとする。

4　受託者は，本件業務遂行のために必要な場合に限り，秘密情報を再委託先に開示することができるが，その場合，受託者は，再委託先に対し，本条に基づき受託者が負担するのと同等の義務

を課すものとする。

5　本条に基づく義務は，本契約終了後
○年間存続する。

第15条（個人情報）

1　受託者は，本件業務の遂行に際して
委託者より取扱いを委託された個人情
報（個人情報の保護に関する法律に定
める個人情報をいう。以下本条におい
て同じ。）を，適切に管理し，他に漏洩
し，または公開してはならない。

2　受託者は，個人情報を本件業務の遂
行目的以外の目的に使用してはならず，
複製，改変が必要なときは，事前に委
託者から書面による承諾を受けるもの
とする。

3　個人情報の返還等については，第13
条（資料の提供・管理）を準用する。

4　本条に基づく義務は，本契約終了後
も存続する。

5　その他個人情報の取扱いについては，
第14条（秘密保持）が重畳的に適用さ
れるものとする。

第16条（期間）

1　本契約の有効期間は，本契約の締結
日から○年間とする。ただし，契約期
間満了の○日前までにいずれの当事者
からも本契約を終了させる旨の書面に
よる意思表示がなされなかったときは，
本契約は同一の条件にてさらに○年間
延長されるものとし，以後も同様とす
る。

2　本契約が終了した後も，第6条（支
払方法），第8条第3項（本件システム
の停止），第9条第2項（本件業務の終
了），第10条（免責），第13条第4項
（資料の提供・管理），第14条（秘密保
持），第15条（個人情報），本条（期間），
第17条第3項（解除），第18条（損害
賠償），第19条（反社会的勢力の排除），
第22条（権利義務の譲渡の禁止），第
23条（準拠法），第24条（紛争解決）
は有効に存続する。

第17条（解除）

1　委託者および受託者は，相手方が以
下の各号の一に該当したときは，書面
にて通知することにより，本契約の全
部または一部を解除することができる。

(1)　重要な財産に対する差押，仮差押，
仮処分，租税滞納処分，その他公権
力の処分を受け，または破産手続開
始，民事再生手続開始，会社更生手
続開始，もしくは特別清算開始の申
立てが行われたとき

(2)　解散もしくは事業の全部を譲渡し，
またはその決議がなされたとき

(3)　自ら振り出しもしくは引き受けた
手形または小切手が不渡りとなる等
支払停止状態に至ったとき

(4)　監督官庁から営業停止，または営
業免許もしくは営業登録の取消しの
処分を受けたとき

2　委託者および受託者は，相手方が本
契約のいずれかの条項に違反し，また
は相手方の責めに帰すべき事由によっ
て本契約を継続し難い重大な事由が発
生し（以下「違反等」という。），当該
違反等について，書面による催告をし
たにもかかわらず，14日以内にこれを
是正しないときは，本契約の全部また
は一部を解除することができる。

3　前各項による解除が行われたときは，
解除を行った当事者は，相手方当事者
に対し，損害賠償を請求することがで
きる。また，解除された当事者は，当
然に期限の利益を喪失し，相手方に対
して負担する債務をただちに弁済しな
ければならない。

第18条（損害賠償）

委託者または受託者は，本契約に関
し，故意または過失により相手方に損
害を与えたときには，それにより相手
方が被った損害を賠償しなければなら
ない。

第19条（反社会的勢力の排除）

1　委託者および受託者は，相手方が反
社会的勢力（暴力団，暴力団員，暴力
団員でなくなった時から5年を経過し
ない者，暴力団準構成員，暴力団関係
企業，総会屋等，社会運動等標ぼうゴ
ロまたは特殊知能暴力集団，その他こ

れらに準ずる者をいう。以下本条において同じ。）に該当し、または、反社会的勢力と以下の各号の一にでも該当する関係を有することが判明した場合には、何らの催告を要せず、本契約を解除することができる。

(1) 反社会的勢力が経営を支配していると認められるとき

(2) 反社会的勢力が経営に実質的に関与していると認められるとき

(3) 自己、自社もしくは第三者の不正の利益を図る目的または第三者に損害を加える目的をもってするなど、不当に反社会的勢力を利用したと認められるとき

(4) 反社会的勢力に対して資金等を提供し、または便宜を供与するなどの関与をしていると認められるとき

(5) その他役員等または経営に実質的に関与している者が、反社会的勢力と社会的に非難されるべき関係を有しているとき

2　委託者および受託者は、相手方が自らまたは第三者を利用して以下の各号の一にでも該当する行為をした場合には、何らの催告を要せず、本契約を解除することができる。

(1) 暴力的な要求行為

(2) 法的な責任を超えた不当な要求行為

(3) 取引に関して、脅迫的な言動をし、または暴力を用いる行為

(4) 風説を流布し、偽計または威力を用いて信用を毀損し、または業務を妨害する行為

(5) その他前各号に準ずる行為

3　委託者および受託者は、自己または自己の下請または再委託先業者（下請または再委託契約が数次にわたるときには、そのすべてを含む。以下同じ。）が第1項に該当しないことを確約し、将来も同項もしくは前各号に該当しないことを確約する。

4　委託者および受託者は、その下請または再委託先業者が前項に該当するこ

とが契約後に判明した場合には、ただちに契約を解除し、または契約解除のための措置をとらなければならない。

5　委託者および受託者は、自己または自己の下請もしくは再委託先業者が、反社会的勢力から不当要求または業務妨害等の不当介入を受けた場合は、これを拒否し、または下請もしくは再委託先業者をしてこれを拒否させるとともに、不当介入があった時点で、速やかに不当介入の事実を相手方に報告し、相手方の捜査機関への通報および報告に必要な協力を行うものとする。

6　委託者または受託者が本条第3項から前項のいずれかの規定に違反した場合、相手方は何らの催告を要さずに、本契約を解除することができる。

7　委託者または受託者が前各項の規定により本契約を解除した場合には、相手方に損害が生じても何らこれを賠償ないし補償することは要せず、また、かかる解除により自己に損害が生じたときは、相手方はその損害を賠償するものとする。

第20条（完全合意）

　本契約は、委託者と受託者の間の本件業務に関する唯一かつ全部の合意をなすものであり、本契約に特段の定めがある場合を除き、従前に受託者が委託者に対して提出した提案書その他の書面、電子メール等に記載された内容ならびに口頭での合意が委託者または受託者の権利または義務にならないことを相互に確認する。

第21条（契約の変更）

　本契約は、委託者および受託者の代表者が記名捺印した書面をもって合意した場合に限り、その内容を変更することができる。

第22条（権利義務の譲渡の禁止）

　委託者および受託者は、相手方の書面による事前の承諾がなければ、本契約の契約上の地位を第三者に承継させ、または本契約に基づく自己の権利義務の全部もしくは一部を第三者に対して

譲渡し，承継させ，または担保に供することができない。

第23条（準拠法）

本契約の解釈および適用にあたっては，日本法が適用される。

第24条（紛争解決）

1　本契約に定めのない事項または本契約の各条項に定める規定に疑義が生じ

た場合は，本契約の趣旨に従い，委託者および受託者において誠意をもって協議し，善後策を決定する。

2　本契約に関する一切の紛争については，○○地方裁判所を第一審の専属的合意管轄裁判所とする。

（別紙省略）

Ⅳ　クラウドサービス利用規約・条項例（本書第5章）

第1条（本規約の目的）

本規約は，株式会社○○（以下「当社」といいます。）の提供するオンラインサービスの○○（以下「本サービス」といいます。）について定めるものとします。

第2条（用語の定義）

本規約においては，次の用語はそれぞれ次の意味で使用します。

⑴　利用契約：本規約に基づき当社と契約者との間に締結される本サービスの提供に関する契約

⑵　申込者：当社に本サービスの提供を申し込む法人，機関等

⑶　契約者：利用契約を当社と締結し，本サービスの提供を受ける法人，機関等

⑷　利用ユーザ：契約者が承認し，本サービスを利用する者

⑸　ユーザID：契約者が指定する利用ユーザを識別するために用いられる符号

第3条（本規約の適用）

1　当社は，利用契約の内容に従って本サービスの提供を行い，契約者は利用契約および当社が定める条件にてこれを利用するものとします。

2　本サービスの詳細については，別紙Aに記載するものとします。別紙Aは，利用契約の一部を構成するものとします。

第4条（本規約の変更）

1　当社は，契約者の事前の承諾を得る

ことなく，本規約を随時変更できるものとします。本規約が変更された後のサービスの提供条件は，変更後の新利用規約に従うものとします。

2　当社は，前項の変更を行う場合は，14日以上の予告期間をおいて，変更後の新利用規約の内容を契約者に通知または本サービス上に表示するものとします。ただし，本規約の変更が，契約者の利益となるときは，予告期間を定めないことができるものとします。

3　契約者が変更後の規約に同意できないときは，第31条の規定にかかわらず，前項の予告期間中に当社に通知することによって，利用契約を解除することができます。

第5条（利用契約の申込み）

1　申込者は，本規約の内容を承諾の上，当社が定める方法により，本サービス利用のための申込みを行うものとします。利用契約は，当社が当社所定の手続によって申込みを承諾したときに成立します。本規約は，利用契約の一部を構成します。

2　当社は，前項の規定にかかわらず，次の場合には，その利用契約の申込みを承諾しない，あるいは承諾を留保することがあります。

⑴　申込者が実在しない場合

⑵　当社所定の利用申込書に虚偽の記載または記入漏れがある場合

⑶　申込者が過去に本サービスの代金支払いを遅延し，または不正に免れ

ようとしたことがある場合

(4)　本サービスの利用目的が，評価，解析その他本来の目的と異なるものであると疑われる場合

(5)　申込者またはその代表者，役員において，反社会的勢力（暴力団，暴力団員等をいう。）に該当するときまたはそのおそれがあるとき

(6)　その他当社が不適当と判断する相当の理由がある場合

3　前項に従い，当社が利用契約の申込みを承諾せず，あるいは承諾を留保する場合は，その旨を申込者（契約者）に通知します。ただし，当社は，承諾をしなかったことあるいは承諾を留保したことによる責任は負いません。

第6条（利用契約の期間）

1　利用契約の契約期間は，本サービスの利用開始日（利用開始の申込みに対して当社が承諾した日または当社と契約者との間で合意した日をいいます。）から○年間とします。

2　利用契約の契約満了日の○か月前までに，契約者から当社に対して，当社の指定する方法で解約の申込みがなかった場合には，利用契約の契約満了日の翌日を契約更新日として，同一の内容・条件にて利用契約が○年間更新されるものとし，以降も同様とします。

第7条（サービスの範囲）

1　当社は，当社指定の条件下で，契約者が管理する端末機器（スマートフォン，携帯電話，パソコン等をいう。以下「端末機器」といいます。）から電気通信回線を経由して当社の指定サーバに接続することにより，本サービスを利用することのできる環境を提供します。

2　契約者は，本サービスの利用に必要なスマートフォン端末用ソフトウェアを，第三者が提供するアプリケーション配信サービス（以下「配信サービス」といいます。）を通じて取得することができます。当社は配信サービスの性能，内容，継続性について何ら保証し

ません。配信サービスの全部または一部について，不具合その他の理由による中止，停止によって，契約者がスマートフォン端末用ソフトウェアを入手できなくなった場合であっても，当社はその責任を負いません。

第8条（利用制限）

1　本サービスは，契約者自身の業務での利用を目的として提供されるものであり，商業目的で使用（第三者に対し有償と無償の別にかかわらず，第三者に対してサービス等を提供することなど）することはできません。

2　契約者による本サービスの利用は端末機器から当社指定のURLへ接続することにより行われるものとし，端末機器用のアプリケーションを除き，本サービスを構成するソフトウェア自体をダウンロードしたり，コピーする等の方法により本サービスを構成するソフトウェアを入手することはできません。

3　契約者は，同一のユーザIDを同時に用いて，複数の端末機器から同時に本サービスを利用することはできません。

4　契約者は，本サービスを，契約者の役員または従業員（契約者の業務実施地域内で契約者の職務に従事するものを含む。）に対してのみ使用させることができるものとし，その他の第三者に対して使用させることはできません。

5　契約者は，利用ユーザに対し，本規約に定める条件を周知し，これに従わせるものとします。

第9条（本サービスの変更）

当社は，本サービスの機能追加，改善を目的として，当社の裁量により本サービスの一部の追加・変更を行うことがあります。ただし，当該追加・変更によって，変更前の本サービスのすべての機能・性能が維持されることを保証するものではありません。

第10条（サービスレベル）

1　当社は，別紙A記載の基準を満たす

よう，商業的に合理的な努力をもって本サービスを提供します。

2　別紙A記載のサービスレベルは，特段の記述がない限り，本サービスに関する当社の努力目標を定めたものであり，サービスレベルを下回った場合でも，当社は損害賠償その他いかなる責任も負わないものとします。

第11条（ユーザIDおよびパスワード）

1　ユーザIDおよびパスワードは，当社が定める方法および使用条件に基づいて契約者自身が付与するものとします。

2　契約者は，自らの管理責任により，利用ユーザのユーザIDおよびパスワードを不正使用されないよう厳格に管理するものとします。

3　契約者は，いかなる場合も，ユーザIDを第三者に開示，貸与することはできません。

4　当社は，当社の責めに帰すべき事由による場合を除き，ユーザIDおよびパスワードの不正利用によって契約者に生じた損害について責任を負いません。当社は，当社の責めに帰すべき事由による場合を除き，ユーザIDとパスワードの認証を行った後に行われた本サービスの利用行為については，すべて契約者に帰属するものとみなすことができます。

第12条（ユーザIDの追加・削除）

1　契約者は利用契約に定めるユーザIDの上限数を，当社が定める方法によって申し込むことにより，追加または減少させることができます。その場合における申込手続等については第5条を準用します。

2　当社が前項の申込みに対して承諾したときは，契約者は，追加・削除後のユーザID数に基づき，本サービスの利用料金を支払うものとします。

第13条（管理責任者）

1　契約者は，本サービス利用に関して管理責任者を定め，当社に書面で届け出るものとし，当社への連絡等は，当該管理責任者を通じて行うものとします。

2　契約者は，管理責任者に変更が生じた場合には，当社に対し，速やかに通知するものとします。

3　契約者は，管理責任者をして，利用規約の遵守を管理監督させるものとし，管理責任者の意思表示，通知，その他一切の行為について，契約者としての責任を負います。

第14条（利用ユーザ）

1　契約者は，利用ユーザを定め，利用ユーザに対し，ユーザIDを付与します。

2　契約者は，ユーザIDの付与，および利用ユーザによる本サービスの利用について責任を持ち，責任の及ぶ範囲において不正利用等が発生しないようにします。

第15条（電気通信回線）

契約者が使用する端末機器から本サービスに接続する電気通信回線は，契約者自身の責任と費用負担において，確保，維持されるものとし，当社は一切の責任を負いません。

第16条（データ管理）

1　契約者は，本サービスの利用に関連して入力，提供または伝送するデータ等について，必要な情報は自己の責任で保全しておくものとします。

2　当社は，契約者が利用する情報に関して，本サービスを提供する設備等の故障等により滅失した場合に，その情報を復元する目的でこれを別に記録して一定期間保管しますが，復元の義務を負うものではありません。

3　当社は，障害，誤操作等による滅失からの復旧を目的として，契約者の入力，登録したデータを保存するための機能を当社の定める内容にて提供します。ただし，すべてのデータが当該機能によって保存，復元されることを保証するものではありません。なお，当該機能によって復元をする場合は，当社が有償で対応します。

第 17 条（個人情報の管理）

1　当社は，本サービスに入力される
データに個人情報が含まれていた場合，
本サービス提供の目的以外で利用しな
いものとし，個人情報の保護に関する
法律および当社個人情報保護方針に基
づいて，紛失・破壊・改竄・漏洩等の
危険から保護するための合理的な安全
管理措置を講じ，厳重に管理するもの
とします。

2　当社は，本サービスの提供のため必
要がなくなった個人情報に関して，一
切のコピーを残すことなく，当社責任
のもとで速やかに破棄するものとしま
す。

3　本条の規定は，利用契約が終了した
後も有効に存続するものとします。

第 18 条（当社による情報の管理・利用）

1　当社は，本サービスの改良，サービ
スの維持管理等を目的とする統計調査
のため，契約者の本サービスの利用状
況，画面・項目の利用頻度等の統計数
値を利用し，あるいは統計調査に必要
な限度でこれらの情報を解析し，二次
加工して活用するものとし，契約者は
かかる統計調査，二次加工活用を行う
ことに同意します。

2　当社は，契約者が入力したデータに
関し，善良な管理者による注意をもっ
て機密保持とその管理に努めるものと
します。

3　契約者は，当社が，裁判所，その他
の法的な権限のある官公庁の命令等に
より契約者が入力したデータの開示な
いし提出を求められた場合は，かかる
命令等に従って契約者が入力したデー
タの開示ないし提出をすることがある
ことを承諾し，かかる開示ないし提出
に対して異議を述べないものとします。

第 19 条（本サービスの利用料金，算定方
法等）

本サービスの利用料金，算定方法等
は，別紙Bの料金表に定めるとおりと
します。

第 20 条（利用料金の支払方法）

1　契約者は，利用契約が成立した日か
ら起算して利用契約の終了日までの期
間について，本サービスの利用料金お
よびこれにかかる消費税等（以下「利
用料金等」といいます。）を支払うもの
とします。

2　利用契約の契約期間において，本
サービスの提供の休止，中止その他の
事由により本サービスを利用すること
ができない状態が生じたときであって
も，契約者は，契約期間中の利用料金
等を支払うものとします。

3　契約者は，本サービスの利用料金等
を，当社からの請求書に従い当社が指
定する期日までに当社指定の金融機関
に支払うものとします。なお，支払い
に必要な振込手数料その他の費用は，
契約者の負担とします。

第 21 条（遅延損害金）

契約者が，本サービスの利用料金等
を所定の支払期日が過ぎてもなお支払
わない場合，契約者は，所定の支払期
日の翌日から支払日の前日までの日数
に，年 14.6％の利率で計算した金額を
遅延損害金として，支払うものとしま
す。

第 22 条（委託）

当社は本サービスの提供に関する業
務の全部もしくは一部を契約者の承諾
なしに，第三者に委託することができ
ます。ただし，その場合，当社は責任
をもって委託先を管理するものとしま
す。

第 23 条（禁止行為）

契約者は，本サービスを利用するに
あたり，以下の行為を行わないものと
します。

(1)　法令に違反する行為またはそのお
それがある行為

(2)　公序良俗に反する行為

(3)　他の契約者の利用を妨害する行為
またはそのおそれがある行為

(4)　本サービスを構成するハードウェ
アまたはソフトウェアへの不正アク

セス行為，クラッキング行為その他
設備等に支障を与える等の行為

(5) 本サービスの提供を妨害する行為
またはそのおそれがある行為

(6) 本サービスを構成するソフトウェ
アの解析，リバースエンジニアリン
グその他ソースコードを入手しよう
とする行為

(7) 他人のユーザIDを使用する行為
またはその入手を試みる行為

(8) 他の契約者のデータを閲覧，変更，
改竄する行為またはそのおそれがあ
る行為

第24条（知的財産権）

本サービスを構成する有形・無形の
構成物（ソフトウェアプログラム，デー
タベース，アイコン，画像，文章，マ
ニュアル等の関連ドキュメント等を含
む。）に関する著作権を含む一切の知
的財産権，その他の権利は，当社また
は当社に許諾した第三者に帰属します。

第25条（侵害の場合の責任）

本サービスの利用に関して，第三者
から契約者に対して知的財産にかかる
クレーム，その他の請求が発生した場
合，契約者はただちに当社に書面で通
知するものとし，当社はその責任と負
担においてかかるクレーム等を処理す
るものとします。ただし，かかるクレー
ム等の発生が契約者自身の責めに帰す
べき事由に基づく場合および契約者が
当社にクレーム等の発生を速やかに通
知しない等の事由により当社が適切な
防御を行う機会を逸することになった
場合は，この限りではありません。

第26条（自己責任の原則）

1　契約者は，本サービスの利用および
本サービス内における一切の行為（情
報の登録，閲覧，削除，送信等）およ
びその結果について，一切の責任を負
います。

2　契約者は，本サービスの利用に伴い，
自己の責めに帰すべき事由で第三者に
対して損害を与えた場合，または第三
者からクレーム等の請求がなされた場

合，自己の責任と費用をもって処理，
解決するものとします。

3　契約者は，契約者がその故意または
過失により当社に損害を与えた場合，
当社に対して，当該損害の賠償を行う
ものとします。

第27条（保証の制限）

1　当社は，本サービスが，重要な点に
おいて，実質的に正常に提供されるこ
とを保証します。

2　当社は，本サービスを構成するソフ
トウェアにバグ等の不具合のないこと
や，本サービスが契約者の特定の利用
目的に合致することを保証するもので
はありません。また，当社は，端末機
器において他のソフトウェア等が使用
ないし併用された場合の，本サービス
の正常な動作を保証するものではあり
ません。

3　本サービスに重要な不具合が認めら
れた場合における当社の責任は，商業
的に合理的な範囲内において，本サー
ビスの修正ないし不具合の除去の努力
をすることに限られるものとします。

4　本条は，本サービスに関する唯一の
保証について述べたものです。

第28条（免責および損害賠償の制限）

1　当社は，本規約の各条項に従って制
限された限度においてのみ，本サービ
スについての責任を負うものとします。
当社は，本規約の各条項において保証
しないとされている事項，責任を負わ
ないとされている事項，契約者の責任
とされている事項については，一切の
責任を負いません。

2　当社は，当社の責めに帰すべき事由
によって本サービスに関して契約者に
損害が生じた場合であっても，当社に
故意または重過失がある場合を除いて，
その賠償責任は，契約者が当社に対し
て支払った過去6か月分の利用料金を
上限とします。

3　当社が責任を負う場合であっても，
契約者の事業機会の損失，逸失利益，
データ滅失・損壊によって生じた損害

は，契約責任，不法行為責任その他請求の原因を問わず，賠償の対象外とします。

第29条（本サービスの休止）

1　当社は，定時にまたは必要に応じて，保守作業のために，本サービスを一時的に休止することができるものとします。

2　当社は，保守作業を行う場合には，事前に契約者に対してその旨を通知するものとします。ただし，緊急の場合には，事前の通知をすることなく本サービスを休止し，事後速やかに契約者に通知するものとします。

3　第1項に定めるほか，当社は，第三者による妨害行為等により本サービスの継続が契約者に重大な支障を与えるおそれがあると判断される場合，その他やむを得ない事由がある場合にも，本サービスを一時的に休止することができるものとします。

4　当社は，本条に基づいてなされた本サービスの休止によって契約者に生じた不利益，損害について責任を負いません。

第30条（本サービスの廃止）

1　当社は，本サービスの一部または全部を何時でも廃止できる権利を有します。

2　本サービスの一部または全部を廃止する場合，当社は廃止する3か月以上前に当該サービスの契約者に対して通知を行います。

3　当社が予期し得ない事由または法令・規則の制定・改廃，天災等のやむを得ない事由で，サービスを廃止する場合において3か月以上前の通知が不能な場合であっても，当社は可能な限り速やかに契約者に対して通知を行います。

4　本条に定める手続に従って通知がなされたときは，当社は本サービスの廃止の結果について何ら責任を負いません。

第31条（契約者が行う解除）

1　契約者は，第6条第1項に定める期間は，利用契約を解除することができません。

2　契約者は，第6条第2項によって延長された利用契約の期間内に，契約者の都合により利用契約を解除しようとする場合は，解除しようとする日の3か月前までに，当社の指定する方法により，その旨を当社に通知するものとします。

第32条（当社が行う解除）

1　当社は，契約者が次の各号のいずれかに該当すると判断した場合，契約者への催告を要することなく利用契約の全部もしくは一部を解除することができるものとします。
  (1)　当社の事業に支障を与える行為を行った場合
  (2)　重要な財産に対する差押，仮差押，仮処分，租税滞納処分，その他公権力の処分を受け，または破産手続開始，民事再生手続開始，会社更生手続開始もしくは特別清算開始の申立てが行われた場合
  (3)　解散もしくは事業の全部を譲渡し，またはその決議がなされた場合
  (4)　自ら振り出しもしくは引き受けた手形または小切手が不渡りとなる等支払停止状態に至った場合
  (5)　監督官庁から営業停止，または営業免許もしくは営業登録の取消しの処分を受けた場合
  (6)　第5条第2項各号に掲げる事由の一つがある場合

2　当社は，契約者が利用契約等に違反し，または契約者の責めに帰すべき事由によって本サービスの提供を継続し難い重大な事由が発生し（以下「違反等」といいます。），当該違反等について，書面による催告をしたにもかかわらず14日以内にこれを是正しないときは，利用契約の全部もしくは一部を解除することができるものとします。

第33条（契約終了後の処理）

1　契約者は，理由の如何を問わず利用契約が終了した場合，ただちに本サービスの利用を終了し，以後，本サービスを利用することはできません。

2　当社は，理由の如何を問わず利用契約が終了した場合，本サービスに格納された一切のデータを契約終了日から〇日以内に当社の責任で消去するものとします。

3　当社は，本条に基づいてデータを消去したことによって契約者に生じた損害を賠償する義務を負わないものとします。

4　前各項にかかわらず，契約者が契約終了日から〇日前までに当社に通知した場合は，本サービス内に格納されたデータを有償で提供します。この場合，提供の下記の条件について協議の上決定します。

　(1)データ形式，(2)提供方法，(3)料金および支払条件

第34条（通知）

　本サービスに関する通知その他本規約に定める当社から契約者に対する通知は，電子メールによる方法その他当社の定める方法によって行うものとします。通知は，当社からの発信によっ

てその効力が生ずるものとします。

第35条（権利義務譲渡の禁止）

　契約者は，利用契約の契約上の地位を第三者に承継させ，または利用契約に基づく権利義務の全部または一部を第三者に譲渡し，承継させ，または担保に供してはならないものとします。

第36条（不可抗力）

　当社は，天災，法令・規則の制定・改廃，その他の不可抗力によって本サービスの履行が妨げられた場合には，利用契約その他の一切の規定にかかわらず，かかる不可抗力によって契約者に生じた損害について一切の責任を負担しません。

第37条（協議）

　本規約の解釈について両当事者間に異議，疑義が生じた場合，または本規約に定めのない事項が生じた場合，誠実に協議し，円満にその解決を図るものとします。

第38条（準拠法および裁判管轄）

　利用契約に関する事項については，日本法を準拠法とし，〇〇地方裁判所を第一審の専属的合意管轄裁判所とします。

（別紙省略）

V　販売店・代理店契約・条項例（直接使用許諾型）（本書第6章）

　〇〇（以下「ベンダ」という。）と〇〇（以下「パートナー」という。）とは，本件ソフトウェア（第1条で定義する。）の販売にかかる業務について，以下のとおり契約（以下「本契約」という。）を締結する。

第1条（定義）

　本契約中に用いられる以下の用語は，別段の定めがない限り，次の定義によるものとする。

(1)　「本件ソフトウェア」とは，ベンダが提供する，コンピュータ・アプリ

ケーション・プログラム「〇〇」（名称を変更した場合における変更後のプログラムを含む。）をいう。

(2)　「本件ソフトウェアライセンス契約」とは，エンドユーザとベンダとの間で締結される本件ソフトウェアの使用に関する契約をいう。

(3)　「本件ソフトウェア使用権」とは，ベンダと本件ソフトウェアライセンス契約を締結することによって，エンドユーザが本件ソフトウェアを一定の条件下で使用することができる権利をいう。

(4)　「二次販売パートナー」とは，第3条第1項の定めに従い，本地域においてエンドユーザに対し本件ソフトウェア使用権を販売する非独占的な販売パートナーとして，パートナーが指名する者をいう。

(5)　「エンドユーザ」とは，ベンダと本件ソフトウェアライセンス契約を締結して本件ソフトウェアを使用する者をいう。

(6)　「本地域」とは，日本をいう。

第2条（契約の趣旨）

1　ベンダは，パートナーを，本地域においてエンドユーザに対し本件ソフトウェア使用権を販売する非独占的な販売パートナーに指名し，パートナーは，これを承諾する。ベンダは，パートナーに対し，かかる指名に基づき，本契約の有効期間中，本契約の条件に基づいて，本地域においてエンドユーザに対し本件ソフトウェア使用権を販売する譲渡不能の非独占的な権利を付与する。

2　パートナーは，前項に基づいて，エンドユーザに対し，本件ソフトウェア使用権の営業・販売活動を実施する。ただし，パートナーは，自己の名でエンドユーザに対し本件ソフトウェアの使用を許諾する権利を有しない。

3　本契約は，ベンダが本地域において，エンドユーザに対して本件ソフトウェアに関する営業・販売活動をすることを妨げない。

第3条（二次販売パートナー）

1　パートナーは，ベンダに対し，事前に書面による通知を行った上で，他の者を，二次販売パートナーとして指名し，本契約によりパートナーに付与された権利の範囲内で，本契約の条件に基づいて，本地域においてエンドユーザに対し本件ソフトウェア使用権を販売する譲渡不能の非独占的な権利を付与することができる。

2　パートナーは，二次販売パートナーに対し，本契約に基づき自己が負う義務と同等の義務を負わせるものとする。

3　パートナーは，二次販売パートナーの選任および指定にかかる責任および費用をすべて負担するものとし，二次販売パートナーの業務履行等に関する一切の責任を負うものとする。二次販売パートナーの行為に起因して発生したクレーム，損害賠償請求その他の請求または主張等については，パートナーの費用と責任で解決するものとし，ベンダは一切の責任を負わないものとする。

4　パートナーは，二次販売パートナーを指定した場合といえども，本契約に基づきパートナーが負担する義務の履行責任を免れるものではない。

5　二次販売パートナーが，さらに三次販売パートナーを指名することはできないものとする。

第4条（販売支援）

1　ベンダは，パートナーによる営業・販売活動を支援するため，本件ソフトウェアに関する次の各号に定める支援活動を必要に応じて行う。

(1)　カタログ，パンフレットの作成，配布

(2)　パートナーに対する製品説明，使用方法等の講習・教育の実施

(3)　情報提供

(4)　その他ベンダが必要または適当と認める援助および指導

2　前項各号の支援活動の具体的内容，実施時期，有償無償の別および有償の場合の対価の額については，両当事者協議の上別途定める。

第5条（使用環境の提供）

1　ベンダは，パートナーの希望がある場合，パートナーが本件ソフトウェアを使用できる環境（以下本条において「テスト環境」という。）を，無償で提供する。

2　パートナーは，前項のテスト環境を，本件ソフトウェアの営業・販売活動目的でのみ使用することができる。パートナーはベンダが同意した場合を除き，その他の目的（収益目的での利用を含

むがこの限りではない。）にテスト環
境を使用することはできない。

第6条（パートナーの義務等）

1　パートナーは，善良な管理者の注意
をもって誠実に本件ソフトウェアの営
業・販売活動を行うものとする。

2　パートナーは，本件ソフトウェアの
営業・販売活動を行うに際し，ベンダ
の商号，商標，本件ソフトウェアの商
標等を使用するときは，ベンダが事前
に承諾した範囲内においてのみ使用す
ることができる。

3　パートナーは，本件ソフトウェアの
機能，内容，使用方法の理解に努め，
本件ソフトウェアの営業・販売活動を
行うにあたり，適切かつ正確な説明を
行わなければならない。

4　パートナーは，本件ソフトウェア使
用権を販売するにあたっては，ベンダ
とエンドユーザとの間で，ベンダ所定
の内容の本件ソフトウェアライセンス
契約を締結する必要があることを説明
しなければならない。

5　本件ソフトウェアに関するエンド
ユーザからの問い合わせおよび情報提
供の窓口は，パートナーが担当する。
パートナーは，エンドユーザからの問
い合わせ，クレーム，要望等が挙げら
れたときは，真摯に対応し，かつ，ベ
ンダに対し，適時にこれを通知しなけ
ればならない。

6　ベンダは，前項の通知のほか，パー
トナーに対し，本件ソフトウェアに関
するエンドユーザからの要望，問い合
わせ内容その他の情報の提供を求める
ことができる。

第7条（製品等の変更）

1　ベンダは，パートナーに事前または
事後に通知することにより，自らの裁
量により本件ソフトウェアの仕様もし
くは機能を変更（一部の削除を含む。）
し，または本件ソフトウェアライセン
ス契約の内容を変更することができる。

2　パートナーは，前項の通知を受領し
た後は，変更後の内容に基づいて本件

ソフトウェアの営業・販売活動を行う。

3　パートナーは，第1項の通知を受領
した場合，二次販売パートナーに対し，
遅滞なく同様の通知を行う。

第8条（営業・販売活動の報告）

1　パートナーは，ベンダに対し，パー
トナーまたは二次販売パートナーの本
件ソフトウェアの営業・販売活動の結
果によって得られたエンドユーザの候
補となる者（以下「エンドユーザ候補
者」という。）の名称その他必要な情報
を遅滞なく通知する。

2　ベンダは，パートナーから通知され
たエンドユーザ候補者が，本件ソフト
ウェアに関し，すでに，ベンダまたは
他のパートナー（パートナーが指名し
た二次販売パートナーを除く。以下同
じ。）のエンドユーザ候補者であるか
どうかを遅滞なく回答する。当該エン
ドユーザ候補者がすでにベンダまたは
他のパートナーのエンドユーザ候補者
であったときは，パートナーは，当該
エンドユーザ候補者についての販売手
数料を受領する権利を有しない。

第9条（成約・販売手数料）

1　パートナーは，本件ソフトウェア使
用権を販売するにあたっては，エンド
ユーザ候補者に対し，ベンダ所定の申
込書の提出を求めるものとし，ベンダ
が当該申込書を審査し承認したときに，
ベンダとエンドユーザ候補者との間で
本件ソフトウェアライセンス契約が成
立するものとする。

2　パートナーは，ベンダを代理して，
エンドユーザ（二次販売パートナーの
営業・販売活動によるものも含む。）か
ら本件ソフトウェアライセンス契約に
基づき発生するライセンス料を受領す
ることができる。

3　パートナーは，第1項に基づいてベ
ンダとエンドユーザとの間で本件ソフ
トウェアライセンス契約が成立したと
きは，ベンダに対し，別紙○所定の本
件ソフトウェア仕切価格により計算し
た対価を，別紙○所定の期限までに，

ベンダの指定する銀行口座に振込入金する方法によって支払う。当該対価の支払いに要する費用はパートナーが負担する。

4　パートナーは，パートナーがエンドユーザから受領した本件ソフトウェアライセンス契約に基づいて発生するライセンス料と前項に基づきパートナーがベンダに支払う対価の差額を，本件ソフトウェアの販売手数料として取得する。

5　第３項に基づくパートナーのベンダに対する支払義務は，エンドユーザまたは二次販売パートナーがパートナーに対する支払いを怠ったことその他パートナーとエンドユーザまたは二次販売パートナーとの間の事情により何らの影響も受けないものとする。

第10条（本件ソフトウェアに関する紛争処理）

1　パートナーは，本件ソフトウェアの不具合または権利関係に関して，エンドユーザまたは二次販売パートナーその他の第三者からクレーム，損害賠償請求その他の請求または主張があった場合には，遅滞なくベンダに通知するとともに，かかる請求または主張をなす者に対する窓口として誠意をもって対応し，処理するものとする。

2　パートナーとエンドユーザまたは二次販売パートナーの間の代金の支払遅延，パートナーの説明の不適切その他パートナーとエンドユーザまたは二次販売パートナーの間の関係に基づくクレームまたは紛争についてはパートナーが一切の責任を負うものとし，ベンダは，かかるクレームまたは紛争について一切の責任を負わないものとする。また，ベンダがかかるクレームまたは紛争によりエンドユーザまたは二次販売パートナーに損害賠償その他の金銭的出費を余儀なくされた場合には，パートナーはその額をベンダに賠償しなければならない。

第11条（免責・非保証）

1　本件ソフトウェアは，本契約締結時点においてベンダが提示した動作環境の限りで動作するものとし，ベンダは，本件ソフトウェアが他の動作環境で動作することを保証するものではない。

2　ベンダは，本件ソフトウェアに含まれる機能が，パートナーまたはエンドユーザの特定の目的に適合することを保証するものではない。

第12条（責任の制限）

1　ベンダがパートナーに対して本契約に関連して負担する損害賠償責任の範囲は，その原因如何にかかわらず，パートナーが直接かつ現実に被った通常の損害に限るものとし，パートナーにおける，ビジネス機会の喪失，信用の毀損，電子機器の誤作動，プログラム，データの消失，破壊，削除の結果生じた損害または逸失利益については，何ら責任を負わないものとする。

2　前項によりベンダが損害賠償責任を負う場合であっても，法令による別段の定めがない限り，パートナーがベンダに対して救済を求めることができる損害賠償額の総額は，パートナーがベンダに対し過去○か月間に支払った本件ソフトウェアのライセンス料の合計額を上限とする。

第13条（秘密保持）

1　パートナーは，本契約に関しベンダから開示された図面，帳簿，書面等であって，秘密である旨が表示されたもの（以下本条において「秘密情報」という。）を善良な管理者の注意をもって管理し，事前のベンダの書面による同意がない限り，他に漏洩し，または公開してはならない。ただし，法令上の強制力を伴う開示請求が公的機関よりなされた場合は，その請求に応じる限りにおいて，ベンダへの速やかな通知を行うことを条件として開示することができるものとする。

2　次の各号に該当する情報については秘密情報に該当しないものとする。

(1)　開示された時点で，すでに公知となっている情報

(2)　開示された後，パートナーの責めによらず公知となった情報

(3)　開示された時点で，すでにパートナーが保有していた情報

(4)　開示された後，パートナーが，第三者から守秘義務を負うことなく適法に取得した情報

3　パートナーは，秘密情報を本件ソフトウェアの営業・販売活動遂行目的以外の目的に使用してはならず，営業・販売活動遂行のために必要な限度を超えて，秘密情報を複製してはならないものとする。

4　パートナーは，本件ソフトウェアの営業・販売活動のために必要な場合に限り，秘密情報を再委託先に開示することができるが，その場合，パートナーは，再委託先に対し，本条に基づきパートナーが負担するのと同等の義務を課すものとする。

5　本条に基づく義務は，本契約終了後〇年間存続する。

第14条（期間）

1　本契約の有効期間は，契約締結日より〇年間とする。ただし，期間満了の〇か月前までに両当事者いずれからも書面にて更新を拒絶する旨の意思表示がなされなかったときは，同一の条件でさらに〇年間延長されるものとし，以後も同様とする。

2　本契約が終了した後も，第10条第2項（本件ソフトウェアに関する紛争処理），第12条（責任の制限），第13条（秘密保持），本条（期間），第15条第3項（解除），第17条（反社会的勢力の排除），第20条（権利義務の譲渡の禁止），第21条（準拠法），第22条（紛争解決）は有効に存続する。

第15条（解除）

1　ベンダおよびパートナーは，相手方が以下の各号の一に該当したときは，書面にて通知することにより，本契約を解除することができる。

(1)　重要な財産に対する差押，仮差押，仮処分，租税滞納処分，その他公権力の処分を受け，または破産手続開始，民事再生手続開始，会社更生手続開始，もしくは特別清算開始の申立てが行われたとき

(2)　解散もしくは事業の全部を譲渡し，またはその決議がなされたとき

(3)　自ら振り出しもしくは引き受けた手形または小切手が不渡りとなる等支払停止状態に至ったとき

(4)　監督官庁から営業停止，または営業免許もしくは営業登録の取消しの処分を受けたとき

2　ベンダおよびパートナーは，相手方が本契約のいずれかの条項に違反し，または相手方の責めに帰すべき事由によって本契約を継続し難い重大な事由が発生し（以下「違反等」という。），当該違反等について，書面による催告をしたにもかかわらず，14日以内にこれを是正しないときは，本契約を解除することができる。

3　前各項による解除が行われたときは，解除を行った当事者は，相手方当事者に対し，損害賠償を請求することができる。また，解除された当事者は，当然に期限の利益を喪失し，相手方に対して負担する債務をただちに弁済しなければならない。

第16条（解約）

1　ベンダは，パートナーの販売意思または能力の喪失，その他の理由により，本契約の存続が適当でないと認めたときは，本契約の有効期間中であっても，パートナーに対し，〇か月前までに書面で通知することによって，本契約を終了させることができる。

2　ベンダは，前項の規定による本契約の終了によってパートナーに生じた損害を賠償する責めを負わない。

第17条（反社会的勢力の排除）

1　ベンダおよびパートナーは，相手方が反社会的勢力（暴力団，暴力団員，暴力団員でなくなった時から5年を経

過しない者，暴力団準構成員，暴力団関係企業，総会屋等，社会運動等標ぼうゴロまたは特殊知能暴力集団，その他これらに準ずる者をいう。以下本条において同じ。）に該当し，または，反社会的勢力と以下の各号の一にでも該当する関係を有することが判明した場合には，何らの催告を要せず，本契約を解除することができる。

(1)　反社会的勢力が経営を支配していると認められるとき

(2)　反社会的勢力が経営に実質的に関与していると認められるとき

(3)　自己，自社もしくは第三者の不正の利益を図る目的または第三者に損害を加える目的をもってするなど，不当に反社会的勢力を利用したと認められるとき

(4)　反社会的勢力に対して資金等を提供し，または便宜を供与するなどの関与をしていると認められるとき

(5)　その他役員等または経営に実質的に関与している者が，反社会的勢力と社会的に非難されるべき関係を有しているとき

2　ベンダおよびパートナーは，相手方が自らまたは第三者を利用して以下の各号の一にでも該当する行為をした場合には，何らの催告を要せず，本契約を解除することができる。

(1)　暴力的な要求行為

(2)　法的な責任を超えた不当な要求行為

(3)　取引に関して，脅迫的な言動をし，または暴力を用いる行為

(4)　風説を流布し，偽計または威力を用いて信用を毀損し，または業務を妨害する行為

(5)　その他前各号に準ずる行為

3　ベンダおよびパートナーは，自己または自己の下請または再委託先業者（下請または再委託契約が数次にわたるときには，そのすべてを含む。以下同じ。）が第1項に該当しないことを確約し，将来も同項もしくは前項各号に該当しないことを確約する。

4　ベンダおよびパートナーは，その下請または再委託先業者が前項に該当することが契約後に判明した場合には，ただちに契約を解除し，または契約解除のための措置をとらなければならない。

5　ベンダおよびパートナーは，自己または自己の下請もしくは再委託先業者が，反社会的勢力から不当要求または業務妨害等の不当介入を受けた場合は，これを拒否し，または下請もしくは再委託先業者をしてこれを拒否させるとともに，不当介入があった時点で，速やかに不当介入の事実を相手方に報告し，相手方の捜査機関への通報および報告に必要な協力を行うものとする。

6　ベンダまたはパートナーが本条第3項から前項のいずれかの規定に違反した場合，相手方は何らの催告を要さずに，本契約を解除することができる。

7　ベンダまたはパートナーが前各項の規定により本契約を解除した場合には，相手方に損害が生じても何らこれを賠償ないし補償することは要せず，また，かかる解除により自己に損害が生じたときは，相手方はその損害を賠償するものとする。

第18条（完全合意）

　本契約は，ベンダとパートナーの間の本件ソフトウェアの営業・販売活動に関する唯一かつ全部の合意をなすものであり，本契約に特段の定めがある場合を除き，従前にベンダがパートナーに対して提出した書面，電子メール等に記載された内容ならびに口頭での合意がベンダまたはパートナーの権利または義務にならないことを相互に確認する。

第19条（契約の変更）

　本契約は，ベンダおよびパートナーの代表者が記名捺印した書面をもって合意した場合に限り，その内容を変更することができる。

第20条（権利義務の譲渡の禁止）

　　ベンダおよびパートナーは，相手方の書面による事前の承諾がなければ，本契約の契約上の地位を第三者に承継させ，または本契約に基づく自己の権利義務の全部もしくは一部を第三者に対して譲渡し，承継させ，または担保に供することができない。

第21条（準拠法）

　　本契約の解釈および適用にあたっては，日本法が適用される。

第22条（紛争解決）

1　本契約に定めのない事項または本契約の各条項に定める規定に疑義が生じた場合は，本契約の趣旨に従い，ベンダおよびパートナーにおいて誠意をもって協議し，善後策を決定する。

2　本契約に関する一切の紛争については，○○地方裁判所を第一審の専属的合意管轄裁判所とする。

（別紙省略）

VI　販売店・代理店契約・条項例（再使用許諾型）（本書第6章）

　　○○（以下「ベンダ」という。）と○○（以下「パートナー」という。）とは，本件ソフトウェア（第1条で定義する。）の販売にかかる業務について，以下のとおり契約（以下「本契約」という。）を締結する。

第1条（定義）

　　本契約中に用いられる以下の用語は，別段の定めがない限り，次の定義によるものとする。

(1)　「本件ソフトウェア」とは，ベンダが提供する，コンピュータ・アプリケーション・プログラム「○○」（名称を変更した場合における変更後のプログラムを含む。）をいう。

(2)　「本件ソフトウェアライセンス契約」とは，エンドユーザとパートナーとの間で締結される本件ソフトウェアの使用に関する契約をいう。

(3)　「本件ソフトウェア使用権」とは，エンドユーザがパートナーと契約を締結することによって，エンドユーザが本件ソフトウェアを一定の条件下で使用することができる使用権をいう。

(4)　「二次販売パートナー」とは，本地域においてエンドユーザに対し本件ソフトウェア使用権を販売する非独占的な販売パートナーとして，パー

トナーが指名する者をいう。

(5)　「エンドユーザ」とは，パートナーが営業・販売行為をすることによって本件ソフトウェアライセンス契約を締結する者をいう。

(6)　「本地域」とは，日本をいう。

第2条（契約の趣旨）

1　ベンダは，パートナーに対し，本契約の締結をもって，ベンダ所定の本件ソフトウェアに関する使用許諾条件に基づき，再使用許諾可能な本件ソフトウェア使用権を付与するものとする。ただし，パートナーに付与される本件ソフトウェア使用権は，本契約に定めるパートナーによる本件ソフトウェア使用権の販売に必要な範囲に限られるものとし，ベンダ所定の使用許諾条件と本契約の定めに齟齬がある場合は，本契約に定める条件が優先して適用されるものとする。

2　ベンダは，パートナーを，本地域においてエンドユーザに対し本件ソフトウェア使用権を販売する非独占的な販売パートナーに指名し，パートナーは，これを承諾する。ベンダは，パートナーに対し，当該指名に基づき，本契約の有効期間中，本契約の条件に基づいて，本地域においてエンドユーザに対し本件ソフトウェア使用権を販売する譲渡不能の非独占的な権利を付与する。

3　パートナーは，前項に基づいて，エンドユーザに対し，本件ソフトウェアの営業・販売活動を実施する。パートナーは，第1項により付与された本件ソフトウェア使用権をサブライセンスすることにより，エンドユーザに対し，本件ソフトウェア使用権を販売するものとする。パートナーは，自己使用を目的としないエンドユーザに対して本件ソフトウェア使用権を販売してはならない。

4　本契約は，ベンダが本地域において，本件ソフトウェアに関する営業・販売活動をすることを妨げない。

第3条（二次販売パートナーの指名禁止）
　パートナーは，本件ソフトウェアの販売に関して二次販売パートナーを指名することはできない。

第4条（マスタプログラムの提供）
　ベンダは，パートナーに対し，ベンダ所定の方法および条件により，本件ソフトウェアのマスタプログラムを提供する。

第5条（販売支援）

1　ベンダは，パートナーによる営業・販売活動を支援するため，本件ソフトウェアに関する次の各号に定める事項を必要に応じて行う。
(1)　カタログ，パンフレットの作成，配布
(2)　パートナーに対する製品説明，使用方法等の講習・教育の実施
(3)　情報提供
(4)　その他ベンダが必要または適当と認める援助および指導

2　前項各号の支援活動の具体的内容，実施時期，有償無償の別および有償の場合の対価の額については，両当事者協議の上別途定める。

第6条（使用環境の提供）

1　ベンダは，パートナーの希望がある場合，パートナーが本件ソフトウェアを使用できる環境（以下本条において「テスト環境」という。）を，無償で提供する。

2　パートナーは，前項のテスト環境を，本件ソフトウェアの営業・販売活動目的でのみ使用することができる。パートナーはベンダが同意した場合を除き，その他の目的（収益目的での利用を含むがこの限りではない。）にテスト環境を使用することはできない。

第7条（保守）

1　ベンダは，パートナーに対し，保守サービスとして，本件ソフトウェアに関する以下の各号に掲げる保守業務を提供する。
(1)　問い合わせ対応
(2)　情報提供
(3)　パッチプログラムの提供
(4)　バージョンアップ

2　ベンダは，パートナーに対してのみ，前項に定める保守業務を提供するものとする。エンドユーザに対する保守業務は，パートナーによって提供されるものとする。

3　第1項第2号から第4号に定める保守業務は，ベンダが必要と判断した場合に行うものとする。

第8条（パートナーの義務）

1　パートナーは，エンドユーザに本件ソフトウェア使用権を販売するにあたっては，エンドユーザとの間で，ベンダ所定の使用許諾条件（別紙○に記載する。）に基づく本件ソフトウェアライセンス契約を締結するものとする。

2　パートナーが，エンドユーザとの間で本件ソフトウェアライセンス契約を締結したときは，遅滞なくベンダに報告するものとする。

3　パートナーが，締結済みの本件ソフトウェアライセンス契約に関して，エンドユーザとの間でユーザーライセンス数の追加にかかる変更を合意したときは，遅滞なくベンダに報告するものとする。

4　パートナーが，エンドユーザとの間で本件ソフトウェアライセンス契約を締結したときは，エンドユーザに対し，ベンダ所定のユーザ登録手続を行わせ

るものとする。

5　パートナーは，ベンダに対し，当月分のエンドユーザとの間での本件ソフトウェアライセンス契約の締結，変更，終了等にかかる実績を，翌月○日までにベンダ所定の形式で報告するものとする。

第9条（禁止行為）

　パートナーは，本件ソフトウェア使用権の販売に関し，本契約によって認められている場合を除き，ベンダの事前の同意なくして以下に掲げることをすることはできないものとする。

(1)　本件ソフトウェアの営業・販売活動を第三者に委託すること

(2)　自己使用を目的としない者に対して本件ソフトウェア使用権を販売すること

第10条（対価）

1　パートナーは，第8条に基づいてパートナーとエンドユーザとの間で本件ソフトウェアライセンス契約が成立したときおよびユーザーライセンス数の追加等にかかる本件ソフトウェアライセンス契約の変更の合意が成立したときは，ベンダに対し，別紙○所定の本件ソフトウェア仕切価格に基づいて計算したライセンス料を，別紙所定の期限までに，ベンダの指定する銀行口座に振込入金する方法によって支払う。ライセンス料の支払いに要する費用はパートナーが負担する。

2　前項に基づくパートナーのベンダに対する支払義務は，エンドユーザがパートナーに対する支払いを怠ったことその他パートナーとエンドユーザとの間の関係により何らの影響も受けないものとする。

第11条（本件ソフトウェアに関する紛争処理）

1　パートナーは，本件ソフトウェアの不具合または権利関係に関して，エンドユーザその他の第三者からクレーム，損害賠償請求その他の請求または主張があった場合には，遅滞なくベンダに

通知するとともに，かかる請求または主張をなす者に対する窓口として誠意をもって対応し，処理するものとする。

2　パートナーとエンドユーザの間の代金の支払遅延，パートナーの説明の不適切その他パートナーとエンドユーザの間の関係に基づくクレームまたは紛争についてはパートナーが一切の責任を負うものとし，ベンダは，かかるクレームまたは紛争について一切の責任を負わないものとする。また，ベンダがかかるクレームまたは紛争によりエンドユーザに損害賠償その他の金銭的出捐を余儀なくされた場合には，パートナーはその額をベンダに賠償しなければならない。

第12条（監査）

1　ベンダは，事前に書面によりパートナーに通知することを条件に，本契約に定められたパートナーの義務が遵守されているかを確認するため，ベンダまたはベンダから委託を受けた第三者により，パートナーにおける本件ソフトウェアの販売状況等に関する監査を行うことができるものとし，パートナーはこれに協力する。

2　前項の監査にかかる費用は，監査の結果，ベンダが，パートナーにおいて本契約に違反する事実が存在すると認めた場合を除き，ベンダが負担する。

3　第1項の監査の結果，ベンダが，パートナーにおいて本契約に違反する事実が存在すると認めた場合は，パートナーは，ベンダに対し，本来ベンダに支払うべきであったライセンス料からすでに支払済みのライセンス料を控除した金額の2倍に相当する額の損害賠償金を支払うものとする。

第13条（知的財産権侵害の責任）

1　ベンダは，パートナーに対し，本件ソフトウェアが第三者の知的財産権（特許権，実用新案権，意匠権，商標権，著作権をいう。以下本条において同じ。）を侵害しないことを保証する。

2　パートナーは，本件ソフトウェアに

関し，第三者から知的財産権の侵害の申立て（警告，訴訟の提起を含む。以下同じ。）を受けたときは，速やかにベンダに対し申立ての事実および内容を通知するものとする。

3　前項の場合において，ベンダは，パートナーが第三者との交渉または訴訟の遂行に関し，ベンダに実質的な参加の機会および決定の権限を与え，必要な援助を行ったときは，パートナーが支払うべきとされた損害賠償額を負担する。ただし，以下の各号に掲げる場合は，ベンダは賠償の責めを負わないものとする。

(1)　パートナーまたはエンドユーザが，本件ソフトウェアを変更し，またはベンダの指定した稼働環境以外の環境で本件ソフトウェアを使用したことによって第三者の知的財産権の侵害が生じたとき

(2)　パートナーまたはエンドユーザが本件ソフトウェアを，ベンダ以外の者が提供した製品，データ，装置またはビジネス手法とともに結合，操作または使用した場合で，それらの製品，データ，装置またはビジネス手法に起因して損害が生じたとき

4　ベンダの責めに帰すべき事由による知的財産権の侵害を理由として本件ソフトウェアの将来に向けての使用が不可能となるおそれがある場合，ベンダは，(i)権利侵害のない他のソフトウェアとの交換，(ii)権利侵害している部分の変更，(iii)継続使用のための実施または利用権の取得のいずれかの措置を講ずることができるものとする。

5　本条は，本件ソフトウェアが第三者の知的財産権を侵害した場合のベンダの責任すべてを規定するものである。

第14条（免責・非保証）

1　本件ソフトウェアは，本契約締結時点においてベンダが提示した動作環境の限りで動作するものとし，ベンダは，本件ソフトウェアが他の動作環境で動作することを保証するものではない。

2　ベンダは，本件ソフトウェアに含まれる機能が，パートナーまたはエンドユーザの特定の目的に適合することを保証するものではない。

第15条（責任の制限）

1　ベンダがパートナーに対して本契約に関連して負担する損害賠償責任の範囲は，その原因如何にかかわらず，パートナーが直接かつ現実に被った通常の損害に限るものとし，パートナーにおける，ビジネス機会の喪失，信用の毀損，電子機器の誤作動，プログラム，データの消失，破壊，削除の結果生じた損害または逸失利益については，何ら責任を負わないものとする。

2　前項によりベンダが損害賠償責任を負う場合であっても，法令による別段の定めがない限り，パートナーがベンダに対して救済を求めることができる損害賠償額の総額は，パートナーがベンダに対し過去○か月に支払った本件ソフトウェアのライセンス料の合計額を上限とする。

第16条（秘密保持）

1　パートナーは，本契約に関しベンダから開示された図面，帳簿，書面等であって，秘密である旨が表示されたもの（以下本条において「秘密情報」という。）を善良な管理者の注意をもって管理し，事前のベンダの書面による同意がない限り，他に漏洩し，または公開してはならない。ただし，法令上の強制力を伴う開示請求が公的機関よりなされた場合は，その請求に応じる限りにおいて，ベンダへの速やかな通知を行うことを条件として開示することができるものとする。

2　次の各号に該当する情報については秘密情報に該当しないものとする。

(1)　開示された時点で，すでに公知となっている情報

(2)　開示された後，パートナーの責めによらず公知となった情報

(3)　開示された時点で，すでにパートナーが保有していた情報

(4)　開示された後，パートナーが，第
　　三者から守秘義務を負うことなく適
　　法に取得した情報
3　　パートナーは，秘密情報を本件ソフ
　トウェアの営業・販売活動遂行目的以
　外の目的に使用してはならず，営業・
　販売活動遂行のために必要な限度を超
　えて，秘密情報を複製してはならない
　ものとする。
4　　パートナーは，本件ソフトウェアの
　営業・販売活動のために必要な場合に
　限り，秘密情報を再委託先に開示する
　ことができるが，その場合，パートナー
　は，再委託先に対し，本条に基づきパー
　トナーが負担するのと同等の義務を課
　すものとする。
5　　本条に基づく義務は，本契約終了後
　〇年間存続する。

第17条（期間）

1　　本契約の有効期間は，契約締結日よ
　り〇年間とする。ただし，期間満了の
　〇か月前までに両当事者いずれからも
　書面にて更新を拒絶する旨の意思表示
　がなされなかったときは，同一の条件
　でさらに〇年間延長されるものとし，
　以後も同様とする。
2　　前項のほか，本契約が終了した後も，
　第11条第2項（本件ソフトウェアに
　関する紛争処理），第13条（知的財産
　権侵害の責任），第15条（責任の制限），
　第16条（秘密保持），本条（期間），第
　18条第3項（解除），第20条（反社会
　的勢力の排除），第23条（権利義務の
　譲渡の禁止），第24条（準拠法），第25
　条（紛争解決）は有効に存続する。

第18条（解除）

1　　ベンダおよびパートナーは，相手方
　が以下の各号の一に該当したときは，
　書面にて通知することにより，本契約
　を解除することができる。
(1)　重要な財産に対する差押，仮差押，
　　仮処分，租税滞納処分，その他公権
　　力の処分を受け，または破産手続開
　　始，民事再生手続開始，会社更生手
　　続開始，もしくは特別清算開始の申

　　立てが行われたとき
(2)　解散もしくは事業の全部を譲渡し，
　　またはその決議がなされたとき
(3)　自ら振り出しもしくは引き受けた
　　手形または小切手が不渡りとなる等
　　支払停止状態に至ったとき
(4)　監督官庁から営業停止，または営
　　業免許もしくは営業登録の取消しの
　　処分を受けたとき
2　　ベンダおよびパートナーは，相手方
　が本契約のいずれかの条項に違反し，
　または相手方の責めに帰すべき事由に
　よって本契約を継続し難い重大な事由
　が発生し（以下「違反等」という。），
　当該違反等について，書面による催告
　をしたにもかかわらず，14日以内にこ
　れを是正しないときは，本契約を解除
　することができる。
3　　前各項による解除が行われたときは，
　解除を行った当事者は，相手方当事者
　に対し，損害賠償を請求することがで
　きる。また，解除された当事者は，当
　然に期限の利益を喪失し，相手方に対
　して負担する債務をただちに弁済しな
　ければならない。

第19条（解約）

1　　ベンダは，パートナーの販売意思ま
　たは能力の喪失，その他の理由により，
　本契約の存続が適当でないと認めたと
　きは，本契約の有効期間中であっても，
　パートナーに対し，〇か月前までに書
　面で通知することによって，本契約を
　終了させることができる。
2　　ベンダは，前項の規定による本契約
　の終了によってパートナーに生じた損
　害を賠償する責めを負わない。

第20条（反社会的勢力の排除）

1　　ベンダおよびパートナーは，相手方
　が反社会的勢力（暴力団，暴力団員，
　暴力団員でなくなった時から5年を経
　過しない者，暴力団準構成員，暴力団
　関係企業，総会屋等，社会運動等標ぼ
　うゴロまたは特殊知能暴力集団，その
　他これらに準ずる者をいう。以下本条
　において同じ。）に該当し，または，反

社会的勢力と以下の各号の一にでも該当する関係を有することが判明した場合には，何らの催告を要せず，本契約を解除することができる。

(1) 反社会的勢力が経営を支配していると認められるとき

(2) 反社会的勢力が経営に実質的に関与していると認められるとき

(3) 自己，自社もしくは第三者の不正の利益を図る目的または第三者に損害を加える目的をもってするなど，不当に反社会的勢力を利用したと認められるとき

(4) 反社会的勢力に対して資金等を提供し，または便宜を供与するなどの関与をしていると認められるとき

(5) その他役員等または経営に実質的に関与している者が，反社会的勢力と社会的に非難されるべき関係を有しているとき

2　ベンダおよびパートナーは，相手方が自らまたは第三者を利用して以下の各号の一にでも該当する行為をした場合には，何らの催告を要せず，本契約を解除することができる。

(1) 暴力的な要求行為

(2) 法的な責任を超えた不当な要求行為

(3) 取引に関して，脅迫的な言動をし，または暴力を用いる行為

(4) 風説を流布し，偽計または威力を用いて信用を毀損し，または業務を妨害する行為

(5) その他前各号に準ずる行為

3　ベンダおよびパートナーは，自己または自己の下請または再委託先業者（下請または再委託契約が数次にわたるときには，そのすべてを含む。以下同じ。）が第1項に該当しないことを確約し，将来も同項もしくは前項各号に該当しないことを確約する。

4　ベンダおよびパートナーは，その下請または再委託先業者が前項に該当することが契約後に判明した場合には，ただちに契約を解除し，または契約解除のための措置をとらなければならない。

5　ベンダおよびパートナーは，自己または自己の下請もしくは再委託先業者が，反社会的勢力から不当要求または業務妨害等の不当介入を受けた場合は，これを拒否し，または下請もしくは再委託先業者をしてこれを拒否させるとともに，不当介入があった時点で，速やかに不当介入の事実を相手方に報告し，相手方の捜査機関への通報および報告に必要な協力を行うものとする。

6　ベンダまたはパートナーが本条第3項から前項のいずれかの規定に違反した場合，相手方は何らの催告を要さずに，本契約を解除することができる。

7　ベンダまたはパートナーが前各項の規定により本契約を解除した場合には，相手方に損害が生じても何らこれを賠償ないし補償することは要せず，また，かかる解除により自己に損害が生じたときは，相手方はその損害を賠償するものとする。

第21条（完全合意）

本契約は，ベンダとパートナーの間の本件ソフトウェアの営業・販売活動に関する唯一かつ全部の合意をなすものであり，本契約に特段の定めがある場合を除き，従前にベンダがパートナーに対して提出した書面，電子メール等に記載された内容ならびに口頭での合意がベンダまたはパートナーの権利または義務にならないことを相互に確認する。

第22条（契約の変更）

本契約は，ベンダおよびパートナーの代表者が記名捺印した書面をもって合意した場合に限り，その内容を変更することができる。

第23条（権利義務の譲渡の禁止）

ベンダおよびパートナーは，相手方の書面による事前の承諾がなければ，本契約の契約上の地位を第三者に承継させ，または本契約に基づく自己の権利義務の全部もしくは一部を第三者に

対して譲渡し，承継させ，または担保
に供することができない。

第24条（準拠法）

本契約の解釈および適用にあたって
は，日本法が適用される。

第25条（紛争解決）

1　本契約に定めのない事項または本契
約の各条項に定める規定に疑義が生じ

た場合は，本契約の趣旨に従い，ベン
ダおよびパートナーにおいて誠意を
もって協議し，善後策を決定する。

2　本契約に関する一切の紛争について
は，○○地方裁判所を第一審の専属的
合意管轄裁判所とする。

（別紙省略）

Ⅶ　データ提供契約・条項例（本書第7章）

○○（以下「提供者」という。）と○○
（以下「受領者」という。）とは，提供者
が有するデータの提供とその利用許諾に
ついて，以下のとおり契約（以下「本契
約」という。）を締結する。

第1条（定義）

本契約中に用いられる以下の用語は，
別段の定めのない限り，次の定義によ
るものとする。

(1)　「提供データ」とは，本契約に基づ
いて受領者に提供されるデータで
あって，別紙1に詳細を定めるもの
をいう。〔ただし，個人を識別できる
情報は含まない。〕*1

(2)　「本目的」とは，〔受領者が，提供
データを分析し，自社のマーケティ
ングに活用するために利用するこ
と〕*2をいう。

　*1　〔　〕内は，個人情報を提供す
るデータの対象から除外したい
場合（匿名加工情報を提供する
場合を含む）の例です。

　*2　〔　〕内は一例であり，受領者
の企図するデータの利用方法に
合わせて変更する必要がありま
す。

第2条（データの提供方法・仕様）

1　提供データの仕様は，別紙1に定め
るとおりとする。ただし，提供者は，
14日以上の期間を定めた上で，事前に
受領者に通知することによって別紙1
の仕様を変更することができる。

2　提供者は，本契約期間中，受領者に
対し，別紙1に定める方法により，提
供データを提供する。

3　受領者は，別紙1の仕様の説明を受
け，別紙2に記載の提供者における提
供データ取得の経緯等を確認した。

第3条（データの利用許諾）

1　提供データに関する知的財産権
（データベースの著作物に関する権利
を含むがこれに限らない。以下同じ。）
は，提供者に帰属する。本契約におい
て明示したものを除き，本契約の締結
によって，提供者は受領者に対し，提
供データに関する何らの権利も譲渡，
移転，利用許諾するものではないこと
を相互に確認する。

2　提供者は，受領者に対し，提供デー
タを，本契約の有効期間中，本目的の
範囲内で利用することを許諾する。

3　受領者は，提供者の事前の書面によ
る承諾なくして，本目的以外の目的で
提供データの加工，編集，第三者提供
その他の利用を行ってはならない。

第4条（データ受領者の義務）

1　受領者は，提供データを，他の情報
と明確に区別し，善良な管理者の注意
をもって取り扱うとともに，個人情報
の保護に関する法律その他関連法令，
ガイドラインに従い，必要な管理措置
を講じるものとする。

〔2　受領者は，提供データを取り扱うに
あたっては，当該提供データにかかる
本人を識別するために当該提供データ

を他の情報と照合してはならず，また，当該本人を特定してはならず，これらの行為を試みてはならない。〕*

3　受領者は，提供データの漏洩その他提供データの安全管理に支障を及ぼすおそれがあるときは，ただちに提供者にその旨を通知し，是正のために必要な措置を講じなければならない。

　　　*　第2項は，個人情報保護法38条（令和3年改正法施行前の条文番号）を前提として，提供データが匿名加工情報である場合の例です。

第5条（保証）

1　提供者は，提供データが，適法，適切な方法によって取得された〔後，個人情報保護法に規定する匿名加工情報となるよう，同法の規定に従って適切に加工された〕*1ものであることを表明し，保証する。

2　提供者は，本契約に基づいて行う提供データの提供について，〔権利主体である本人の同意を得ていることその他個人情報保護法に定める手続が履践されていることを表明するとともに，〕*2適法に提供されるものであることを保証する。

3　提供者は，提供データが正確であることを保証しない。

4　提供者は，提供データが第三者の知的財産権その他の権利を侵害しないものであることを保証しない。

5　受領者は，提供データの利用に起因して第三者との間で紛争または請求（以下「紛争等」という。）が生じた場合には，自己の責任および費用負担において当該紛争等を解決する。ただし，提供者は，当該紛争等に合理的な範囲で協力する。

　　*1　〔　〕内は，提供データが匿名加工情報である場合の例です。
　　*2　〔　〕内は，提供データが個人データである場合の例です。

第6条（対価および支払方法）

1　提供データの利用許諾に対する対価

は，別紙1-1.（3）記載の1単位あたり月額金○○円（消費税等別）とする。

2　提供者は，当月末日締めにて提供者の利用単位数を集計し，翌月25日までに受領者に対して当該利用単位数を通知する。

3　受領者は，前項の通知を受領した月の末日までに，第1項の規定によって定まる金額を，提供者の指定する銀行口座に振込送金の方法によって支払う。対価の支払いに要する費用は受領者の負担とする。

第7条（派生データの取扱い）

1　派生データに関する知的財産権は，受領者に帰属する。

2　受領者は，提供者の承諾を得ることなく，派生データを加工，編集，第三者提供その他の利用を行うことができる。

第8条（責任の制限）

1　受領者は，提供データについて，開示（本契約で許諾される範囲の開示は除く。），内容の訂正，追加または削除，利用の停止，消去および提供の停止を行うことのできる権限を有しない。

2　提供者は，受領者による提供データの利用に関連して生じた当該提供データにかかる本人からのクレームまたは請求について，提供者の責任で解決しなければならない。当該クレームまたは請求が，受領者による本契約に違反する態様での提供データの利用に起因して生じた場合についてはこの限りでない。

第9条（秘密保持）

1　提供者および受領者は，本契約に関し相手方から開示された図面，帳簿，書面等であって，秘密である旨が表示されたもの（以下本条において「秘密情報」という。）を善良な管理者の注意をもって管理し，事前の相手方の書面による同意がない限り，他に漏洩し，または公開してはならない（なお，本条において，情報を開示した当事者を「開示当事者」，情報を開示された当事

者を「受領当事者」という。）。ただし，
法令上の強制力を伴う開示請求が公的
機関よりなされた場合は，その請求に
応じる限りにおいて，開示当事者への
速やかな通知を行うことを条件として
開示することができるものとする。
2　次の各号に該当する情報については
秘密情報に該当しないものとする。
（1）　開示された時点で，すでに公知と
なっている情報
（2）　開示された後，受領当事者の責め
によらず公知となった情報
（3）　開示された時点で，すでに受領当
事者が保有していた情報
（4）　開示された後，受領当事者が，第
三者から守秘義務を負うことなく適
法に取得した情報
3　受領当事者は，秘密情報を本契約の
目的以外の目的に使用してはならず，
本契約の目的に必要な限度を超えて，
秘密情報を複製してはならないものと
する。
4　本条に基づく義務は，本契約終了後
〇年間存続する。

第10条（期間）
1　本契約の有効期間は，本契約の締結
日から〇年間とする。ただし，契約期
間満了の〇日前までにいずれの当事者
からも本契約を終了させる旨の書面に
よる意思表示がなされなかったときは，
本契約は同一の条件にてさらに〇年間
延長されるものとし，以後も同様とす
る。
2　前項のほか，本契約が終了した後も，
第8条（責任の制限），第9条（秘密保
持），本条（期間），第11条第3項（解
除），第12条（契約終了後の措置），第
13条（損害賠償），第14条（反社会的
勢力の排除），第17条（権利義務の譲
渡の禁止），第18条（準拠法），第19
条（紛争解決）は有効に存続する。

第11条（解除）
1　提供者および受領者は，相手方が以
下の各号の一に該当したときは，書面
にて通知することにより，本契約の全

部または一部を解除することができる。
（1）　重要な財産に対する差押，仮差押，
仮処分，租税滞納処分，その他公権
力の処分を受け，または破産手続開
始，民事再生手続開始，会社更生手
続開始，もしくは特別清算開始の申
立てが行われたとき
（2）　解散もしくは事業の全部を譲渡し，
またはその決議がなされたとき
（3）　自ら振り出しもしくは引き受けた
手形または小切手が不渡りとなる等
支払停止状態に至ったとき
（4）　監督官庁から営業停止，または営
業免許もしくは営業登録の取消しの
処分を受けたとき
2　提供者および受領者は，相手方が本
契約のいずれかの条項に違反し，また
は相手方の責めに帰すべき事由によっ
て本契約を継続し難い重大な事由が発
生し（以下「違反等」という。），当該
違反等について，書面による催告をし
たにもかかわらず，14日以内にこれを
是正しないときは，本契約の全部また
は一部を解除することができる。
3　前各項による解除が行われたときは，
解除を行った当事者は，相手方当事者
に対し，損害賠償を請求することがで
きる。また，解除された当事者は，当
然に期限の利益を喪失し，相手方に対
して負担する債務をただちに弁済しな
ければならない。

第12条（契約終了後の措置）
1　受領者は，事由の如何を問わず，本
契約が終了した日以降は，受領済みの
提供データを利用してはならない。
2　受領者は，本契約が終了したときは，
速やかに受領済みの提供データ（複製
物を含む。）をすべて消去する。ただし，
法令上の義務に従って保存する場合を
除く。
3　提供者は，受領者に対し，提供デー
タがすべて消去されたことを証する書
面の提出を求めることができる。

第13条（損害賠償）
　　提供者または受領者は，本契約に関

し，故意または過失により相手方に損害を与えたときには，それにより相手方が被った損害を賠償しなければならない。

第14条（反社会的勢力の排除）

1　提供者および受領者は，相手方が反社会的勢力（暴力団，暴力団員，暴力団員でなくなった時から5年を経過しない者，暴力団準構成員，暴力団関係企業，総会屋等，社会運動等標ぼうゴロまたは特殊知能暴力集団，その他これらに準ずる者をいう。以下本条において同じ。）に該当し，または，反社会的勢力と以下の各号の一にでも該当する関係を有することが判明した場合には，何らの催告を要せず，本契約を解除することができる。

（1）　反社会的勢力が経営を支配していると認められるとき

（2）　反社会的勢力が経営に実質的に関与していると認められるとき

（3）　自己，自社もしくは第三者の不正の利益を図る目的または第三者に損害を加える目的をもってするなど，不当に反社会的勢力を利用したと認められるとき

（4）　反社会的勢力に対して資金等を提供し，または便宜を供与するなどの関与をしていると認められるとき

（5）　その他役員等または経営に実質的に関与している者が，反社会的勢力と社会的に非難されるべき関係を有しているとき

2　提供者および受領者は，相手方が自らまたは第三者を利用して以下の各号の一にでも該当する行為をした場合には，何らの催告を要せず，本契約を解除することができる。

（1）　暴力的な要求行為

（2）　法的な責任を超えた不当な要求行為

（3）　取引に関して，脅迫的な言動をし，または暴力を用いる行為

（4）　風説を流布し，偽計または威力を用いて信用を毀損し，または業務を妨害する行為

（5）　その他前各号に準ずる行為

3　提供者および受領者は，自己または自己の下請または再委託先業者（下請または再委託契約が数次にわたるときには，そのすべてを含む。以下同じ。）が第1項に該当しないことを確認し，将来も同項もしくは前項各号に該当しないことを確約する。

4　提供者および受領者は，その下請または再委託先業者が前項に該当することが契約後に判明した場合には，ただちに契約を解除し，または契約解除のための措置をとらなければならない。

5　提供者および受領者は，自己または自己の下請もしくは再委託先業者が，反社会的勢力から不当要求または業務妨害等の不当介入を受けた場合は，これを拒否し，または下請もしくは再委託先業者をしてこれを拒否させるとともに，不当介入があった時点で，速やかに不当介入の事実を相手方に報告し，相手方の捜査機関への通報および報告に必要な協力を行うものとする。

6　提供者および受領者が本条第3項から前項のいずれかの規定に違反した場合，相手方は何らの催告を要さずに，本契約を解除することができる。

7　提供者および受領者が前各項の規定により本契約を解除した場合には，相手方に損害が生じても何らこれを賠償ないし補償することは要せず，また，かかる解除により自己に損害が生じたときは，相手方はその損害を賠償するものとする。

第15条（完全合意）

本契約は，提供者と受領者の間の提供データに関する唯一かつ全部の合意をなすものであり，本契約に特段の定めがある場合を除き，従前に提供者と受領者の間で取り交わされた書面，電子メール等に記載された内容ならびに口頭での合意が提供者または受領者の権利または義務にならないことを相互に確認する。

第16条（契約の変更）

　本契約は，提供者および受領者の代表者が記名捺印した書面をもって合意した場合に限り，その内容を変更することができる。

第17条（権利義務の譲渡の禁止）

　提供者および受領者は，相手方の書面による事前の承諾がなければ，本契約の契約上の地位を第三者に承継させ，または本契約に基づく自己の権利義務の全部もしくは一部を第三者に対して譲渡し，承継させ，または担保に供することができない。

第18条（準拠法）

　本契約の解釈および適用にあたっては，日本法が適用される。

第19条（紛争解決）

1　本契約に定めのない事項または本契約の各条項に定める規定に疑義が生じた場合は，本契約の趣旨に従い，提供者および受領者において誠意をもって協議し，善後策を決定する。

2　本契約に関する一切の紛争については，○○地方裁判所を第一審の専属的合意管轄裁判所とする。

別紙1　提供データの仕様（例）

1．提供データの詳細

(1)　対象
①提供者が，宿泊，交通機関の予約をインターネットまたはスマートフォンサイト（サイト名「○○○」）を通じて行うサービスを提供することによって生じる当該サービス利用者に係るデータ〔であって，当該利用者を識別することができないもの〕〔①提供者が宿泊，交通機関の予約をインターネットまたはスマートフォンサイト（サイト名「○○○」）を通じて行うサービスを提供することに伴って生じる当該サービス利用者にかかるデータを加工して作成した「匿名加工情報」〕
(2)　項目
利用日時，利用端末（パソコンまたはスマートフォンその他の端末の別をいう。），利用者属性（性別，生年月日，職業，居住地域），利用場所（サイトにアクセスした地域），履歴（購買履歴に限らず，閲覧履歴を含む。）
(3)　件数・単位
○件を一単位とし，本契約の有効期間中，常に○単位の利用が可能であること
(4)　データの更新
少なくとも3日に1度は前回更新日以降の差分について更新されたものであること
(5)　その他
利用者属性のうち職業，居住地域，利用場所および履歴については，その分類または細目を提供者が別途定める。

2．提供データの提供方法
　　本契約の有効期間中，提供者が，提供データを提供者の保有するデータベースにアップロードし，当該データベースに受領者が随時にアクセスし，ダウンロードすることによって行うこととする。当該データベースの仕様・アクセス方法は提供者の定めるところによる。

別紙2　提供データの提供に関する確認事項

1．提供データの提供について，提供者が，宿泊，交通機関の予約をインターネットまたはスマートフォンサイト（サイト名「○○○」）の利用者に対し，個人データを第三者に提供することを含む利用規約に同意させる方法によって当該提供データにかかる本人の同意を得ていること。
2．個人情報保護法第26条第1項（令和3年改正法施行後の第30条）各号に規定する次の事項
　(1)　提供者の名称および住所ならびに代表者の氏名

名称	
住所	
代表者氏名	

　(2)　提供データが，提供者が○○○を通じて行うサービスの提供に伴って取得したものであること。
3．提供データによって識別される本人の氏名その他の当該本人を特定するに足りる事項
　　提供データに含まれる利用者属性（性別，生年月日，職業，居住地域）
4．提供データの項目が別紙11. (2)のとおりであること。

令和○年○月○日

署名

●事項索引●

〈著者紹介〉

伊藤　雅浩（いとう　まさひろ）

1996 年，名古屋大学大学院工学研究科情報工学専攻修士課程修了。アクセンチュア株式会社等において基幹系情報システムの企画，設計，開発，運用に従事。2007 年，一橋大学法科大学院修了。同年，司法試験合格。2008 年，弁護士登録。シティライツ法律事務所パートナー。主に情報システム，インターネットビジネスに関わる契約，紛争や，ソフトウェア，IT ビジネス関連の特許，著作権等の知的財産権に関する問題を取り扱っている。経済産業省「電子商取引及び情報財取引等に関する準則」（2013 年〜2020 年），独立行政法人情報処理推進機構・経済産業省「情報システム・モデル取引・契約書」第二版の改訂作業メンバー，ソフトウェア紛争解決センター仲裁人候補者（2014 年〜現在）（一般財団法人ソフトウェア情報センター）。著書・論文として，『新版システム開発紛争ハンドブック——発注から運用までの実務対応』（第一法規，2018 年。共著），「民法改正を踏まえた『情報システム・モデル取引・契約書』の見直しについて」NBL 1174 号（2020 年）ほか多数。

豊富な現場経験に基づいて，実務の視点からの助言や行動を心がけている。

久礼　美紀子（くれ　みきこ）

2001 年，東京大学工学部都市工学科卒業。日本アイ・ビー・エム株式会社において，基幹系情報システム開発等に従事。2005 年，司法試験合格。2007 年，弁護士登録。弁護士法人内田・鮫島法律事務所カウンセル。主に情報システム，インターネットビジネスに関わる契約，紛争を取り扱うほか，IT 企業にまつわる法律問題を幅広く取り扱っている。

現場経験を生かし，スピード感とのバランスをとりつつ，緻密な分析と丁寧な対応を心がけている。

高瀬　亜富（たかせ　あとむ）

2003 年，北海学園大学法学部法律学科卒業。同年，司法書士試験合格。2007 年，北海道大学法科大学院修了。同年，司法試験合格。2008 年，弁護士登録。弁護士法人内田・鮫島法律事務所パートナー。2020 年 6 月からはデジタルハリウッド大学大学院デジタルコンテンツ研究科非常勤講師として教鞭を執っている。主にソフトウェアやインターネットビジネスに関わる契約，紛争を取り扱うほか，広く著作権に関する法律実務，研究にも力を入れている。著書・論文として，『プラクティス知的財産法 II　著作権法』（信山社，2020 年。田村善之東京大学大学院法学政治学研究科教授，平澤卓人弁護士との共著），『著作権判例百選〔第 6 版〕』（有斐閣，2019 年。共著）ほか多数。

さまざまな事件で訴訟代理人として活動した経験を活かし，紛争予防のためにはどうしたら良いか，紛争になった場合に備えてどう行動すべきかを考え，助言するよう心がけている。

ITビジネスの契約実務〔第2版〕

2017 年 2 月 20 日　初　版第 1 刷発行
2021 年 10 月 15 日　第 2 版第 1 刷発行

著　　者　　伊　藤　雅　浩
　　　　　　久　礼　美紀子
　　　　　　高　瀬　亜　富

発行者　　石　川　雅　規

発　行　所　　株式会社 商　事　法　務

〒 103-0025 東京都中央区日本橋茅場町 3-9-10
TEL 03-5614-5643・FAX 03-3664-8844〔営業〕
TEL 03-5614-5649〔編集〕
https://www.shojihomu.co.jp/

落丁・乱丁本はお取り替えいたします。　　　印刷／三報社印刷㈱
Ⓒ 2021　Masahiro Ito, Mikiko Kure,　　　Printed in Japan
　　　　　Atomu Takase

Shojihomu Co., Ltd.
ISBN978-4-7857-2903-5
＊定価はカバーに表示してあります。